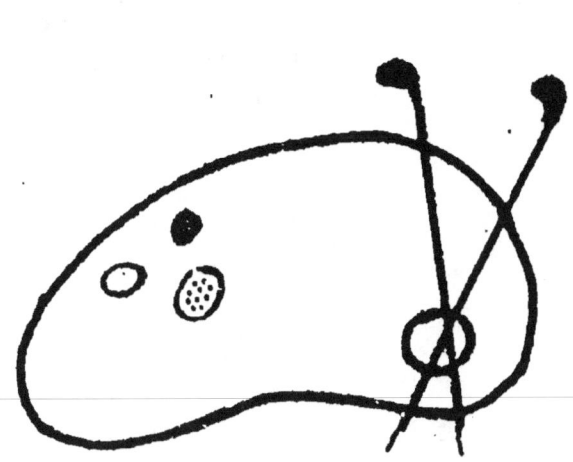

Couvertures supérieure et inférieure
en couleur

LA
PHILOSOPHIE
ET
LE TEMPS PRÉSENT

DU MÊME AUTEUR :

La Philosophie de Malebranche, 2 vol. in-8°, br. 16 fr.
(Collection Ladrange, 1870.) Paris, Alcan.

De la Certitude morale, 1 vol. in-8°, br. . . 7 fr. 50 c.
Paris, 1880, Belin frères. Deuxième édition, 1892.

Essai sur la Morale d'Aristote, 1 vol. in-8°, br. . 6 fr.
Paris, 1881, Belin frères.

Les Sources de la Paix intellectuelle, 1 vol. in-18
jésus, broché. . . . . 2 fr.
Paris, 1892, Belin frères. Deuxième édition, 1893.

Le Prix de la Vie. 1 vol. in-18 jésus, broché. . . 4 fr.
Paris, 1894, Belin frères, quatrième édition, 1897.

De la Virilité intellectuelle. 1 vol. in-18 jésus br. 60 c.
Paris, 1896, Belin frères.

LA PHILOSOPHIE
ET
LE TEMPS PRÉSENT

PAR

Léon OLLÉ-LAPRUNE

MEMBRE DE L'INSTITUT
MAITRE DE CONFÉRENCES A L'ÉCOLE NORMALE SUPÉRIEURE

TROISIÈME ÉDITION

PARIS
BELIN FRÈRES, LIBRAIRES-ÉDITEURS
RUE DE VAUGIRARD, 52

1898

PRÉFACE
DE LA DEUXIÈME ÉDITION

Au moment où paraît la deuxième édition de ce livre, tout avertissement au lecteur serait superflu s'il ne s'agissait ici que d'annoncer des changements. Un résumé analytique à la fin, les titres de chaque chapitre au haut des pages, étant toute la nouveauté de l'édition présente, est-ce bien la peine d'en parler? Mais, si trois années de plus, en fortifiant certaines vues de l'auteur, lui ont suggéré quelques réflexions, il y a lieu peut-être d'en faire part à ceux qui voudront bien prendre garde au volume réédité, et c'est pourquoi j'écris cette préface.

Dans une société démocratique comme la nôtre, la parole et la plume, maniées par le grand nombre et s'adressant à tous, con_ stituent une fonction sociale, au sens propre et direct du mot. Dès lors penser bien pour parler ou écrire bien est chose qui a elle-même une importance sociale. J'appelle bien penser, avoir des idées nettes, justes, saines, et j'appelle bien parler ou bien écrire, énoncer, soit par le discours, soit par le livre, la brochure, le journal, de telles idées. Au milieu de cette foule croissante de gens avides de parler ou d'écrire, il est bon de rappeler que les conséquences de la chose dite ou écrite vont souvent loin, et ceux qui se trouvent avoir une parcelle d'autorité intellectuelle doivent, plus que jamais, redire que si l'étendue de l'action est immense, très considérable est la responsabilité, très précis et très pressants sont les devoirs.

Notons en outre que ce temps présent où la pensée n'est plus une sorte de luxe réservé à une élite, a pour caractère propre que tout y est en question. Sans doute les siècles réputés les plus calmes ont eu leurs troubles comme leurs misères, et seul l'éloignement où nous sommes d'eux nous y fait envier je ne sais quelle assiette toujours fixe, je ne sais quelle constante sérénité. Néanmoins certaines époques sont plus troublées et plus troublantes que d'autres : plus de choses y sont l'objet d'un doute passionné, ce fond qui d'ordinaire subsiste non entamé dans la mêlée des controverses, s'ébranle ou se dérobe, et les âmes sont plus ouvertes à l'inquiétude et moins facilement rassurées. Si c'est là précisément un des traits saillants de l'heure présente, le premier de nos devoirs intellectuels n'est-il pas dès lors de travailler à raffermir les esprits?

Un autre caractère de notre temps, c'est que tout y étant question, tout y est aussi affaire d'âme. Les problèmes soulevés n'irritent pas seulement la curiosité, ils émeuvent l'âme; ils n'agitent pas seulement l'esprit, ils remuent l'être tout entier. Il y va de la vie, on le sent, on le sait, on le dit de toutes les manières. Le dilettantisme même, en ses raffinements effrénés, n'y contredit pas. Il est moins la négation de ces besoins d'âme qu'il n'en est la forme aiguë ou pervertie, à moins qu'il ne soit l'amusement qui les trompe. En un pareil temps, n'est-ce pas un devoir de travailler à raffermir les âmes?

Je ne parle que de raffermir : c'est qu'il me semble que tout est là. Que les esprits et les âmes sachent où se prendre et osent prendre comme il faut leur objet, ne sortons-nous pas sains et saufs et même triomphants de la crise que nous traversons, et n'est-ce pas un heureux renouveau qui commence pour nous?

Or, pour raffermir les esprits, quand tout est en question, un moyen indispensable, c'est l'étude. Mais comprenons-nous assez ce que c'est qu'étudier?

Étudier, c'est voir d'abord où est la question, ou du moins travailler à le voir. Cela seul est un premier débrouillement très salutaire. Voir où est la question, c'est discerner ce que l'on sait et ce que l'on ne sait pas, ce que l'on a et ce que l'on n'a pas. Point très important, très souvent négligé.

Étudier, c'est ensuite se servir de ce qu'on sait pour arriver à ce qu'on ne sait pas, mettre à profit ce qu'on a, pour acquérir ce qu'on n'a pas. Autre point d'une extrême importance, et non moins méconnu ou entièrement oublié.

Si l'on avait bien sous les yeux ces deux maximes si simples, on commencerait, en toute étude, par le commencement. Le commencement, par rapport à nous, c'est ce que nous avons le plus près de nous, le plus à notre portée. C'est le fait visible, c'est l'idée commune, c'est le principe évident. Voilà ce qu'il faut dégager de tout le reste, et bien regarder, si l'on veut voir clair. Mais c'est un travail que l'on dédaigne souvent comme trop vulgaire ou comme trop facile. A vrai dire c'est difficile, et accomplir en perfection cette œuvre, est chose considérable. Y songeons-nous? Constater un fait, le décrire exactement, le déterminer avec précision : mais c'est la première opération du savant, et elle ne passe, ni pour commode, ni pour banale. Nous sommes victimes trop souvent d'une singulière illusion : nous imaginons qu'il n'y a moyen de se distinguer qu'en faisant des choses extraordinaires, tandis que le vrai mérite

a.

c'est de faire bien ce qu'on a à faire, grand ou petit, en sorte que l'on peut se distinguer en s'acquittant excellemment des fonctions les plus communes. C'est vrai de la vertu. C'est vrai dans l'ordre de la pensée. Décrivez-moi avec une précision parfaite les faits que tous croient connaître, et vous ferez preuve d'un talent plus éminent que si vous vous étiez ingénié à me dire des choses étranges, dont personne n'aurait jamais parlé. Ce que je dis des faits, il le faut dire des idées et des vérités. Attachez-vous à définir d'abord les mots ; montrez comment il les faut prendre dans « leur signification la plus naturelle, la plus usitée dans le discours ordinaire, la plus propre » aussi ; marquez bien ce que l'on a dans l'esprit quand on emploie les termes « simplement, naturellement, sans contention ni dispute »[1] : vous rendrez claires et distinctes les idées communes, vous donnerez à chacun une conscience nette des trésors qu'il a en sa possession, et en vous acquittant bien de cette tâche qui paraît si aisée

---

1. Bossuet, *Conférence avec M. Claude*, I, vers le début.

et qui est si difficile, vous rendrez aux esprits un plus signalé service qu'en vous creusant la tête pour débiter des nouveautés surprenantes. De même, si vous vous appliquez à dissiper les ombres qui obscurcissent les premières vérités : tout esprit les emploie, si je puis dire, ces vérités, sans y prendre garde; forcer les plus inattentifs à y prendre garde, ce n'est pas une œuvre médiocre. Tout cela, c'est commencer par le commencement, et c'est l'indispensable condition de l'étude.

Que je voudrais contribuer à remettre en honneur cette façon simple de prendre les choses! Nous sommes trop compliqués, trop raffinés, trop subtils, et nous en souffrons. Je dirais volontiers à nos jeunes gens quand la peur de la banalité les jette dans la quintessence : L'air que nous respirons, le soleil qui nous éclaire, la terre qui nous porte, voilà des biens que nous avons tous à notre disposition, qui sont communs à tous : en sont-ils moins précieux? Vous en découvrirez par de savantes analyses la nature et les lois ; et vous en trouverez des usages nouveaux et comme des emplois rares et extraordinaires. Mais vous ne commencez point par les dédaigner sous prétexte que, pour les reconnaître et les posséder, aucune recherche lointaine n'est nécessaire et qu'ils ne sont le fruit d'aucune préparation exquise, d'aucun art raffiné. Ainsi des idées communes, ainsi des vérités communes. Vous y pourrez trouver d'incessantes nouveautés, vous en pourrez exploiter à votre gré l'inépuisable richesse : mais à une condition, c'est que vous n'ayez pas commencé par les renier ou les négliger, ou les méconnaître, et que les tenant pour ce qu'elles sont, c'est-à-dire pour la commune lumière des esprits et les communes règles du jugement, vous ayez eu à cœur de les dégager des ombres du préjugé, de l'ignorance, du malentendu, de la passion, et que votre travail sur elles ait consisté à en vérifier, à en justifier l'indispensable besoin, l'indispensable usage, la nature vraiment commune, c'est-à-dire ici vraiment humaine, mieux que cela vraiment universelle, et partant, si vous le savez voir, la divine origine et la divine autorité.

Voilà comment l'étude raffermira les esprits. « Rien n'est plus sûr que la lumière », a dit Malebranche, et c'est une belle parole. Les débats qui nous passionnent n'auront jamais de fin, ni même de trêve sérieuse, que par quelque accroissement de lumière. Aucune question ne sera tranchée par la force seule ni par la seule autorité. Le sentiment, la bonne volonté ne viendraient seuls à bout de rien. Pour finir quelque chose, il faut la lumière. Vous ne rétablirez le christianisme dans les esprits que si vous montrez ce qu'il est. Vous ne dissiperez les fantômes qui en éloignent tant d'hommes, que si vous exposez les dogmes tels qu'ils sont. Vous ne résoudrez les questions sociales, ou vous n'en préparerez la solution, que si vous en faites une étude patiente. Aux fausses idées il faut substituer des idées vraies, aux faits mal connus ou mal interprétés, les faits bien décrits et bien expliqués, donc partout et en tout, aux ombres la lumière, là des choses mieux vues, ici des définitions précises, ailleurs des enquêtes bien conduites, des investigations minutieuses, toujours des clartés acquises à partir d'une clarté première, grâce à une méthode qui, usant du peu que l'on a d'abord, accroît insensiblement ses conquêtes, en sorte que l'objet tout entier s'illumine, et l'esprit tout entier se pacifie :

Pacatumque nitet diffuso lumine cœlum.

Encore une fois, ce n'est pas un médiocre mérite, pas plus que ce n'est un médiocre labeur, que d'obtenir, par l'étude, cet apaisement dans la lumière. La compétence est précieuse, et elle coûte beaucoup d'efforts. Elle suppose une connaissance exacte du détail que personne n'acquiert sans peine, et une haute clairvoyance qui est un don, je crois, mais qui ne se conserve et ne s'augmente que par un usage excellent de l'esprit. Ceux qui s'abîment dans le détail la perdent. A force de ne regarder qu'à la loupe, on ne sait plus voir de loin ni de haut. Les vues larges et hautes sont le propre des esprits libres, vigoureux, souples, dont la vitalité n'a point été diminuée par les artifices d'une culture trop raffinée, et pour avoir cette compétence qui unit à la précision du document, la fermeté du jugement et l'ampleur de la pensée, il faut savoir tenir son esprit au-dessus de son ouvrage. C'est à ces conditions que rien n'est plus sûr que l'étude, parce que rien n'est plus sûr que la lumière, et vraiment on cherche la lumière, on travaille à faire la lumière, et l'on n'a peur ni d'elle ni de la peine à prendre pour la discerner ou pour la suivre.

C'est ici qu'un nouveau devoir intellectuel apparaît. Chercher la vérité, c'est bien. Étudier pour découvrir la vérité, pour la voir et la faire voir, c'est bien. Mais ce n'est pas tout : il faut encore ne pas résister à la vérité. Or, l'on résiste à la vérité si, la voyant, on n'ose pas prendre parti pour elle; on résiste aussi à la vérité si, voyant où elle mène, on s'arrête de peur d'aller trop loin à sa suite. Manquer de fermeté pour tenir la vérité, manquer d'élan pour suivre la vérité, c'est la trahir, et la trahir par peur. Il y a des peurs très délicates. Craindre de s'engager, de se compromettre, ce peut être une lâcheté grossière, quand on a en vue des intérêts grossiers eux-mêmes. Mais on peut redouter de se rétrécir l'esprit en prenant parti, de laisser glisser quelque côté des choses en voulant serrer de trop près telle vérité, que sais-je? de se fixer dans quelque forme rigide, trop littérale, ou d'avoir des prétentions dogmatiques présomptueuses, et l'on aime mieux voir, comprendre, sans conclure. Peur délicate, ai-je dit, délicate illusion, et par cela même bien dangereuse. Déclarer la vérité connue, ni plus ni moins, et se déclarer pour elle, ce n'est pas étroitesse d'esprit, c'est vigueur d'esprit. Il faut mépriser ces craintes chimériques, comme il faut mépriser d'autres craintes moins raffinées, mais spécieuses encore, celle par exemple, d'être classé, de se voir appliquer quelque épithète, quelque étiquette malsonnante. La vérité vaut bien la peine qu'on s'engage pour elle et qu'on se compromette, et, si c'est en jugeant bien qu'on s'expose à être mal jugé soi-même, c'est un petit malheur qui, d'ailleurs, tôt ou tard, est réparé : ne le fût-il jamais, l'honneur de bien juger devrait suffire, car enfin l'esprit est incomplet tant qu'il ne s'acquitte pas de sa fonction naturelle et de son office propre, qui est de juger; la pensée est stérile et inefficace si elle n'ose pas prononcer sur le vrai et le faux : prendre parti pour le vrai, c'est sa raison d'être, c'est sa dignité, c'est ce qui fait son prix.

La netteté est déjà une sorte de courage intellectuel; la fermeté du jugement en est une autre. Ce qui est le dernier achèvement du courage, c'est d'ajouter à cette allure décidée l'élan quand il le faut. La vérité apparait avec des suites qu'une âme timide ne sait ni envisager ni accueillir. De là tant de démarches incomplètes, tant d'arrêts dans le développement naturel de la pensée. On voit, par exemple, que tous les usages de l'esprit ne se valent pas. Cela est clair. A cette lumière on ne résiste pas quand on a l'intelligence droite et qu'on est sincère. Mais voici que l'on entrevoit, que si cela est, il y a des devoirs intellectuels. On ne dit pas non, on ne dit pas non plus oui hautement. Pourquoi? c'est que l'on aperçoit cette conséquence, que si user de son esprit de telle façon est un devoir, être hors d'état d'en user ainsi peut dépendre de notre volonté, et par suite encore, nous pouvons être coupables de nous être mis dans cette situation, donc l'erreur peut être une faute. Cette culpabilité de l'erreur, voilà ce qui paraît effrayant, et par peur, on résiste à la vérité connue, on s'arrête quand il faudrait aller, on supprime ce qui serait pourtant la suite légitime de cette première proposition, à savoir que tous les usages de l'esprit ne se valent pas. La peur paralyse tellement parfois qu'on mettrait peut-être plutôt en doute cette proposition elle-même que d'en admettre une si naturelle mais si inquiétante conséquence.

Raffermissons donc les esprits. Armons-les pour l'étude, armons-les contre toutes les peurs qui peuvent rendre l'étude incomplète ou inefficace. Rappelons que c'est de courage surtout que nous avons besoin.

Le courage sera encore nécessaire en présence de ces aspirations ressenties aujourd'hui par toute âme d'homme considérant la question qui, pour nous, prime tout, la question de la vie. Si ces aspirations peuvent dévier et s'évanouir dans un mysticisme sans consistance, n'est-ce pas surtout faute de courage? Vagues, on les caresse doucement, on s'y plaît, on se sait gré de les entretenir. Précises, elles deviennent gênantes : elles nous demandent des sacrifices, elles exigent de nous que nous y conformions, non plus des rêves, mais nos actes et notre vie. Je voudrais que ces besoins d'âme si profonds, si universels à l'heure présente, et toute cette inquiétude, tout ce malaise, tous ces mouvements vers ce que l'on nomme l'au-delà, ne demeurassent point vains. Je voudrais qu'on eût le courage d'en saisir le sens et d'en déterminer l'objet. Je voudrais qu'on ne parlât pas si aisément d'une bonne volonté ni d'une foi sans objet; qu'on ne dît pas avec tant d'assurance que rien n'est assuré; qu'on ne déclarât pas si confidemment que l'espoir d'une vie future gâte la vertu, et qu'on hésitât au moins avant de décider que la morale n'est jamais assez pure si l'on ne doute de tout et de la morale même, tenté d'y voir une suprême duperie. Ces raffinements d'un mysticisme à rebours ont des séductions qui entraînent les âmes molles et les amollissent encore. Travaillons à raffermir les âmes en faisant la lumière sur tout cela. Ne confondons pas le mystère avec ces inventions d'un mysticisme malsain, ou du moins ne prenons pas des mouvements commencés et trop tôt arrêtés pour les démarches normales de l'humaine pensée. S'il est vrai qu'aujourd'hui, tout est affaire d'âme, entendons cela au sérieux et complètement. Ayons le courage de voir ce que cela signifie et d'aller jusqu'où cette vue nous mène. Faisons si bien que Dieu, appelé par son nom, ne soit plus un épouvantail.

Rappeler aux hommes leurs devoirs est toujours une tâche ingrate. Leur rappeler leurs devoirs intellectuels est peut-être ce qui leur plait le moins. Aussi bien ce livre n'a-t-il pas été composé pour plaire. S'il réveille l'attention de quelques-uns, il aura contribué pour sa petite part à ce raffermissement si désirable des esprits et des âmes dans le temps présent. C'est aux philosophes qu'il s'adresse particulièrement; mais à tout homme qui pense il propose un examen de conscience intellectuel, indispensable et salutaire, et des règles pour la direction de l'esprit, règles simples, règles communes, mais appropriées aux circonstances présentes, aux besoins présents. Que par là il soit utile, c'est tout le vœu de son auteur.

Nous traversons une crise, disions-nous plus haut. C'est bien le mot exact, le mot propre. Toute cette agitation sera pour le salut, non pour la perte, pour la vie, non pour la mort, si nous osons vouloir comme il faut. De nos efforts présents ou de notre mollesse présente dépendent beaucoup de choses. Ce qui se fait vaut surtout comme prélude de ce qui se fera plus tard. Jamais il ne fut plus vrai de dire que le présent est gros de l'avenir. C'est une crise. Quelque chose donc est à discerner, à décider. Le discernement et la décision s'annoncent et s'essaient. Chacun de nos actes prépare le dénouement. L'avenir sera, en partie, ce que nous voudrons qu'il soit, ce que nous le ferons.

Voyons-nous assez toute la portée de cela? Pensons-nous assez à l'importance de notre tâche, nous qui avons le sentiment et la conscience que chacune de nos paroles aura un retentissement prolongé bien loin par delà l'instant présent, et que ceci que nous pensons et que nous disons et que nous faisons, sert à préparer et comme à préformer l'avenir, c'est-à-dire à procurer à des hommes des trésors de force ou des trésors de faiblesse, si je puis parler ainsi, des joies ou des souffrances, des biens ou des maux? Cela étant, nos devoirs, dans l'ordre de la pensée, le seul dont nous voulions parler ici, prennent une importance tragique, ou, plutôt, ils sont tout simplement des devoirs très sérieux et trop oubliés. Oserai-je dire qu'ils se résument tous dans le courage, et que, pour ranimer ce courage prêt à s'éteindre, c'est faire quelque chose que de travailler le plus et le mieux possible à rendre à l'esprit confiance dans la vérité, son objet, et confiance dans ses ressources bien employées?

Paris, le 24 décembre 1893.

AVANT-PROPOS
DE LA PREMIÈRE ÉDITION

Qu'est-ce que philosopher et pourquoi philosopher ?

Deux questions qui n'en font qu'une : car chercher quelle est la vraie nature, la vraie idée, l'essence de la philosophie, c'est chercher en même temps quelle est la raison de philosopher, et inversement se demander ce qu'a en vue le philosophe en philosophant et pourquoi il philosophe, c'est se demander ce qu'est la philosophie même.

Dans ce livre entrepris pour répondre à cette double question, on considère et l'on dit ce qui se fait aujourd'hui. Ce n'est pas toujours ce qui devrait se faire. On tâche de comprendre ce qui se fait et pourquoi il se fait. On essaie de voir et de dire ce qui devrait se faire. Si parfois ce qui devrait se faire, c'est ce qui s'est fait, on ose revenir au passé sans se soucier de paraître arriéré, démodé. Si d'autres fois ce qui devrait se faire, c'est ce qui ne s'est pas fait encore, au moins de telle manière précise que le progrès du temps rend possible, on s'efforce de l'entrevoir, sans craindre de paraître présomptueux. S'il faut entrer dans le domaine du désirable, on y entre, sans prendre garde à l'accusation de naïveté outrecuidante. On s'applique, en toute simplicité, à consulter, du mieux qu'on peut, la pure et vraie idée des choses, modestement mais résolument. En regardant comment les philosophes d'aujourd'hui philosophent, on trouve que toutes les manières d'entendre la philosophie et la raison de philosopher ne se valent pas. Sans être un mécontent par habitude, parti pris ou système, on se permet de juger. Que si, en prenant tout bonnement au sérieux son devoir et son droit de penser de son mieux, de chercher le vrai et de l'énoncer, on est taxé de pédanterie ou d'orgueil pour oser déclarer ceci vrai ou cela faux, on se résigne aisément. On estime avec Fichte[1] que l'insolence et l'arrogance consistent bien plutôt à dire : Voici mon avis, il ne vaut pas mieux qu'un autre, je le donne parce qu'il est mien. Donnez-le à cause du rapport qu'il a au vrai, ou bien ce n'est pas la peine de parler ou d'écrire. C'est manquer de respect à autrui et à la raison en autrui et en soi, que d'étaler aux gens ce que l'on pense personnellement, sans viser au vrai et sans avoir la modeste mais ferme confiance qu'on s'en approche, que sur certains points on y touche.

Ce livre, donc, contient des jugements sur le temps présent, jugements sévères à l'occasion. Méconnaître son temps, c'est un malheur; en médire sottement et le calom-

[1]. *Introduction à la vie bienheureuse*, onzième et dernière leçon.

nier, c'est une faiblesse et une faute; tâcher de le juger, c'est un devoir, pour quiconque prétend penser. « Être de son temps, comme dit quelque part M. Secretan[1], fut toujours la grande affaire pour le grand nombre; mais, lorsqu'il s'agit de l'avenir, il importe peut-être davantage d'appartenir au petit nombre qui juge son temps. »

Il s'agit ici de l'avenir. Il s'agit de préparer, dans les dernières années de ce siècle finissant, un renouveau qui fasse honneur à l'humanité. Chacun, si petit, si humble qu'il soit, y doit travailler. Chacun, par ce qu'il dit et fait, hâte ou retarde en quelque chose la décadence ou un regain de santé et de vigueur. Cela est, qu'on le sache ou non, qu'expressément on le veuille ou non. Il faut, le sachant et le voulant, contribuer à rétablir, à accroître la grandeur des esprits et des âmes, dans notre France et par elle dans le monde.

[1]. *La civilisation et la croyance*, Préface, page 8.

Ce livre est né au milieu des jeunes gens. Qu'il soit permis à l'auteur de le leur adresser particulièrement. Il sait que beaucoup sont épris de philosophie. Il sait aussi que cette généreuse jeunesse, au moment d'entrer dans la voie, entend bien des appels divers. Elle rencontre des esprits qui la détournent des spéculations métaphysiques comme impuissantes, disent-ils, à donner jamais le *savoir;* et d'autres qui prétendent l'y convier par cela même; les uns veulent la confiner dans une philosophie dite *scientifique,* les autres la conduire dans le pays des rêves, et il en est qui lui proposent surtout comme refuge suprême la *foi,* une foi sans objet, sans relation précise avec la religion positive ni avec la raison même. A qui entendre? Que ces jeunes gens tentés de philosopher ne s'engagent point avec une idée encore indécise de ce qu'est la philosophie, de ce qu'ils en attendent, de ce qu'ils ont à faire pour elle. Indécise serait leur œuvre. Nous avons besoin de vues nettes et de fermes desseins. Plaise à Dieu que ces pages, sorte d'examen de conscience intellectuel proposé au philosophe, au *penseur,* servent à raffermir dans quelques esprits la notion vraie de la philosophie et la résolution de philosopher pour l'amour du vrai !

Paris, 16 *juillet* 1890.

LA PHILOSOPHIE

ET

LE TEMPS PRÉSENT

CHAPITRE PREMIER

D'UNE CONCEPTION NOUVELLE DE LA PHILOSOPHIE ET DES RAISONS DE RAPPROCHER LA PHILOSOPHIE ET L'ART

Autrefois, il n'y pas de cela si longtemps, c'eût été une étrange question que celle-ci : la philosophie n'aurait-elle pas plus de parenté avec l'art qu'avec le savoir, et le philosophe ne serait-il pas, à tout prendre, un artiste? Aujourd'hui, c'est peut-être étonner bien des gens que de mettre en doute la légitimité du rapprochement. D'où vient ce changement si profond dans la manière de concevoir la philosophie? Comment les idées se sont-elles ainsi déplacées?

De tout temps on a reconnu à de grands penseurs une sorte de tempérament poétique. On admirait dans Platon, par exemple, ou dans Plotin, comment à la raison s'allie l'enthousiasme; on signalait surtout certains endroits fameux où le souffle de l'inspiration les soulève, les emporte; on célébrait à l'envi tant de hauteur, de hardiesse, d'éclat. De tout temps aussi, on a vu dans les systèmes inventés par les philosophes des témoignages d'une puissante imagination; on parlait de leurs conceptions amples ou ingénieuses comme de productions d'un beau génie. Mais la philosophie n'en demeurait pas moins chose sévère, austère; c'était avant tout, c'était essentiellement une étude, et très grave, une œuvre de réflexion, de méditation, de recherche suivie et méthodique, un effort continu pour enchaîner les idées aux idées par des liens parfois difficiles à découvrir et à fixer, liens tout de raison, ressorts de nature tout intelligible qu'on devait craindre de fausser par la nécessité de les rendre sensibles afin de les faire voir. Aussi, quelles précautions incessentes pour ne pas laisser prévenir la raison par l'imagination, pour n'être ni ébloui par les apparences ni entraîné par le sentiment! Cette beauté de l'esprit qui éclatait dans les productions des grands philosophes, c'était un don admirable, mais redoutable. On était plus frappé peut-être du danger que de l'avantage. Chacun, sans doute, était fier de ses inventions et y était passionnément attaché ; les hypothèses séduisantes ralliaient à leur auteur des adeptes, des partisans, des disciples : mais l'auteur qui offrait au public son système et les admirateurs qui l'embrassaient y voyaient l'expression de la vérité; et ceux qui demeuraient froids, ou qui regardaient en juges, ou qui entraient en lutte au nom d'une doctrine contraire, que reprochaient-ils au faiseur de systèmes? L'oubli précisément des conditions auxquelles on découvre le vrai. Il avait négligé les observations précises, les raisonnements exacts pour suivre des apparences décevantes; il donnait dans la chimère; il substituait à la véritable philosophie un roman de philosophie : c'était un « visionnaire ». Tout le monde était d'accord, les inventeurs de systèmes comme leurs détracteurs, pour se défier de l'imagination. Durant nos deux derniers siècles, c'est à peine si l'on accordait qu'une Muse sévère, la Muse céleste chantée par Platon, pût à de rares intervalles prêter au philosophe sa grâce décente. Surtout entre la philosophie et les beaux-arts quel commerce y aurait-il eu ? On ne voyait guère qu'incompatibilité.

Les plus grands artistes, ceux que l'on salue sans hésiter comme immortels, sont parmi les morts : on peut avancer cela sans choquer aucune admiration, sans blesser aucune gloire contemporaine, mais ce qui est bien à ce siècle-ci, c'est la philosophie de l'art. Nous nous faisons de l'art une très haute idée. Nous le nommons l'art, l'art tout court, l'écrivant volontiers avec une lettre majuscule, et nous le regardons comme une des grandes formes de l'activité humaine. C'est une des puissances qui mènent le monde. L'Art prend place dans les premiers rangs, avec la Science, avec la Religion. On lui a parfois donné le rang suprême. On le croit le père des exquises jouissances et l'on attend de lui des voluptés sans pareilles ; mais c'est qu'on voit en lui un des maîtres de la vie humaine : s'il remue, s'il charme, c'est qu'il a son origine dans les entrailles des choses ou dans les profondeurs de l'esprit, de l'âme même; et nous admettons que l'artiste va de pair avec les plus grands penseurs; il pense, et de la meilleure manière peut-être : sa pensée, analogue à celle qui soutient le monde, est intuitive et créatrice; il raisonne peu, mais ce qu'il fait est raisonnable; il ne réfléchit guère : il conçoit, il enfante, il crée.

Ce mystère de l'art excite nos admirations, retient nos méditations. Certes on l'avait aperçu autrefois et l'on en avait bien parlé. Mais la philosophie ordinaire n'y prenait pas garde. Au xviie siècle je ne vois que Bossuet qui s'en occupe, et, remarquons-le, c'est dans un sermon, le *Sermon sur la mort*, ou dans ses *Élévations sur les Mystères :* là quelques belles et grandes paroles, ici toute une page merveilleuse, sous ce titre : « Fécondité des arts. » Mais son excellent traité de philosophie, le *Traité de la connaissance de Dieu et de soi-même,* ne disait pas un mot qui marquât la nature profonde ni la dignité de l'art, dont il avait une si juste et si vive idée. La puissance de produire, de créer, qui appartient à la haute imagination et au génie, n'était l'objet d'aucune étude dans ce qu'on pourrait nommer un cours régulier de philosophie, ni même dans aucun ouvrage directement et proprement philosophique. C'est un fait significatif.

On ne voyait donc pas d'ordinaire par où l'art pouvait intéresser la philosophie, et l'on ne songeait guère non plus à l'intérêt que pouvait prendre aux choses de la pensée un artiste. Et cependant, si communément les philosophes s'inquiétaient peu de ce qui se passait dans le domaine de l'art, le temps n'était pas loin où les artistes n'étaient nullement étrangers à la philosophie. Nous le savons maintenant. Nous prenons un extrême plaisir à trouver dans un Léonard de Vinci, dans un Michel-Ange, dans un Raphaël, et, au xvii° siècle encore, dans un Nicolas Poussin, les traces d'une pensée active, curieuse, ouverte, forte, profonde, haute. Ces créateurs, dont nous admirons le jet puissant, étaient aussi des hommes de réflexion : ils savaient méditer, ils avaient conscience de ce qu'ils voulaient faire, ils avaient sur la nature, les ressources, le but, le rôle de l'art dans le monde, des vues générales ; ils en avaient par cela même sur l'ensemble des choses, sur la vie humaine ; ils ne les ont pas toujours liées de manière à en faire des théories, mais même les indications éparses qu'ils nous ont laissées témoignent de la force et la profondeur de leur pensée. N'eussent-ils rien écrit d'ailleurs, leurs œuvres et leur vie nous apprennent assez comment ils concevaient l'art.

Vraiment l'art n'a été pour eux ni un frivole amusement, ni un glorieux moyen de faire fortune, ni l'aveugle satisfaction d'un pur instinct. Qu'ils sont divers, ces artistes! Il y en a de toutes sortes. Quelques-uns ont épuisé toutes les joies de la vie. Il y en a qui ont connu tous les honneurs. L'Italie du xvi° siècle a renouvelé, à sa manière, pour ses peintres, ses sculpteurs et ses architectes le spectacle qu'avait donné la Grèce antique. Elle les a honorés comme de grands citoyens, presque comme des hommes divins. Eux ont employé leur merveilleuse fécondité à décorer les temples, les cités, les palais. Ils se sont mis au service des grands. Ils ont présidé à leurs plaisirs. Ils ont inventé en leur honneur des pompes inusitées. Ils ont mêlé l'art à toutes choses. Ce n'était pas pour des Expositions qu'ils travaillaient, et leurs œuvres n'étaient pas destinées à remplir des Musées, sortes de nécropoles. Ils ne produisaient pas pour occuper un instant les loisirs de spectateurs indifférents. On attendait ce tableau, cette statue, ce monument. On aspirait à la joie de le voir enfin. C'était l'honneur public qui y était intéressé, et l'apparition souhaitée était une fête. C'était dans un milieu vivant et pour des usages vivants, si je puis ainsi parler, que l'artiste enfantait ses vivantes créations ; et cela donnait à son art une importance souveraine, à lui-même une magnifique indépendance. Il semblait assujetti aux caprices des princes, mais le sentiment de l'attention publique, de l'attention passionnée qui s'attachait à ses œuvres, en lui rappelant sans cesse la hauteur de son art, l'affranchissait, et il opposait parfois aux exigences princières ses volontés inflexibles ou ses bizarres fantaisies. Il semblait travailler pour décorer les villes ou les palais, mais la destination précise de ses œuvres le garantissait du genre vague et incertain et de toute rêverie maladive, sans l'asservir, et, parce qu'il était en union avec les âmes de ses contemporains, parce qu'il partageait leurs idées et leurs passions, parce qu'il avait comme eux et au plus haut degré le culte de la beauté sans imaginer que la beauté pour avoir toute sa pureté et toute sa puissance eût besoin d'être détachée de tout, de la religion, de la science, de la vie réelle, et réduite chimériquement à elle-même, il puisait dans un commerce assidu avec les hommes et les choses un incessant renouvellement d'inspiration. Et tantôt il produisait avec ardeur, avec furie, tantôt il se reposait fièrement, et rien n'eût arrêté ses élans, si c'était l'heure de produire, ni réussi à forcer son inviolable silence, si se taire lui agréait. Eh bien, ces hommes, si différents les uns des autres à tant d'égards, ont tous un trait commun : recueillis ou en proie à toutes les agitations, en disgrâce ou en faveur, dans une retraite ou dans une cour, ils ont tous été, à leur heure et à leur manière, des penseurs, non des philosophes de métier, mais des hommes qui pensent. Voilà ce que nous aimons tant à retrouver aujourd'hui dans leur biographie et dans leurs écrits. Leurs œuvres sont pleines de leur pensée, mais ce qu'ils ont dit ou écrit nous livre leurs réflexions; nous saisissons ce qui les a préoccupés, inquiétés; nous nous associons à leurs méditations; nous voyons ce qu'ils ont voulu, ce qu'ils ont poursuivi, ce qu'ils ont espéré ou désespéré d'atteindre ; et quand, dans notre philosophie de l'art, nous déclarons que l'artiste n'est étranger à rien d'humain ni à rien de divin, nous pouvons joindre à nos inductions le témoignage authentique de ces grands hommes.

C'est une des plus remarquables nouveautés de ce siècle que l'importance donnée en philosophie à la théorie de l'art. La philosophie s'est avancée vers l'art, elle en a sondé la nature, et elle a reconnu que Platon avait raison, je veux dire que l'ami du beau et l'ami des Muses est ami de la sagesse. L'art tire sa sève de l'esprit. Peu à peu la philosophie, voyant par où l'art se rapproche et tient d'elle, a soupçonné qu'elle pouvait à son tour n'être pas trop loin de l'art et en tenir. Ce qui a confirmé ce soupçon, c'est la position prise de notre temps par ce qu'on nomme la science.

Savoir était jadis l'ambition et la prétention des philosophes. Bien que le succès n'eût justifié, semble-t-il, ni leurs vœux, ni leur confiance, et qu'on se plût autour d'eux à remarquer que, posant beaucoup de questions, ils proposaient des sclutions sans cesse démenties par des solutions contraires, le scepticisme né de cette vieille découverte vivait d'ordinaire à côté de la philosophie dogmatique sans l'entamer ; l'espérance d'arriver eu savoir ne se décourageait pas, et la confiance d'y être parvenu reparaissait toujours. Les progrès des sciences expérimentales ont insensiblement amené les esprits à concevoir toute science sur leur modèle. Le type de certitude scientifique était autrefois la démonstration géométrique ; c'est maintenant la vérification expérimentale. Non que les mathématiques aient rien perdu, à nos yeux, de leur inflexible rigueur, et d'ailleurs la possibilité d'une mesure exacte avec la réduction à une formule mathématique est de plus en plus le signe d'une théorie scientifique faite ; mais nous regardons moins volontiers du côté de la géométrie pure : cultivées par des hommes éminents, les hautes mathématiques, aussi hardies, aussi inventives que jamais, excitent moins l'admiration commune, et quand nous prononçons ce mot, la science, ce que nous nous figurons d'emblée, ce n'est point cela, c'est autre chose : c'est la physique, la physiologie ; c'est-à-dire que la science, pour nous, c'est moins le théorème démontré que la loi expérimentalement vérifiée. Or, chose vraiment digne de remarque, la philosophie, soit en prétendant, sous les yeux des savants, à une rigueur mathématique qu'elle ne pouvait atteindre, ou en admettant elle-même de bonne grâce qu'elle n'y parvenait point, ne perdait pas pour cela son crédit sur les esprits : sa prétention, quoique démentie par l'effet, ne l'exposait pas au ridicule ; le démenti que lui donnait l'effet n'ébranlait pas toujours la confiance que de très puissants esprits lui accordaient; et enfin, si elle renonçait à la méthode géométrique, des esprits, imbus d'ailleurs de géométrie, ne lui refusaient pas pour cela le nom de science et ne la reléguaient point parmi les connaissances conjecturales. Etait-ce que les conditions de la certitude fussent moins étudiées qu'aujourd'hui et qu'une analyse critique moins minutieuse permît de maintenir à côté d'un type rigoureusement défini des variétés quelque peu indécises, en reconnaissant ici et là une même certitude? Etait-ce que la raison, plus saine et plus forte, fût plus capable de se retrouver dans ses divers domaines et dans ses diverses applications, malgré l'imperfection de ses propres descriptions, en sorte que réduisant en théorie la science à la seule géométrie, elle n'hésitât pas néanmoins à reconnaître comme science tout ce qui était le produit légitime de son activité régulièrement exercée et qui portait comme tel une bonne marque? Quoi que l'on en puisse penser, c'est un fait que la philosophie, au temps où le type géométrique de la certitude prévalait, a eu à subir sans doute les attaques de son compagnon presque inséparable, le scepticisme, mais n'a jamais été dépossédée, dans l'opinion publique, de son titre de science. Au contraire, depuis que les sciences de la nature sont prédominantes et qu'elles ont fait prévaloir comme type de certitude la vérification expérimentale, c'est à peine si l'on ose employer le mot de science en parlant de la philosophie; les philosophes ont peur et honte, dirait-on, d'user d'un mot qui pourrait leur être reproché comme une usurpation ou jeté à la tête en manière de dérision; s'ils se hasardent à le glisser dans le discours, c'est timidement, et en s'excusant presque, et avec toutes sortes de restrictions, de correctifs, d'atténuations. Il est convenu et accordé, paraît-il, qu'il n'y a de science et même de savoir que là où l'assertion est expérimentalement vérifiable, en sorte que la preuve de ce qu'on avance peut être mise sous les yeux et que, par suite, l'esprit rebelle est forcé de donner son adhésion sans réserve à ce qu'on lui propose. C'est une suite encore de ce premier caractère que le résultat obtenu est transmissible et que le trésor des connaissances va s'accumulant, non seulement parce que chaque connaissance nouvelle s'ajoute à celles déjà acquises, mais parce que chaque découverte peut devenir le point de départ de nouvelles recherches qui amènent des découvertes nouvelles. Si c'est là ce qui constitue science et savoir, la philosophie, prise dans son ensemble et surtout dans ses parties les plus hautes, ne remplit pas ces conditions. N'offrant donc pas les traits auxquels une science se reconnaît sans méprise possible, elle n'est manifestement pas une science. Voilà ce qui se dit à peu près communément, c'est maintenant l'opinion régnante ; et les philosophes s'y résignent en maugréant plus ou moins, ou en prennent bravement leur parti, ou s'en font honneur.

Ces derniers ne sont pas rares. Ils estiment qu'on se trompait bien en donnant à la philosophie pour but le savoir. Ecoutons-les. Les sciences positives, disent-ils, ont raison : elles seules savent et peuvent savoir. La langue est plus juste qu'on ne croit : elle nomme *savants* ceux qui cultivent ces sciences. Laissons aux sciences l'honneur et l'avantage du savoir. Plus beau est notre lot. Nous sommes impuissants à savoir. Tant mieux. Nous avons mieux que cela. Connaissons la nature propre de la philosophie. C'est avec l'art qu'elle a de l'affinité. Que l'on comprenne bien comment, et l'on verra que cette nouvelle conception de la philosophie assure, bien autrement que l'ancienne, la liberté, la dignité et même l'importance de la pensée philosophique.

Il faut s'élever, nous crie-t-on, au-dessus des apparentes différences qui séparent la philosophie et l'art. Elles sont spécieuses comme les ressemblances qui la rapprochent de la science. Allez au fond : tout cela s'évanouit.

Les nécessités de la vie commandent d'agir : les actions qui assurent la subsistance, et même celles qui ajoutent à l'indispensable l'utile, le commode, n'ont rien de commun avec l'art. Tout ce qui a pour fin la satisfaction d'un besoin précis se fait en vertu d'une exigence qui est tyrannique, même quand elle est naturelle. Attelé à une tâche implacable, on va, on va, parce qu'il le faut. On n'a pas le temps de jouer. Jouer, c'est agir sans besoin, par delà le besoin. Ce que l'on fait ne sert à rien, et c'en est le charme. Quelle liberté et quelle joie! L'activité se dépense, se déploie, mais elle ne s'use pas, elle ne s'épuise pas au service d'un maître. On s'appartient et l'on s'espace.

Il y a pour l'homme d'autres assujettissements que ceux de la vie matérielle, des besoins, ou des affaires. Le devoir est assujettissant. Il commande avec empire, il soumet à une règle, il lie, il oblige. Sous sa discipline, il faut marcher dans une voie certaine et droite. On dit : la loi du devoir, la loi morale, et c'est bien dit. Qu'il y ait à se réprimer, à se retenir, à se contenir, ou qu'il faille se répandre et se donner, c'est toujours un ordre : tantôt une barrière dressée devant la volonté, tantôt une carrière ouverte devant elle, mais toujours avec commandement exprès, ici de s'arrêter net, là d'aller et de courir. Noble assujettissement sans doute que celui-là, puisque la loi a un caractère auguste et sacré, qu'elle exige un libre respect, une libre obéissance, qu'elle assure la dignité de l'homme et procure son véritable bien; mais enfin c'est une loi, et s'il y a pour l'activité humaine une sphère où soit possible un déploiement plus complètement et plus joyeusement libre, le sentiment de s'appartenir y étant sans mélange, le mouvement qu'on s'y donne n'y ayant pas de but imposé, ce *jeu*, car ce sera bien là le jeu, chose inutile mais non futile, superflue mais non méprisable, deviendra pour l'homme le plus beau et le plus doux témoignage de l'excellence de sa nature. Là, il se trouvera détaché de tout, d'une certaine manière, et supérieur à tout : l'emploi de sa force n'aura point d'objet imposé ni proposé ; c'est lui qui se donnera à lui-même un objet. L'intelligence humaine est *architectonique*, a dit Leibniz, après Aristote. Où montre-t-elle mieux cette étonnante et divine puissance qu'alors qu'elle n'a, dans ses constructions, rien qui en gêne la liberté ? Celui qui joue fait, sans nécessité, sans utilité, par plaisir, au gré de la fantaisie, quelque chose où il se met avec ardeur, avec passion peut-être, mais sans y être contraint ni obligé en aucune manière, et sans y avoir d'autre intérêt que celui qu'il y apporte, j'allais dire qu'il y crée, par sa libre action elle-même.

Voilà où l'on s'est plu à chercher l'origine de tout art ; et cette conception de l'art, qui a régné, a laissé dans les esprits une empreinte qui dure. De nouvelles idées commencent à s'ajouter à celle-là, à y pénétrer, et la modifient. Mais visibles encore et très importantes sont les conséquences de la théorie selon laquelle tout jeu est déjà de l'art et l'art est un jeu.

Platon avait dit : Le poète est chose légère et ailée. Le poète, ὁ ποιητής, l'artiste, qui produit, qui *fait*, au sens le plus énergique du mot, qui crée, et cela en jouant et parce qu'il joue, et créer ainsi c'est jouer : voilà le caractère propre de l'art; et c'est précisément cette libre allure de l'artiste qui fait, nous dit-on, la parenté du philosophe avec lui.

Le philosophe n'est pas un savant. On a vu tout à l'heure pourquoi. Qu'on essaie maintenant de se rendre raison des raisons qu'on en donne, on trouvera que le savant doit ses avantages à une seule chose : il a, dans le monde qu'il observe et veut expliquer, un perpétuel moyen de contrôler ses vues. C'est dire qu'il n'est pas libre. Si son génie pressent, anticipe, devine, il lui faut soumettre l'idée qui vient de jaillir de son fonds à un contrôle lent, minutieux, précis, et l'idée n'aura droit de cité dans la science, ne fera partie de la science que le jour où la vérification l'aura éprouvée complètement et validée. Le savant pénètre les secrets de la nature et la conquiert. Conquérant, il l'est par ce regard qui explore et explique ; il l'est encore par cette action qui dompte et transforme. Mais le mot de Bacon est juste : *Naturæ non imperatur nisi parendo*. C'est en obéissant que le savant établit son empire : il obéit à la nature dans ses patientes observations qui sans cesse précèdent, accompagnent ou suivent ses conceptions, pour les préparer ou pour les justifier. Le philosophe, qui n'a pas les moyens de vérification du savant, lui semble inférieur : ne l'emporterait-il pas plutôt sur lui, par cela même?

Considérez les plus graves philosophes, les plus renfrognés, si vous voulez : dites-leur qu'ils jouent, et que c'est leur honneur et leur avantage. Vous allez soulever une tempête d'indignation. Mais, attendez. Regardez-les en silence, et tâchez de surprendre ce qu'ils se disent à eux-mêmes, sans voix, dans l'ombre et dans le secret de leur cœur. Ils arrangent des idées, des mots, des arguments. Quel plaisir ils y prennent! Leur construction, car c'en est une, sera pesante et disgracieuse ; on ne la verra pas sans ennui. Qu'importe? Ils la croient jolie. Comme ceci se combine bien avec cela! comme c'est bien trouvé! que c'est fort! que c'est solide! Bien habile sera celui qui ébranlera cette masse compacte. Oh! on sera dans l'admiration, et plusieurs crèveront de jalousie. Que la disposition de ces raisons magistralement agencées est donc heureuse ! Et la réalité, et les choses ? Notre homme n'a pas l'air de s'en soucier. Erreur : il n'a garde de les oublier, il ne doute pas un seul instant qu'elles ne rentrent dans ces cadres si bien faits ; il ne songe pas à les ajuster à ses idées : comment ne seraient-elles pas naturellement conformes à des idées si justes ? Le vrai, eh ! sans doute, c'est ce que le philosophe cherche, et sa gloire est de proclamer le vrai : mais ne va-t-il pas sans dire que le vrai tient dans ses formules ? Les trouver, ces merveilleuses formules, c'est trouver le vrai.

Le philosophe le plus pédant, empêché dans une affreuse logique, serait-il donc, au milieu de ce fatras, une manière d'artiste, lui aussi ? Il le semble bien : il joue, ce rigoureux logicien ; il a souci de je ne sais quelle beauté dans ses arrangements, cet illisible écrivain ; et ce grand ami du vrai tout seul, tout nu, plie les choses à ses conceptions au lieu de plier ses conceptions aux choses. Et puis, quand il sort de cet atelier où se fabriquent ses idéales constructions, c'est un homme comme les autres, à quelques prétentions et quelques ridicules près : je veux dire que, s'il n'oublie jamais son importance et ne perd jamais de vue son mérite, il n'a pas toujours l'âme tendue pour accorder sa vie avec ses théories. C'était donc jeu que ses inventions. Dans la pratique, elles n'ont pas d'usage. Aux heures où il n'est pas dans son cabinet ou dans sa chaire, il prend les choses comme elles sont, et se dirige à peu près par les maximes communes, par les principes du bon sens : il ne philosophe plus. A certaines heures réglées, il est sur la scène, ou tout seul avec lui-même, pour son propre plaisir, ou devant les autres... Il joue. Et ne dit-on pas des tours de force exécutés par les sages : ce sont jeux de dialectique, ce sont jeux d'école?

Nous venons de considérer des artistes détestables ou médiocres. Mais, quoi qu'ils vaillent, ils sont artistes ; et c'est ce qu'il nous importe de constater. Adressons-nous maintenant à de plus grands. Tant que nous remarquerons que leur philosophie se détache d'eux comme un vêtement que l'on prend, que l'on quitte, que l'on reprend pour le quitter encore, ni leur talent, ni leur sincérité, ni leur sérieux ne nous empêcheront de penser que philosopher, pour eux, c'est jouer. Le savant peut bien oublier un peu la science hors de son laboratoire, et l'on ne dira pas pour cela que devant ses fourneaux il jouait. C'est que la science ne prend pas tout l'homme, si ce n'est en ce sens qu'elle le passionne et obtient son dévouement; entre le savant et l'homme la distinction, la séparation se fait d'elle-même, la science comme telle ne régentant point la vie pratique. La philosophie a la prétention d'embrasser tout, la pratique comme le reste. On s'attendrait donc à trouver un philosophe toujours philosophe, je ne dis pas toujours dissertant, ce qui serait insupportable si c'était possible, mais toujours fidèle à ses maximes, toujours en conformité avec ses principes. Dès qu'il est autre dans ses livres ou ses leçons, autre dans la vie, on se dit que sa philosophie est un exercice, un exercice d'esprit très sérieux, un emploi de son activité, emploi libéral, désintéressé, mais enfin quelque chose qui ne fait pas partie de la trame intime de sa vie, quelque chose donc comme un jeu où l'on se dépense généreusement peut-être, sans que cela prenne l'âme même. De ce philosophe encore on peut dire qu'il est artiste, et, si l'on s'y prenait bien, on lui arracherait sans doute cet aveu : « *Non vitæ, sed scholæ scribimus.* Tout cela, je le pense, je le dis sérieusement, vous me feriez injure si vous supposiez le contraire : mais que je parle ou écrive pour la galerie, que je songe au spectacle que je donne, et que je sois moi-même mon premier spectateur, prenant au jeu des idées un intérêt extrême, un vif plaisir, voulez-vous que je dise même m'y amusant beaucoup, eh! pourquoi pas, et quel mal y a-t-il à cela ? »

Pascal dit quelque part : « On ne s'imagine Platon et Aristote qu'avec de grandes robes de pédants. C'étaient des gens honnêtes et comme les autres, riant avec leurs amis, et, quand ils se sont divertis à faire leurs Lois et leur Politique, ils l'ont fait en se jouant. » Est-ce là une boutade, ou n'est-ce pas plutôt une de ces profondes vues comme Pascal en a si souvent ? Qu'il s'entendait bien à démasquer les hommes et les choses, et comme cette pénétration incomparable lui fait faire de véritables découvertes qu'il jette en passant et auxquelles personne en son temps ne prenait garde! On les a ramassées depuis, ou l'on a retrouvé à grand'peine ce qu'il avait deviné. Il a vu que les plus grands philosophes, que les philosophes de premier ordre, n'étaient pas aussi sérieux que le vulgaire le pense : ils se divertissaient à philosopher, ils ont philosophé en se jouant. C'est entrevoir le vrai caractère du génie grec. C'est reconnaître qu'un Platon, qu'un Aristote étaient des artistes.

Aussi bien, nous avons sur certains points les confidences de Platon. Au commencement du *Timée,* il déclare nettement qu'il va exposer de pures vraisemblances, et que tout son discours sera une fable, un mythe, μῦθος. Le mot y est. Et quelle raison donne-t-il de cela? Que dans certains sujets les discours précis, exacts, consistant en de claires et solides raisons, rigoureusement enchaînées, ne sont pas de mise. Et quels sont ces sujets? Ceux qui concernent les dieux et la naissance de l'univers. Sans doute Platon, dans ce passage même, dit qu'il y a des discours fermes, ceux où la pure lumière de l'intelligence produit une conviction inébranlable, et cette allusion à la théorie des *Idées* rappelle sur quels fondements est établie par lui la connaissance vraie. Néanmoins il accorde ou plutôt il proclame qu'en philosophie, et dans une partie de la philosophie qui n'est ni petite ni méprisable, les vraisemblances et la fantaisie mythique ont une place légitime. Le *Timée* est une fable. C'est un jeu, dirons-nous, un jeu sérieux, à la façon d'une œuvre d'art.

De l'aveu de Platon, là où le vrai échappe, le philosophe se console, en se jouant, des défaillances du savoir. Ailleurs, dans l'ordre des vérités morales, quand la certitude ferme manque, il s'enchante de belles espérances. C'est encore Platon qui parle ainsi. Et où donc? Dans le *Phédon*, ce grave dialogue. Il parle de la vie future. Il n'ose affirmer que les choses sont exactement comme il vient de dire : cette assurance ne conviendrait pas à un homme de sens ; mais que cela ou quelque chose de semblable soit pour nos âmes et leur séjour en une autre vie, puisqu'il paraît bien que l'âme est immortelle, c'est ce qu'il convient de dire, et c'est un risque qu'il faut courir : car c'est un beau risque. Ce sont là des enchantements dont il faut s'enchanter soi-même ; et c'est pourquoi il se plaît à prolonger le mythe où son espoir prend consistance. Est-ce assez explicite? Le philosophe se joue. C'est un artiste qui donne à un beau rêve une forme exquise. C'est sérieux, très sérieux, il s'agit de notre tout, dirait Pascal; mais, ici, nous ne trouvons pas d'inquiétude poignante. C'est auguste, c'est solennel, si l'on veut. C'est tragique même, comme la tragédie grecque, σέμνον τι ἔχουσα. C'est serein et charmant tout en étant grave. A tout prendre, c'est encore de l'art.

La théorie des *Idées* elle-même, centre de la philosophie de Platon, n'est-elle pas à sa manière un jeu ? Et dans tous les développements qu'il lui donne, alors même qu'il n'a pas recours au mythe, quand il raisonne et discute, le mot de Pascal ne vient-il pas toujours à la pensée ? Platon a écrit tout cela en se jouant.

Aristote ne nous fait pas de confidences. Quand il examine les diverses sortes de rigueur et d'exactitude, il dit des choses d'une singulière finesse ; jamais il ne nous donne à penser que l'on philosophe en se jouant. Mais il a vu et noté certains caractères de la philosophie qui la rapprochent de l'art. Il la nomme la plus inutile des sciences, et, partant, la plus belle. Il montre qu'elle naît tard parce qu'elle n'a en vue la satisfaction d'aucun besoin précis. Il la loue de ne servir à rien. Il trouve dans cette inutilité même le principe de sa force incomparable. Il la célèbre comme la science maîtresse, et c'est à ses yeux un trait de ressemblance avec les choses divines que d'être au-dessus de tout usage et de présider au mouvement des choses subalternes, de donner le branle à tout sans faire jamais soi-même métier de manœuvre. On ne peut marquer d'une manière plus énergique la liberté, la dignité, l'excellence, la souveraineté de ce qui plane dans une sphère idéale. C'est du savoir que parle Aristote, assurément, et il ne faut point l'oublier, mais n'y a-t-il pas là les éléments d'une philosophie de l'art? Ce n'est pas tout. Aristote, comparant l'histoire et la poésie, juge que la poésie est chose plus philosophique et plus sérieuse. Pourquoi? Par cette raison que la poésie exprime plutôt le général, et l'histoire l'individuel. Formule concise, quelque peu obscure, mais aperçu de génie. La poésie cherche à exprimer, à réaliser l'idéal. L'idéal, c'est quelque chose de concret, de singulier, d'individuel, mais contenant une idée, non pas à la manière de la froide allégorie, mais en ce sens que cette sorte de chose vivante ayant un corps, une figure et un nom, créée par le génie du poète, c'est un être tout imprégné, tout pénétré d'une idée qui est son esprit et son âme. C'est ce que nous nommons un type. La formule scientifique est purement abstraite. Le type créé par l'art est singulier et général tout à la fois. Ce caractère de généralité, qui lui communique quelque chose de grave, de noble et de sérieux, fait son affinité avec la philosophie. La philosophie, à son tour, donne aux conceptions générales quelque chose de singulier, d'individuel, et, si l'on ose dire, de mouvant et de dramatique. Les abstractions s'y personnifient, quelle que soit l'austérité du penseur qui les manie : il les fait agir, elles composent l'univers, elles le meuvent, elles le gouvernent ; tout système philosophique devient un drame où les idées font leur rôle. Et comment alors les conceptions métaphysiques n'auraient-elles pas l'empreinte du penseur qui les invente ? S'il est vrai qu'elles ont la prétention de représenter l'univers, c'est l'univers interprété par celui qui le contemple. La manière de voir est personnelle, l'interprétation appartient à l'interprète ; il ne se défend pas d'y mettre du sien, il s'en fait gloire, et, qu'il le désire ou non, l'estime qu'il fait de son idée prouve bien qu'il y voit autre chose qu'une découverte : il a une manière d'y tenir où l'on sent qu'à son avis voir le monde comme cela, c'est un peu le faire, et que pénétrer ainsi le secret de la création, c'est y participer en quelque chose.

Nous sommes loin des paroles d'Aristote qui nous ont suggéré toutes ces considérations. N'importe. Il demeure acquis que le grand philosophe didactique a, lui aussi, entrevu les rapports de la philosophie et de l'art, et c'est une chose curieuse qu'en creusant quelques-unes de ses formules on arrive assez naturellement aux idées récentes sur la philosophie.

Reprenons maintenant notre interrogatoire, et voyons si les philosophes de qui l'on attendrait le moins des aveux ne nous en feraient pas de fort instructifs.

Descartes est bien entier et bien ferme. Sa philosophie ne sent pas le badinage. Écoutons ce propos que nous conte son biographe Baillet : « On a dit de sa physique que c'était le roman de la nature, et Descartes lui-même l'a appelée ainsi en souriant avec ses amis. » Cette physique, c'est de la philosophie. De celle qui est science, parlerait-on ainsi? Et des mathématiques, où il a excellé, Descartes eût-il jamais consenti à en sourire? Serait-il supportable qu'on appelât une géométrie un roman? Ou c'est tout faux, ou c'est pleinement vrai, il n'y a pas là de milieu possible. La philosophie, même chez un Descartes, joue parfois, et en convient. Elle est art en cela.

Leibniz est plus explicite, ce semble. Il s'agit, non de la physique, mais de la philosophie morale

2.

et religieuse. Sa *Théodicée* est en cause. A un théologien protestant qui l'attaque, il répond : « Vous avez mis le doigt dessus ; et vraiment j'admire que personne jusqu'à présent n'ait eu le sentiment que j'y joue. *Et miror neminem hactenus fuisse qui lusum hunc meum senserit.* » *Lusum*, un jeu. Et Leibniz ajoute : « Il ne convient pas, en effet, aux philosophes de traiter toujours les choses sérieusement, eux qui, dans la conception de leurs hypothèses, comme vous le remarquez si bien, font l'essai des forces de leur esprit. *Neque enim philosophorum est rem serio semper agere, qui in fingendis hypothesibus, uti bene mones, ingenii sui vires experiuntur*[1]. » Y a-t-il quelque ironie dans ce passage ? C'est plus que probable. Le théologien a impatienté le philosophe. Leibniz, se fâchant en homme d'esprit et avec bonne grâce, abonde comiquement dans le sens de son homme. Quelques mots, comme ceux-ci, *uti bene mones*, semblent indiquer cette disposition d'esprit, et le ton de la page entière dans la lettre confirme ce soupçon. Néanmoins, si c'est pour s'amuser que Leibniz déclare qu'il s'amuse, n'y a-t-il pas là,

1. Lettre à Pfaff (du 2 mai 1716). *Acta Eruditorum* de Leipzig, mars 1728, p. 125 et suiv.

avec une pointe d'ironie, un fond de vérité? Il ne s'amuse pas, non certes, il ne joue pas, au petit sens du mot; mais, quand il essaie les forces de son esprit et qu'il produit son *système*, il fait à sa manière ce que Dieu lui-même fait : il construit le monde, en se jouant, dans sa pensée vigoureuse et féconde, comme la nature elle-même joue, *ludens natura*, dit Pline, comme la sagesse divine joue dans l'univers, *sapientia... ludens in orbe terrarum*, dit l'Ecriture Sainte au livre des *Proverbes*.

Mais que dire de ces philosophes tout à fait convaincus en tout, partout et toujours, naïvement attachés à leurs idées qu'ils identifient pleinement avec la vérité? Il en faut dire que, semblables à certains poètes ou artistes primitifs, ils sont, en créant, dupes d'une complète illusion. Artistes sans le savoir, ils ont une telle force de conception, qu'ils croient voir ce qu'ils inventent. Malebranche, chez qui d'ailleurs la foi religieuse se mêle à la philosophie, est un des plus remarquables types de la puissance d'illusion dont nous parlons. Spinoza, sans foi religieuse positive, en est un autre.

Aujourd'hui, l'empire grandissant de la critique

rend de plus en plus difficile une si complète et si ferme assurance. Comment se persuader que l'on tient toute la vérité dans le raccourci de ses formules? Mais, s'il n'y a plus guère d'illusion complète, il y a ce que nous nommerons la demi-illusion. C'est celle de l'art. Malgré les progrès de la critique dans notre monde vieillissant, l'art demeure naïf, mais d'une naïveté qui s'accorde avec une sagesse fort avisée. On est déniaisé et guéri du sot, on est raffiné, débarrassé de tous les vieux préjugés. Artiste, on sait bien que l'art ne produit que des apparences. Mais en ces apparences, précisément parce qu'on les reconnaît telles, on découvre, ou plutôt l'on met soi-même une vertu idéale, une sorte de vertu divine, et ce monde qui n'existe pas, production sans réalité d'un art puissant, éclate à la pensée avec une telle beauté, que l'artiste adore presque son idée : le voilà épris, presque pris, s'enchantant, s'enivrant de la splendide image, et ce qui est si beau, qu'importe que ce ne soit rien de réel? C'est chose qui a vie, c'est vérité, c'est réel, à sa manière, et plus que la réalité même. Voilà l'illusion qui accompagne le grand art. C'est une demi-illusion, qui n'ôte pas la clairvoyance, ou, si l'on aime mieux, c'est une clairvoyance supérieure. Ainsi le philosophe : quand il se joue dans cette sphère où le vrai lui échappe, il n'ignore pas qu'il se joue : mais, au moment où il produit, durant cette contemplation émue de l'œuvre qui en accompagne la production, il est dupe presque de ses idées, leur trouvant cette sorte de vérité poétique qui vient de l'harmonie et du beau ; et, si ce sentiment-là lui manquait, il faudrait dire que c'est un critique en philosophie, et non un philosophe. Toute pensée qui a son origine en celui-là même qui pense entraîne avec soi cette demi-foi, au moins d'un moment. Le charme opère au moins tant que durent la conception et l'enfantement. Voilà le sérieux de la philosophie.

Peut-être, ajoute-t-on, la philosophie n'a-t-elle toute sa valeur morale que lorsqu'elle est décidément un art. Jouffroy a dit qu'elle était une « affaire d'âme », et il avait raison ; mais est-elle donc une affaire d'âme quand elle essaie d'être une science ? S'il est vrai, comme l'a dit Fichte [1], que

1. *Erste Einleitung in die Wissenschaftslehre* (Première introduction à la théorie de la science), § 5 (1797). *Œuvres complètes*, I, p. 434.

« chacun suit son propre caractère dans le choix qu'il fait de sa philosophie », si « un système philosophique n'est pas un meuble, une chose sans vie que l'on rejette et que l'on prend à sa fantaisie, mais s'il est comme animé par l'âme de l'homme qui l'a adopté », est-ce au savant que le philosophe ressemble? Seule la frivolité que l'on suppose inhérente à l'art empêche de rapprocher le philosophe de l'artiste. Mais le grand art est sérieux. La nature humaine aime le libre développement, le libre déploiement, le libre épanouissement. C'est pourquoi l'homme joue et n'est jamais plus homme que lorsqu'il joue. Or, ce libre déploiement de l'activité n'est tout à fait libre, tout à fait triomphant, et par suite tout à fait joyeux, que si c'est le déploiement de l'homme, de l'homme, entendons-le, non de la bête, de l'homme, être raisonnable et moral. Tel est le point où tout se réconcilie au sein de l'art, et voilà pourquoi et comment la philosophie est un art. Rien de plus sérieux que l'art. Il élève l'homme au-dessus de tout, il l'affranchit, il l'épure, il le spiritualise, il le remplit de l'idéal : il a un caractère moral et religieux. La discipline morale est bonne : meilleur encore est l'art. Ce qui rend la discipline morale nécessaire, ce sont les mauvais penchants à réprimer. Là où l'obstacle cesse, à quoi bon une arme pour le briser? La beauté morale charme et se fait aimer. L'art, le grand art, en faisant resplendir la beauté, mène l'âme sur ces hauteurs où la loi morale n'a plus besoin de se montrer loi pour obtenir le respect et l'amour. La philosophie est un art souverain. Inspirée, comme tout art, par le sentiment de l'harmonie et de la beauté, animée, comme le grand art, par l'amour de la beauté morale, elle essaie, dans ses libres constructions, dans ses inventions hardies et fécondes, de se représenter l'univers, de le composer, de le concevoir ; elle le *fait* en quelque manière, et, pourvu que ses hypothèses soient grandes et belles, elles ont toute la vérité qu'elles peuvent avoir ; elles procèdent d'une pensée morale et religieuse, et elles aboutissent à la morale et à la religion. Tout cela librement, sans l'entrave d'un dogme, d'une prétendue vérité littérale et positive, grimace de la science, en toute franchise d'allure, sincèrement, hardiment, parfois en apparence presque capricieusement, et par cela même avec d'autant plus de vigueur et de sève morale et religieuse.

Je raconte, et tâche d'expliquer : je ne juge pas. Ce n'est pas encore le lieu. Je veux montrer comment peu à peu une nouvelle façon de considérer la philosophie est née, et comment entre la philosophie et l'art un rapprochement s'est produit. Notre temps a voulu et cru réaliser cette merveille : l'union de l'art, où règne l'imagination, et de la morale, où règne la règle. On croyait l'art livré à la fantaisie, quand on renonçait à l'enchaîner aux lois d'une convenance, qui n'était souvent que convention : notre temps l'a délivré des petites règles étroites, mais l'a mis dans la noble compagnie de la pensée et de la raison. On estimait que la morale est, avant tout, discipline : on a proclamé qu'elle est, avant tout, liberté. Notre temps a conçu et a cru accomplir, comment dirai-je ? un autre prodige encore. On ne concevait guère de religion sans dogmes, il a cru établir que la raideur dogmatique est incompatible avec l'esprit de la religion, et il lui est arrivé de trouver la religion irréligieuse, et religieuse l'irréligion. Que de choses ce siècle a changées, ou cru changer ! De là cette nouvelle idée de la philosophie, assimilée à l'art, confondue presque avec l'art, déclarée un art suprême, et, comme telle, contenant en elle tout ce qui est l'âme et l'essence de la morale et de la religion même, en sorte que, détachée de toute vérité, dans sa liberté souveraine, elle pénètre cependant la vie, et même y anime et y mène tout, d'une manière bien autrement efficace que si elle était science, règle ou doctrine.

Chose singulière. Ce siècle a vu la philosophie s'organiser d'une manière forte et régulière, aspirer à une sorte de maîtrise des esprits, commander avec autorité : il a vu cet essai, et, par un revirement où la déception et la lassitude ont leur part, mais sous les influences confuses, souvent fécondes, toujours puissantes, que nous avons tâché d'indiquer, il arrive, sur son déclin, à une conception tout opposée : il rêve la philosophie libre, autrement libre que la science, ce qu'autrefois l'on n'eût pas même compris; il la rêve libre comme l'art.

CHAPITRE II

DE CERTAINES FAÇONS FRIVOLES DE PHILOSOPHER QU'ON CROIT JUSTIFIER PAR LE RAPPROCHEMENT ENTRE LA PHILOSOPHIE ET L'ART

C'est un idéal de philosophie que nous venons de décrire, l'idéal qui dans ce siècle, à certaines heures, a prévalu, et dont l'influence est partout sensible. Le commun des philosophes s'y hausse tant bien que mal. Et, comme il arrive toujours, les faibles, les médiocres, les petits, ou encore les brouillons, les vaniteux, je dirais les charlatans et les intrigants, s'il y en avait en philosophie, tout ce monde incapable, pour des raisons diverses, de concevoir la pure et sublime idée qu'on lui propose, la ramène à son niveau, l'ajuste à ses proportions, n'en retient que ce qui lui agrée et le flatte, et la philosophie va, entre ces mains débiles ou indignes, se diminuant, s'amoindrissant, se rabaissant. L'enseigne est toujours la même, et le même mot d'ordre retentit à tous ces étages : la philosophie est un art !

Philosopher en amateur, ce n'est pas nouveau. La nouveauté, c'est de croire qu'à effleurer ou déguster les choses de la pensée, on soit un penseur. On songe aux grands problèmes, on songe à quelque solution ou à l'impossibilité d'en trouver aucune ; on dit en passant, à propos de ceci ou de cela, son mot sur l'univers, sur la vie, sur le fond de tout ou sur l'invincible ignorance de ce fond ; on esquisse en un instant une hypothèse qui embrasse tout, on improvise un système ; on nie, on affirme, on doute, sans appuyer ; aujourd'hui une ébauche, demain une autre ; et l'on nomme cela penser. Penser, sans méditer, sans raisonner, dans une demi-ombre, et là, sourire à ses idées et en sourire à demi, s'y complaire sans y trop croire, et en jouir sans s'y laisser prendre ! C'est fin, c'est délicat, et c'est très doux. Ainsi le poète, ainsi l'artiste créent de ces figures légères, nées de la seule joie de produire : elles s'échappent des mains de leur auteur comme un témoignage de sa féconde habileté, elles lui fournissent un agréable spectacle d'un moment ; il les répand autour de lui comme objets sans valeur, mais non sans charme. L'austère Boileau n'a pas connu tout ce qu'il y avait dans ce fameux vers :

Un sonnet sans défaut vaut seul un long poème.

Peut-être n'a-t-il voulu célébrer par là que le mérite de la difficulté vaincue et de l'observance exacte de règles minutieuses. Il a glorifié, sans le vouloir, sans le savoir, ces riens qui ne valent que par le fini de la ciselure. Mais cette forme élégante, parfaite, c'est une manifestation de l'art : l'art vaut par lui-même. Un sonnet, dans son calice étroit, peut recéler une enivrante liqueur, et la perfection du vase est déjà, à elle toute seule, chose qui à sa manière enivre. Une seule pensée peut valoir toute une philosophie. Grande consolation pour ceux qui sont incapables de suite, ou par faiblesse de raison, ou par manque de courage. Ils n'ont point de philosophie, mais ils ont une foule de philosophies, ayant une foule de perles précieuses, pensent-ils, que leur belle nonchalance contemple sans prendre la peine de les enchaîner jamais. Et comment les réunir, en effet, sans les gâter, puisque chacune d'elles est un tout, un abrégé de l'univers ?

Que cette façon de philosopher compte, que traiter la philosophie de la sorte semble lui faire honneur, c'est tirer, de la ressemblance qu'on lui trouve avec l'art, une assez fâcheuse conséquence. Je ne sais pourtant si certains adeptes qui paraissent plus sérieux ne lui font pas un plus cruel outrage. Ils lui consacrent leur vie, philosopher est leur tâche. Mais ils ont une façon étrange d'entendre ce noble métier. La philosophie étant un art, il s'agit, en philosophant, non d'établir quelque chose de solide, mais d'élever quelque édifice propre à donner de l'auteur une idée avantageuse. Autrefois, comme aujourd'hui, les philosophes, comme les simples mortels, étaient sensibles à la bonne renommée, et quelques-uns aspiraient à la grande renommée, à la gloire : mais, s'ils tenaient à être dans l'estime ou dans l'admiration des gens, ils croyaient d'ordinaire que la force de leurs raisonnements devait les y placer. Leurs conceptions les plus hardies se présentaient appuyées sur des preuves. Aujourd'hui il se rencontre des esprits qui, habiles à bâtir en l'air des constructions ingénieuses, déclarent que c'est là le tout de la philosophie. Faire quelque chose de beau, soit que l'on fasse grand, soit que l'on fasse fin, c'est ce à quoi ils visent. Parfois il ne leur déplaît pas de se donner des airs de profondeur, et, en révélant aux regards profanes leurs productions, ils prennent un ton d'oracle. Avec cela ils mêlent à de brillantes images un langage technique qui impose. Comme le vulgaire a peine à les entendre, ils passent pour des gens d'élite; ce sont des initiés. Mais leur dédain de prouver ce qu'ils avancent ne laisse pas que d'inquiéter certains juges. N'y aurait-il pas là, avec une mauvaise habitude, un manque de force d'esprit? Quoi qu'il en soit, cette affectation de ne voir dans la philosophie qu'un jeu, devient fatigante et irritante. Ces beaux joueurs ont choisi, pour exercer leur art, une matière qui les déconcerte, en dépit de leur habileté. Les choses qu'ils traitent sont rebelles, réfractaires, soit qu'elles aient des difficultés que l'étude seule peut surmonter, et non sans efforts pénibles et continus, soit que, touchant aux intérêts les plus graves de l'humaine nature, elles répugnent à ce dessein d'en disserter en se jouant. Ils ont donc contre eux un préjugé, pour parler leur langage, mais un préjugé respectable. En vain disent-ils que leur jeu est noble, poignant, même : cela ne dissipe pas les scrupules. Ils ont une « désinvolture » de procédés qui paraît quelque peu insolente, une façon leste d'écarter ce qui gêne, l'horreur de toute discussion bien menée. Ils ont une dialectique subtile, mais non une logique serrée. C'est de l'escrime, non un vrai combat. Ils n'ont pas de véritables armes : ils en craindraient le poids et l'aspect grossier. Dans l'exposition ils sont faibles. Ils connaissent moins l'art d'exposer que celui d'exhiber. Là encore ils semblent préoccupés, non de convaincre, mais d'éblouir. Ils détruisent souvent. Ils excellent à détruire. Non qu'ils aient dans la réfutation cette bonne vieille vigueur qui va droit à l'obstacle, sans craindre de s'y briser. Il y a un nouveau mode de réfuter. Une analyse subtile ébranle les idées les mieux établies, sans tenir compte des raisons qui les soutiennent. C'est en frappant à côté et tout à l'entour qu'on renverse. On a des assertions nullement prouvées qu'on pose ou suppose en maint endroit, assertions négatives, lesquelles étant admises, tout un monde d'idées croule. Procédé facile et sommaire. Non moins rapide est la réédification, quand on veut réédifier. Un appel à je ne sais quelle foi, jamais définie, ramène sur la scène les idées qui semblaient mortes, et tout se termine dans la paix. Certains refrains, le mot n'est pas impertinent, accompagnaient l'œuvre de destruction, certains refrains accompagnent l'œuvre de relèvement. Ce sont des « virtuoses » que ces philosophes prétendus. Ils n'ont en vue que de montrer ce qu'ils peuvent faire, ce qu'ils savent faire. Mais la valeur de ce qu'ils disent? C'est bien de cela qu'il s'agit. La doctrine est affaire personnelle. La juger, c'est violer la conscience du penseur. Nous pourrions bien, du moins, exiger des raisons. Prenez garde, nous crie-t-on, ce serait presque revenir à l'appréciation de la doctrine, et ce serait bien osé. Il n'y a plus qu'à se rabattre sur le talent. Et, grâce à cette attitude incertaine de l'opinion, grâce à cette mollesse d'esprit devenue incapacité de discerner, de juger, grâce à cette générale impuissance d'exercer la critique au sens vrai du mot, une habileté de main, une façon aisée de tourner les idées, une apparente force de penser, une hardiesse de mauvais aloi, une fécondité d'expédients qui tient lieu de raisons, enfin toute une sophistique et une rhétorique de la pire

3.

espèce, qui s'allie avec de belles déclamations contre l'ancienne manière de philosopher, trop littéraire, tout cela, mêlé aux endroits où il faut avec des formules ou des faits fournis par les sciences positives, produit une impression indéfinissable, et échappant à un jugement net, ne se laisse apprécier définitivement que par l'effet ressenti. Tant mieux pour l'auteur si l'effet est grand, et en somme agréable. On dit qu'il a fait preuve de talent. Il est dispensé de fournir aucune autre preuve.

C'est le règne de la fantaisie en philosophie que ces mœurs philosophiques inaugurent. Et ce qui est le plus grave et le plus triste, ce défaut que je viens d'étaler tout nu, le considérant tout seul et dominant sans partage, on le retrouve chez des penseurs qui ont un vrai mérite. C'est un venin qui les infecte, malgré leur sincérité et leur sérieux; et, sous cette influence, ils produisent, en toute conscience, et même pour le plus grand honneur de la morale, des œuvres qu'il faut bien appeler malsaines. C'est un des signes de l'affaiblissement des esprits au temps présent. Je ne nie pas que beaucoup d'idées fines et justes ne se rencontrent dans ces écrits. C'est le dessein, c'est l'inspiration, c'est la pensée de derrière la tête, c'est aussi le procédé de discussion, c'est tout cet ensemble d'habitudes intellectuelles qui atteste dans la raison publique une perturbation. Elle est comme désemparée, désorientée, affolée.

Il nous reste un dernier pas à faire. Ce que nous venons de signaler, c'est le *dilettantisme* en philosophie. Il y a pis.

« Tout est dit. » On ne sait pas assez les ravages que cette mélancolique remarque peut faire dans un esprit. « Tout est dit. » C'est désolant. Ce jeune homme se sent quelque chose là. Il a des idées, du style. Mais tout est dit. Est-ce la peine de parler pour n'apporter rien de nouveau ? Oh ! quel troublant fantôme que celui de la redite ! La crainte d'en être victime a, comme toute peur, inspiré d'étranges desseins. Je ne parle pas de bizarres romans, de drames invraisemblables. Je parle de philosophie. Ne rencontre-t-on pas en philosophie des assertions inouïes qui semblent nées du seul désir d'étonner ? Etonner, c'est-à-dire déranger les vieux cadres, déconcerter les attentes, embarrasser les esprits routiniers. Très bien, cela. Et puis, échapper à toute comparaison, avoir le mérite et l'honneur de la découverte. Songez-y donc, quel plaisir! Et voir les meilleurs esprits qui s'inquiètent, s'alarment, s'arment; causer une sorte de tumulte; faire du bruit: quel succès! N'est-ce pas prendre, aux yeux des autres, un brevet d'originalité? N'est-ce pas se donner à soi-même la douce et flatteuse illusion que l'on est un esprit supérieur? On est grand sans doute, puisque l'on est à part et unique. En demeurant dans les limites du bon sens, on rencontrait ce cruel « tout est dit ». Parce qu'on en est sorti, on a trouvé le moyen de dire, ou de sembler dire, ce que personne n'avait dit encore. Vous demandez ce que cela peut valoir? C'est nouveau.

Je la présente bien brutalement, cette théorie de l'étonnement. Elle répugne sous cette forme nette. Il faudrait être un charlatan pour la mettre en pratique de propos délibéré. Grâce à Dieu, cela est rare. Mettons que cela n'est pas. Mais, si le péché grossier effraie, la tentation subtile et délicate s'insinue sans qu'on y prenne garde. Le désir de faire neuf se substitue doucement à l'amour du vrai, non sans donner à croire que le vrai c'est cela même, je veux dire une façon neuve de penser où de parler. Et, pour y arriver, tout est

bon. La routine est si pernicieuse. L'esprit s'use
tellement à répéter des formules vides. Il faut bien
renouveler les questions, s'enhardir, penser à sa
mode. Ce qui épouvante ou effarouche aujourd'hui
paraîtra simple, innocent et banal un jour. Il y en
a bien des exemples. Et peu à peu l'on s'encou-
rage à oser. La secrète envie de se distinguer
inspire et soutient tous ces beaux raisonnements.
On veut être remarqué, on veut briller, et il se
trouve qu'un moyen commode d'y réussir, c'est
de prendre le contre-pied de ce qui se dit, c'est de
recourir au paradoxe, c'est de faire trembler les
gens sensés, c'est d'aller contre la raison. On en
appelle de la raison vulgaire à une raison épurée,
du gros bon sens à l'esprit de finesse. On écarte
tous les vieux mots. On évite toutes les appella-
tions franches, décidées, précises. On invente des
formules à effet, qu'on lance avec résolution, et
qu'on explique avec délicatesse. On étonne, et de
toutes parts. On étonne par l'audace des assertions, on étonne par la souplesse des explications. Quel art, que l'art de philosopher ! Quelle
inépuisable variété de ressources ! et quel moyen
immanquable de se faire admirer à bon mar-
ché ! Descartes a de sévères paroles contre cer-

tains disputeurs de son temps : il dit que, incapables d'y voir en plein jour, ils font descendre avec eux dans une cave les clairvoyants pour combattre à armes égales. Que dirait-il de philosophes, de *penseurs*, comme on aime tant à se nommer aujourd'hui, qui, avides d'étonner, bouleversent mots et idées pour se faire trouver neufs? Et que dirait-il surtout de voir tant de graves esprits qui se laissent prendre à ce manège, ou n'osent pas déclarer qu'ils n'y sont pas pris, et cela parce qu'ils auraient peur de passer pour intolérants ou peu fins s'ils avaient le sens et le courage de nommer cela du nom que cela mérite?

Voilà où l'on en vient en philosophie. On fait divorce avec la science. J'entends par là, non pas qu'on renonce à introduire dans la philosophie des emprunts faits aux sciences, c'est tout le contraire qui a lieu, mais qu'on déclare que la philosophie n'est nullement et à aucun titre une science; et l'on va répétant qu'elle est un art. On proclame qu'elle est un jeu, toujours, partout, et qu'elle doit l'être avec conscience et de parti pris. On s'en réjouit, on s'en glorifie. Au nom de cette théorie, on dit de très nobles et de très belles choses, très sédui-

santes. Puis on penche vers le *dilettantisme*, et
l'on y tombe. On a celui des philosophes amateurs
et celui des philosophes de métier. Un quasi-char-
latanisme, chez ceux-ci, est au bout.

C'est une étude historique que je viens de faire.
C'est un état d'esprit, très fréquent autour de
nous à l'heure présente, que j'ai voulu décrire. Je
n'ai pas fait de portrait. Je n'ai eu expressément
en vue ni personne ni aucun livre. J'ai tâché de
tracer un *caractère*. Je me suis proposé de peindre
au vif les habitudes et les mœurs philosophiques
d'aujourd'hui, telles que les conversations et les
écrits nous les présentent, telles surtout qu'un
assidu commerce avec la jeunesse studieuse permet de les saisir. J'ai essayé de rendre aussi nettement que possible l'idée nouvelle que la plupart
des esprits se font de la philosophie, celle qui est
comme flottante dans l'atmosphère intellectuelle.
On a pu remarquer une sorte de sympathie dans
la première partie de cette exposition, une sorte
d'irritation dans la seconde. Quand j'ai rapporté
les raisons sérieuses qui ont incliné à rapprocher
la philosophie de l'art, je n'ai pas voulu les discuter, ce n'était pas encore le moment, mais j'ai

voulu, sans tenter un discernement précis de leur valeur, en faire sentir l'élévation. Quand je suis arrivé aux conséquences qui ont été tirées de cette théorie, les défauts que je rencontrais étaient trop manifestes pour que je m'abstinsse de les blâmer : la fidélité toute seule de la peinture exigeait des traits violents qui étaient déjà une satire et une critique. En deux mots, j'ai représenté naïvement l'impression que fait sur mon esprit cette conception nouvelle de la philosophie considérée comme art : d'abord elle me paraît surprenante ; ensuite j'y trouve de la grandeur et de la beauté, et je soupçonne qu'elle doit recéler quelque vérité ; à la fin, les abîmes où elle jette les philosophes m'effraient. Je voudrais avoir réussi à faire partager au lecteur mes sentiments et mes vues. Si cela était, ma tâche serait bien avancée.

CHAPITRE III

DU SÉRIEUX DE LA PHILOSOPHIE, ET QUE C'EST A BIEN
DES ÉGARDS LE SÉRIEUX DE LA SCIENCE

La philosophie est chose sérieuse. Montrer ce qu'elle devient quand elle ne l'est plus, c'est établir qu'elle ne peut cesser de l'être sans se trahir elle-même et se perdre. Écartons donc sans hésiter toute façon basse, mesquine, frivole d'entendre la philosophie. Décrire ces genres inférieurs, c'est en faire justice. Tout philosophe qui n'est pas sérieux est indigne du nom qu'il porte. Puisqu'il n'est pas sérieux, pourquoi le prendre au sérieux? Dans le jeu auquel il se livre, il est habile ou maladroit; il ennuie ou amuse : c'est tout ce qu'il en faut dire. Mais il y a plusieurs sortes de sérieux, et précisément l'art, au grand sens du mot, est au nombre des choses très sérieuses. Les formes subalternes de la philosophie considérée comme art étant rejetées, la question demeure : la philosophie est-elle de la même essence que l'art, et comme de la même famille ?

Entre la philosophie et le grand art, il y a des analogies : je les ai signalées sans en discuter la valeur. Je m'abstiens encore de toute discussion. Je retiens et maintiens ceci : il y a des analogies. J'ajoute : ces analogies ne sont pas ce qui apparaît d'abord, si l'on n'a pas l'esprit préoccupé par les idées en vogue. Ce qui s'offre à première vue, c'est un aspect assez différent. Une étude, une œuvre de réflexion, n'est-ce pas là ce que l'on commence par voir ? Et ici le but de l'étude, de la réflexion, c'est de connaître. Voilà le trait particulier. Je me sers à dessein de ce mot, le plus simple, le plus modeste de tous. Le philosophe veut *connaître*. On pourra donner plus tard à ses hautes spéculations toutes sortes de noms magnifiques. Ceci du moins est incontestable : celui qui se met à philosopher veut connaître. Par là, ce qu'il se propose d'atteindre, c'est quelque chose qui est comme la science. Ne disons rien de plus, mais disons cela. Cette connaissance sera ce qu'elle pourra. C'est une autre affaire. Elle aura de la valeur, ou elle n'en aura pas ; elle sera une connaissance légitime, ou elle ne le sera pas ; elle atteindra son objet, ou elle ne l'atteindra pas : toutes questions du plus haut intérêt, mais prématurées. Je n'ai encore ni à les résoudre ni même à les examiner.

Le philosophe veut connaître ; la philosophie naît du désir de connaître. Accorde-t-on ce point? Je ne vois pas trop comment on pourrait ne pas l'accorder. Et maintenant, connaître, qu'est-ce? De grâce, ne faisons aucune théorie. Nous verrons plus tard. Au début prenons les mots et les choses tout simplement, je dirais volontiers, tout naïvement. Connaître, ce n'est pas inventer ; mais non, ce n'est pas le moins du monde inventer. Il faut faire un détour, ou, si l'on aime mieux, il faut donner à sa pensée un certain tour qui n'en est pas la direction naturelle, pour voir dans la connaissance une invention ou l'analogue d'une invention. Connaître, c'est avoir devant soi quelque chose qu'on ne fait pas soi-même. La connaissance nous appartient, elle est un acte à nous, elle peut exiger de notre part un effort : mais notre acte et notre effort n'ont pas pour fin d'accommoder l'objet à nos désirs; tout au contraire, c'est nous qui nous accommodons à l'objet précisément en le connaissant. Tout cela est élémentaire. Les plus belles théories subséquentes ne changent rien à ces humbles mais solides notions. Elles peuvent les faire oublier, elles ne les démentent pas. Et franchement, ce qui m'étonne, quand je reviens à ces évidences, c'est d'avoir à y insister. Ce sont presque des tautologies, et voilà qu'elles ont aujourd'hui des airs de paradoxes. Passons. Le philosophe veut connaître, et connaître n'est pas inventer : ce n'est ni rêver, ni supposer, ni conjecturer, ni créer en aucune manière ; c'est voir et saisir. Et le philosophe cherche à *comprendre*. Même caractère, avec plus d'ambition.

L'objet qui sollicite la curiosité l'irrite peut-être : si l'on pouvait en faire le tour, et l'embrasser, et comme l'envelopper ou plutôt l'étreindre, en sorte que rien de ce qu'il est n'échappât à l'esprit ? Et si l'on pouvait y entrer, y pénétrer, s'y enfoncer, en sorte qu'aucun recoin n'en demeurât inexploré ? Qu'est-ce que ce désir ? Ressemble-t-il à l'élan du génie poétique ? Il est trop clair que non. Les moyens employés pour arriver à comprendre pourront attester une merveilleuse puissance d'invention, je le veux bien, mais si la recherche ingénieuse et habile en même temps que passionnée est un effort où l'âme se met tout entière, le but est de saisir ce qui est. Les hypothèses n'agréent que parce qu'elles paraissent des *explications*. Si elles sont décevantes, c'est justement qu'elles sont crues conformes à la réalité quand elles ne sont que des visions intérieures. Le rêve reconnu tel ne trompe pas. L'apparence déclarée apparence peut plaire sans induire en erreur. Entre la conception du poète ou de l'artiste et celle du philosophe, il y aura toujours, quoi que l'on fasse, cette radicale différence que celle-ci est toujours en quelque chose une explication ou un essai d'explication, tandis que l'autre est franchement une création. Le philosophe concevant des chimères, ou croit qu'elles rendent raison des choses, ou du moins espère qu'elles sont un moyen d'en rendre raison. Elles naissent de la préoccupation de comprendre. Elles ne sont pas destinées à procurer un spectacle, elles doivent livrer le sens du spectacle que nous donne l'univers. Elles sont *interprétatives* : elles résument l'interprétation trouvée, ou elles aident à en trouver une. C'est à *comprendre* qu'elles aboutissent ou s'acheminent.

Aussi voyez : le philosophe le plus hardi ne s'avance point sans précautions ni sans armes.

Il a une *méthode* et il est pourvu de *preuves*.

La méthode, pour lui, ce n'est pas seulement cet ordre qui est requis en toute production de l'esprit : le poète lui-même a son ordre. Ce qui est exigé du philosophe, ce à quoi lui-même ne peut pas ne pas s'astreindre, c'est une façon de procéder qui a de l'analogie avec celle du savant. Ses audaces, car il en a, et le savant lui-même n'en a-t-il pas? ses audaces sont contenues, non par les règles du goût, mais par les règles de ce qui, en philosophie comme en science, se nomme proprement méthode. Il s'agit pour lui de marcher droit et d'arriver au but. Et le but, répétons-le, c'est de comprendre. La sévérité de la méthode n'a pas d'autre motif que d'empêcher les méprises, et toutes les méprises possibles ne sont jamais que des formes diverses de celle-ci : prendre une idée pour la réalité, prendre ce qu'on pense pour ce qui est. La pensée du philosophe n'est donc pas libre comme celle du poète ou de l'artiste : elle est assujettie aux mêmes lois que celle du savant, parce que c'est une pensée qui a pour fin, non de se mouvoir dans un monde imaginaire, mais de contempler et de conquérir le monde réel.

De là il suit que le philosophe est tenu, comme le savant, de ne point affirmer sans prouver. Je n'examine pas de quelle nature sont les preuves en philosophie ni quelle valeur elles y peuvent avoir. Ce que j'ai à constater en ce moment, et ce que l'on ne peut sérieusement contester, c'est qu'un philosophe résolu à ne jamais rien prouver ferait rire de lui. S'il établissait d'une manière piquante qu'en philosophie on est dispensé de rien établir, il trouverait des admirateurs et sans doute des adeptes. La théorie serait d'ailleurs commode. Mais il est convenu que nous ne parlons plus que des gens sérieux. Si l'on ne sait, ou ne peut, ou ne veut administrer des preuves de ce qu'on dit, que l'on fasse tout ce que l'on voudra plutôt que de philosopher. Or, la preuve, c'est une raison d'affirmer qui vaut par elle-même ou qui vaut par son rapport avec une raison antérieure. Ce que vous voulez me faire admettre doit se justifier tout seul ou avoir dans une autre chose déjà admise sa justification. Il s'agit, non de m'éblouir, non de me surprendre, non de me déconcerter, non de me séduire, mais de me convaincre. Je ne suis pas au point où vous voulez que je sois : à vous de m'y conduire, mais de telle façon qu'à chaque pas je sache ce que je fais et pourquoi je le fais. C'est mon droit d'exiger que vous me rendiez compte de toutes les démarches que vous me demandez de faire, parce que c'est mon devoir de n'en faire aucune sans voir que j'ai raison de la faire. Montrez-moi donc que vous avez raison de m'engager dans la voie où vous me faites entrer : ce sera me montrer que j'aurai raison de vous suivre. Il me faut cette assurance, cette sécurité-là. A un poète, à un artiste songe-t-on à demander cela? Manifestement non ; mais comment à un philosophe ne le demander point? Un esprit sérieux se fait de secrets reproches si, écoutant ou lisant un philosophe, il se livre de confiance ou se laisse piper. Il a omis le contrôle rigoureux qu'il pouvait et devait exercer. Il se sent en faute.

Plus j'envisage l'idée qu'il est naturel d'avoir de la philosophie, plus le genre de sérieux qui lui convient se détermine à mes yeux. C'est le sérieux de la raison en quête de lumière, avide de comprendre, soucieuse d'expliquer, fermement docile à des règles sévères pour marcher droit et sûrement, exigeante pour elle-même en matière de preuves, appliquée à convaincre, ne comptant que sur la force des raisons pour introduire une solution et décider un débat. Et dans ce travail les idées s'ajoutent aux idées de manière à s'éclairer et à se renforcer les unes par les autres. Ce qui précède prépare et amène ce qui suit; ce qui suit jette sur ce qui a précédé une nouvelle lumière et le confirme en s'y appuyant. Le lien qui unit les deux points est pour l'un et pour l'autre une force. Les propositions enchaînées entre elles forment un corps, un organisme, un *système*, je veux dire un ensemble constitué d'après certains principes, un tout harmonieux où les détails se groupent, se distribuent, s'articulent, nettement distincts, fortement unis, et conspirent à une même fin qui est de rendre raison des choses par des raisons lumineuses et convaincantes. A quoi comparer ce travail, sinon au travail du savant? C'est une entreprise analogue, et le vœu du philosophe comme du savant, c'est d'y voir. Pour réussir, ils prennent des moyens analogues. Un mot résume toute cette analyse : le philosophe, comme le savant, veut *savoir*.

Nous avions dit d'abord *connaître*, maintenant nous pouvons dire *savoir*. Aspirer à connaître de telle sorte que ce soit comprendre et expliquer, et pour cela procéder avec méthode, ne rien affirmer sans preuves, et former de notions méthodiquement acquises et solidement appuyées un système bien lié, travailler ainsi avec toutes les forces de la raison à satisfaire aux plus rigoureuses exigences de la raison, en rendant, s'il se peut, raison des choses, c'est philosopher, n'est-ce pas visible? et n'est-il pas visible aussi que c'est chercher à savoir? Tout ce qui se fait de sérieux en philosophie revient à cela en définitive et est inspiré par ce désir, par cette ambition. Peut-être est-ce au *savant* seul qu'il est donné de *savoir*. Nous verrons. En tout cas le philosophe, comme le savant, veut savoir. L'un et l'autre, dans leurs démarches, visent au *vrai*.

Le vrai, c'est un mot qui sonne mal aujourd'hui en philosophie. La vérité, chose entière, si l'on peut ainsi parler, solide, rigide, n'est plus du goût de certains penseurs : elle blesse leur nature délicate. Qu'y faire? J'analyse, sans parti pris, l'idée de la philosophie, l'idée naturelle et non quintessenciée, l'idée commune, ce qui ne veut pas dire vulgaire, et rien n'est mieux justifié par cette analyse que cette proposition où s'en résument les résultats : La philosophie est la recherche du vrai. Si elle prend une influence pratique, c'est au nom du vrai. Si elle offre un caractère esthétique, sa beauté est la beauté du vrai. Si elle est accusée souvent d'être maîtresse d'erreur, c'est encore parce qu'elle a le vrai pour objet. On lui reproche de manquer son objet. D'autres la déclarent impuissante à l'atteindre. C'est son objet. Voilà ce qui importe en ce moment, et c'est tout ce que je veux dire. Or, c'est visible, et qui prendra la peine de réfléchir pourra, tout au plus, faire semblant d'en douter.

CHAPITRE IV

LES CARACTÈRES DE CE QUI EST SCIENCE, ET QU'ENTRE SCIENCE
ET PHILOSOPHIE IL N'Y A PAS INCOMPATIBILITÉ

Pourquoi philosophe-t-on ? Pour savoir. Et qu'est-ce que philosopher ? Travailler à savoir, chercher le vrai. C'est la vieille réponse. Après mûr examen, je m'y tiens.

Suit-il de là que la philosophie soit une science ? Ceci est une autre question. Il pourrait se faire qu'entreprenant de philosopher pour savoir, on ne parvînt pas au but : ce que nous examinerons en son lieu. D'ailleurs, il n'est pas évident que *savoir* et *science* soient la même chose. C'est ce point qu'il nous faut éclaircir tout de suite.

Commençons par déterminer ce que je nommerai l'idée actuelle de la science. Il y aura lieu, après cela, de voir si la philosophie offre les mêmes caractères, puis si cette idée actuelle de la science est parfaitement exacte.

On dit volontiers la Science, comme volontiers on dit l'Art. On aime à personnifier ces produits de l'activité humaine. Nous l'avons vu plus haut, le nom tout court, avec la lettre capitale, les met hors de pair, au rang des deux ou trois puissances qui mènent le monde. Je me défie : c'est légitime. Je dirai, non pas la Science, mais les sciences mathématiques et physiques. Cela ôte le prestige, et c'est plus sûr. C'est très net, je vois tout de suite ce que je nomme. Quels sont donc les caractères des sciences mathématiques et physiques? Ils sont connus et définis. Ce qui est scientifiquement établi, dans cet ordre de connaissances, c'est ce qui est susceptible de démonstration ou de vérification. La démonstration est à des conditions précises et strictes : si elles sont remplies, il y a démonstration ; si elles manquent, rien n'est fait. La vérification exige des opérations dont le nombre et la marche ne peuvent être fixés avec une absolue précision ; mais c'est très visiblement que l'hypothèse est vérifiée ou ne l'est pas. La conjecture aventureuse, la vue hardie, la théorie probable, la loi établie se distinguent nettement les unes des autres. L'explication qui a subi avec un succès constant le contrôle de l'expérience, est acquise, à l'égal des faits qui l'ont suggérée et qui la justifient; elle est elle-même l'expression des faits, elle est un fait général. Sans cesse le moyen de la vérifier est là, à la disposition du savant, et ce recours au fait triomphe de toute résistance. La dispute continue tout à l'entour : elle cesse dès que les expériences, c'est-à-dire les faits, autorisent ou démentent l'idée. La preuve est palpable, péremptoire, décisive, ou elle n'est pas, et, si la recherche est souvent tumultueuse, il y a un terme où l'on se repose en paix. Ce qui est établi est établi, ce qui est acquis est acquis; il y a des points que l'on ne remet plus en question. De là on part pour aller plus loin, on ne revient plus en arrière. Des signes manifestes font reconnaître ce qui n'est plus à recommencer. La vérité scientifique s'impose à l'esprit par des preuves incontestables, et elle se transmet tout entière. Anonyme, sans marque d'auteur, sans date, elle est la même en ceux qui la reçoivent qu'en ceux qui l'ont trouvée. La découverte a une histoire, et très intéressante ; la formule une fois fixée entre dans la trame de la science, et n'en sort plus.

La philosophie, dit-on, n'offre pas ces caractères. C'est bientôt dit. Sans doute les assertions en philosophie ne sont pas susceptibles d'être géométriquement démontrées, et, les disposât-on à la façon des géomètres, cette ordonnance régulière ne leur communiquerait pas la rigueur victorieuse des théorèmes géométriques. Là où l'on n'a point affaire à de purs concepts abstraits, on peut employer la forme des mathématiques, mais ce n'est plus qu'une forme, et ce n'est pas la mieux appropriée à l'objet. Sans doute aussi les procédés de vérification en usage dans les sciences physiques ne se retrouvent pas en philosophie. La raison en est simple : ce sont des procédés de vérification sensible, et comme tels ils ne sauraient avoir lieu là où les sens n'ont rien à faire. Dire que la philosophie, ne procédant ni comme les sciences mathématiques ni comme les sciences physiques, n'a aucun caractère scientifique, c'est décider d'emblée qu'il n'y a de science que du pur mathématique ou du sensible. Encore une fois, c'est bientôt dit et bientôt fait. Il est permis de demander à réfléchir.

D'abord, la démonstration dite géométrique ou mathématique n'est pas toute la logique, et la vérification sensible n'est pas le seul mode de vérification possible. Ne rétrécissons pas l'esprit à plaisir. Ne prenons pas quelques-unes de ses applications, quelques-unes de ses œuvres pour la mesure de ce qu'il peut.

Je nomme ici *logique* cet ensemble de règles primordiales en vertu desquelles la pensée est assujettie à un certain ordre fixe et doit observer certains rapports de dépendance rationnelle entre les idées, sans quoi elle se détraque ou même se détruit. Ne comprît-on dans la logique proprement dite que les règles fondées sur l'impossibilité où est l'esprit d'admettre ou de soutenir en même temps deux propositions contradictoires, on aurait déjà de quoi dépasser, et de beaucoup, les mathématiques. Le principe de contradiction ou, si l'on veut, la loi primitive de l'accord de la pensée avec elle-même n'est pas seulement le fondement de la démonstration mathématique. C'est le fondement de la pensée. C'est, en tout ordre d'idées, un moyen pour l'esprit de se tenir ferme et droit, de se tenir debout. La rigidité, la raideur, ne conviennent pas toujours, mais la rectitude pourrait-elle jamais n'être pas indispensable ? La souplesse, la flexibilité, l'aisance, cette grâce heureuse qui semble courber toutes les lignes, cette liberté qui semble introduire dans les mouvements le caprice, tout cela n'empêche pas que l'attitude droite ne soit la vraie attitude humaine. Ainsi de l'esprit. La logique, c'est l'expression, c'est la théorie de cette naturelle direction de la pensée, de cette forme naturelle de la tenue et de la marche intellectuelles ; par suite, c'est une discipline. On la prend aussi pour la loi primordiale elle-même qu'elle énonce et développe : alors on dit par exemple « la logique éternelle », envisageant, non une discipline ni une théorie, mais les conditions mêmes du vrai ou la condition souveraine du vrai dont cette théorie est la traduction et cette discipline l'application. Quoi qu'il en soit, la logique exerce en tout ordre de choses sa maîtrise. C'est, au sein même de l'esprit, un contrôle incessant et universel de la justesse des jugements et des raisonnements, grâce à un appel plus ou moins exprès aux principes de la raison, ou, si l'on aime mieux, par un rappel plus ou moins explicite des conditions premières de la pensée.

Est-il impossible que ce contrôle, sans être géométrique, se fasse d'une façon régulière, avec précision, avec exactitude? Si le principe invoqué est nettement énoncé, si le cas particulier qu'on y rapporte est complètement et fidèlement exposé, si le rapport est dégagé avec évidence, que peut-on exiger de plus? Et pourquoi cette netteté serait-elle impossible ailleurs qu'en mathématiques? Qu'il y ait des difficultés nouvelles là où les choses ont une complexité et une délicatesse croissantes, c'est vrai, et c'est un point souverainement important qu'il ne faut jamais perdre de vue. J'aurai à y revenir. Mais il ne faut pas oublier non plus les évidences logiques que comportent les jugements et les raisonnements ailleurs qu'en mathématiques. C'est se laisser emporter à des exagérations de langage que de représenter la logique destituée de toute autorité en dehors du domaine de l'abstraction pure. Le bon sens n'est le plus souvent qu'un recours prompt et vif à la logique ; et si la raison se règle et se surveille en se contrôlant sévèrement, si elle fait cela avec suite, en vue de savoir, ne réussira-t-elle pas à établir des propositions évidentes, liées les unes aux autres par des liens d'une solidité évidente, et cet ensemble d'assertions, justifiées par leur rapport évident à des principes expressément invoqués et eux-mêmes évidents, ne va-t-il pas constituer une sorte de démonstration? Je le sais, les concepts ne pouvant avoir ici cette absolue simplicité des concepts mathématiques, les mots dès lors n'étant pas réduits à cette signification absolument unique des termes mathématiques, l'exactitude dite géométrique est impossible, et c'est pour cela que je dis « une sorte de démonstration » : non pas une démonstration qui ne démontre pas, une démonstration inefficace, insuffisante, mais une manière solide de prouver en faisant appel aux exigences logiques, une manière régulière, sûre, convaincante, qui suffit, qui réussit, seulement en des conditions différentes de celles où l'on opère en mathématiques, conditions moins favorables à certains égards et réclamant de l'esprit plus d'action. L'extrême analogie avec la démonstration me fait conserver le mot; j'ajoute « une sorte », pour rappeler les différences : or, la principale et essentielle différence, ce n'est pas que l'empire des principes soit ici affaibli et les liens entre les idées comme détendus, c'est plutôt que l'esprit, pour lier, peut moins se confier au mécanisme rationnel et que sa vive action est de plus en plus nécessaire à mesure que son objet est lui-même plus près de la réalité et de la vie.

D'un autre côté, il n'est pas évident qu'il n'y ait de vérification que la vérification sensible. De même que l'essentiel de la logique, c'est de faire l'épreuve et le contrôle des assertions dans l'ordre des idées, de même l'essentiel de la vérification, c'est de faire cette épreuve et ce contrôle dans l'ordre des faits. Or, n'y a-t-il de faits que dans l'ordre sensible? Il est manifeste que non. Il ne s'agit ici ni de matérialisme ni de spiritualisme. Qui peut sérieusement nier que, parmi ces choses qui se nomment des *faits*, il y en ait qui, comme tels, ne viennent à notre connaissance ni par la vue, ni par l'ouïe, ni par aucun de nos sens? Ce fait, par exemple, qu'une fois telles et telles précautions prises, l'affirmation est légitime et certaine, est-il de même nature que les faits observés et étudiés en vue de conquérir cette certitude? Tous étaient de l'ordre sensible, lui seul échappe aux sens; aucun des instruments de précision qui ont servi à déterminer la loi scientifique n'a de prise sur le fait de savoir. S'il y a des faits connus autrement que par les sens, il va de soi qu'on peut les constater ; que, les constatant, on peut les décrire ; que, les décrivant, on peut en marquer les caractères, car tout cela n'est qu'une façon de connaître plus attentive, plus soigneuse. Il va de soi aussi que tout cela a lieu sans le secours des sens en un ordre de faits qui échappent aux sens. Il y aura donc là des faits bien établis, des faits acquis, des faits incontestables : y revenir, dans le développement de la pensée, pour voir si tel jugement y trouve de quoi se justifier et se soutenir, ce sera demander aux faits le contrôle des idées, et que sera-ce enfin, sinon vérifier les idées par les faits?

La vérification se pratique ailleurs que dans l'ordre sensible, elle se pratique partout où le recours aux faits est possible et sert d'épreuve aux assertions ; et si c'est avec régularité, d'une manière suivie, avec un succès voulu, prévu, justifiable et justifié, ne sera-ce point une vérification analogue à celle en usage chez les savants, une vérification, non pas sensible, mais expérimentale ? Les résultats ne seront point palpables ni visibles, et il n'y aura ni mesure proprement dite, ni pesée. Ce sera une autre façon de vérifier, par d'autres moyens, en d'autres conditions, plus difficiles peut-être et plus délicates ; l'esprit, dépourvu d'instruments enregistreurs ou autres, aura plus à faire ; l'opération sera plus déliée, non pas moins scrupuleuse, il y faudra comme une main plus légère, non pas moins ferme, et le résultat, pour ne pouvoir pas se traduire en chiffres, n'en sera pas moins décisif. Le fait contrôlant l'idée, appelé à lui servir d'épreuve, et, s'il s'accorde avec elle, lui servant de preuve, voilà l'essentiel de la vérification.

Les deux procédés scientifiques par excellence, la démonstration et la vérification, ont un usage ailleurs que dans les sciences mathématiques et physiques : rien ne permet de déclarer *a priori* qu'ils n'ont pas de place en philosophie, ou plutôt, comme ils sont d'un usage universel, tout porte à affirmer *a priori* qu'en philosophie comme ailleurs ils doivent se retrouver.

Que si maintenant l'on reproche à la philosophie ses lacunes, ses tâtonnements, ses orageuses disputes, les sciences mathématiques et physiques bien considérées ne sont-elles pas sujettes aux mêmes griefs? Ce que je nomme lacune, c'est une interruption dans la série et comme un trou dans le réseau des preuves. La preuve n'est pas continue. Or, la science faite est régulièrement organisée et la distribution des parties y est admirable ; mais ce qui est admirable dans la science qui se fait, même en mathématiques, ce sont les saillies du génie. Combien ne s'en ferait-on pas une fausse idée si l'on s'y figurait une marche continue, toujours du même pas, toujours selon les règles ! Le caractère définitif des théories scientifiques n'est pas non plus ce que croient certains esprits inattentifs, emportés par le désir de dénigrer la philosophie : ils vantent beaucoup la stabilité des sciences, ils en parlent fort confusément. Assez peu nombreux sont les points fixes. Dès que l'on dépasse les parties élémentaires d'une science ou que de ces parties élémentaires elles-mêmes on veut se faire une idée profonde, les assertions reprennent un caractère provisoire. Des théories que l'on avait pu regarder comme le dernier mot de la science ne sont-elles pas abandonnées comme insuffisantes ? Il y a quelques années, M. Faye contestait sur plusieurs points la théorie newtonienne, et il se trouve des savants pour dire que la terre est sans doute plus ancienne que le soleil. Des systèmes établis sur des bases qui semblaient solides sont renversés. Et l'on devine que ces révolutions ne s'accomplissent pas sans quelque tumulte. Il y a, de la part des vieilles idées, des résistances obstinées, prolongées ; il y a, de la part des nouvelles, des ardeurs téméraires, des prises de possession hâtives. Les sciences, et j'entends les sciences mathématiques et les sciences dites positives, ne sont pas toujours calmes, et cela parce que les possessions définitives y sont rares et que le réseau des preuves n'y est pas continu.

En philosophie, si nous y prenons garde, il y a des points fixes. Mais, au rebours de ce qui a lieu dans les sciences, les parties mouvantes y font méconnaître les parties fermes, et, regardant toujours ce qui se fait et se défait, on ne tient guère compte de ce qui n'est plus à refaire. Est-ce parce que l'élémentaire ici est trop près de la vie et de cette région commune où se tient l'homme, l'homme qui pense pour vivre, dans tous les sens du mot ? Ce caractère humain ôte-t-il à la pensée solide et ferme son caractère spéculatif ? C'est possible. En tout cas, je ne nie pas que cela même ne constitue entre la philosophie et les sciences proprement dites une différence notable. Seulement, je dis que les oppositions convenues et consacrées ne résistent pas à un examen sérieux. Il est faux que d'un côté il n'y ait rien qui ne soit complètement démontré ou vérifié, de l'autre rien qui ne repose sur des preuves insuffisantes ; il est faux que d'un côté il n'y ait que théories stables et définitives, de l'autre qu'assertions chancelantes et provisoires. Quand on considère sans parti pris les sciences dites positives et la philosophie, on ne peut plus répéter qu'à celle-ci le caractère positif manque toujours et qu'à celles-là il ne manque jamais. Est *positive* toute affirmation qui est posée ou qui pose son objet d'une manière assurée, sans aucun mélange de négation ni de doute. Ce qui est positif s'impose à notre créance ou par sa force propre ou par la force de preuves entièrement suffisantes. Plus particulièrement est positive toute affirmation appuyée sur des faits. Prouver positivement une conjecture, par exemple, et, partant, la faire passer de la région des conjectures dans celle des propositions établies, c'est montrer qu'elle a en des faits certains sa justification, qu'elle repose sur ces faits ; et c'est le montrer, non pas à peu près, mais distinctement, non pas d'une manière indécise, mais déterminément, non pas avec des réserves, mais complètement, et, pour tout dire d'un mot, d'une façon suffisante. Voilà ce qui est positif et positivement prouvé. C'est ce qui est principe certain ou plus particulièrement fait certain, et puis ce qui est dans une évidente dépendance soit d'un principe certain, soit plus particulièrement d'un fait certain. Le mot est dans la langue avec les deux acceptions. Le réserver à un certain ordre de connaissances ou de preuves exclusivement, c'est l'accaparer.

C'est contre cet accaparement qu'il faut protester. Non, les sciences dites positives n'ont pas toutes seules le privilège de reposer sur des faits positifs et de prouver positivement. De même que dans la vie pratique, positif s'opposant à chimérique, le sens de la réalité est le caractère des esprits positifs, mais l'usage a prévalu de désigner surtout par ce nom ceux qui se confinent dans la réalité la plus palpable, inclinent à la juger seule solide, et finissent par ne plus estimer et rechercher en tout que ce qui est matériellement utile et avantageux ; de même, dans l'ordre de la spéculation, positif s'opposant à ce qui est sans fondement, la suffisance de la preuve est le caractère des assertions positives, mais les savants, cantonnés dans l'étude de la réalité accessible aux sens, se sont vantés d'avoir seuls affaire à un objet solide, et l'on en est venu à déclarer que cela seul est positivement, ou, ce qui est la même chose, scientifiquement établi, qui est assis sur des faits sensibles et a dans une expérience matérielle sa visible et palpable justification. Ainsi l'accaparement est double : certaines sciences, se déclarant seules *positives*, se déclarent du même coup seules *sciences*. Cette prétention n'est certes pas positivement justifiée. C'est tout ce que j'ai voulu montrer.

Si ces sciences veulent établir leur droit, il faut que ce soit d'une autre manière. On dit que c'est aisé et court. Il est avéré en effet, assure-t-on, que le nerf de toute science, c'est ce qui se nomme le *déterminisme*, le déterminisme scientifique. Voilà le point. Est *scientifique* ce qui est *déterminé*, et ceci a un sens parfaitement précis. Est *déterminé* ce qui, étant le *conséquent*, a dans l'*antécédent* sa suffisante et indispensable condition. Cette invariable uniformité de succession, trouvée constante dans une longue série d'expériences variées, c'est ce qu'on nomme la *causalité* scientifique. La cause déterminante est très précisément cet antécédent que le conséquent réclame, sans lequel le conséquent ne serait pas, qui ne peut manquer dès que le conséquent se montre; entre le conséquent et l'antécédent qui est sa cause, la liaison est inévitable, et c'est *expliquer* un phénomène que de trouver le lien qui le rattache à un autre phénomène antécédent. Par là on arrive à des généralités précises, quoique vastes; on découvre des lois de plus en plus générales qui ne sont dans la chaîne des faits que des antécédents déterminant plus de conséquents; la connaissance de ces antécédents permet de *prévoir* à coup sûr comme elle permet d'*expliquer* : j'explique ceci en rattachant ceci à cela, mais tenant cela, je prévois que, telle condition étant donnée, ceci suivra. Et voilà comment science et déterminisme, c'est la même chose. Avec cette conception de la science, on ne restreint plus le domaine scientifique à l'astronomie, à la physique, à la chimie et aux autres sciences analogues ; mais on est sûr que là est le type de toute science et que cela seul sera science qui aura les mêmes caractères essentiels. Cette conception est envahissante. Le savant ne s'enferme plus dans un canton de l'univers, méprisant tout le reste; il se donne pour empire l'univers même, persuadé qu'en tout il y a matière à savoir comme il l'entend, qu'en tout il y a quelque chose de réductible à des formules scientifiques. Le monde est devant lui : c'est à peine si la conquête commence. Elle se fera. Tout le solide appartient de droit à la science et un jour sera sien. Qu'est-ce qui peut demeurer éternellement réfractaire? Rien, sinon la pure illusion.

Nous voilà au point précis et essentiel, au cœur de la question. Si c'est bien là l'idée de la science, si tel est bien l'esprit de la science, entre la philosophie et elle quel rapport trouver qui permette de dire : la philosophie est science? C'est dans leur essence même et dans leur principe intime que la philosophie et la science diffèrent. Toutes les analogies ou ressemblances possibles s'effacent, s'évanouissent devant cette radicale différence ; et, si la science est bien cela, la philosophie n'a plus d'autre ressource que de se laisser absorber par la science et dans la science, d'en être une province encore imparfaitement conquise, d'aspirer à y être complètement réduite, ou encore d'en être comme le résumé et la formule la plus générale. Ce sera là une philosophie *scientifique*. Le reste ne saurait compter. Ces revendications superbes sont troublantes, car elles sont légitimes si la science et le déterminisme ne sont qu'une seule et même chose. Mais cela précisément est-il établi? Dans un esprit non prévenu, qui prend la peine de réfléchir, cette assertion si nette, si décisive soulève deux questions. D'abord est-il évident de soi ou est-il manifestement prouvé qu'en effet déterminisme scientifique et science ne fassent qu'un? S'il y a quoi que ce soit au monde qui permette, qui autorise un doute, toutes ces hautaines prétentions croulent. Puis, en fait, n'y a-t-il d'assertions liées les unes aux autres qu'en vertu de la loi dite de causalité scientifique? S'il y a quoi que ce soit au monde qui soit ici une exception de fait, c'est assez encore pour ébranler l'assertion que nous examinons.

Attachons-nous à ces deux questions très simples, et voyons quelle réponse il y faut faire.

Pour dire que la parfaite identification du déterminisme scientifique et de la science est évidente de soi ou manifestement prouvée, il faudrait que l'explication dite scientifique épuisât et satisfît toute la curiosité. Or, c'est ce qui n'est pas. Si générale et si vaste qu'on la suppose, s'étendît elle à tout, elle aurait encore ce caractère d'insuffisance. Il lui est inhérent. Elle n'est précisément ce qu'elle est que par le parti pris de retrancher toute vue, toute recherche autre que cette causalité scientifique elle-même. C'est la force du savant. En s'interdisant sévèrement tout autre point de vue, il enserre les choses dans ses formules, mais il n'enserre, après tout, que ce qu'il prend, et il ne prend pas tout. Il le sait bien, et si c'est un grand esprit, il reconnaît combien sa science est limitée, ce qu'elle laisse subsister d'ignorances et de mystères, j'entends de ces ignorances et de ces mystères sur lesquels les procédés scientifiques n'auront jamais de prise, parce qu'ils n'en peuvent avoir aucune. Il y a des savants qui expriment cela magnifiquement ; leur simple et profonde conviction des bornes de la science est quelque chose de bien grand et de bien beau. Ainsi l'explication scientifique est courte, étroite, en ce qu'elle permet toujours de concevoir une autre façon de savoir qui saisisse dans les choses d'autres raisons d'être ; et les raisons d'être purement scientifiques, réductibles à la seule liaison causale scientifiquement entendue, ne sont ni les plus profondes ni les plus hautes. Elles

laissent, avant elles et après elles, beaucoup
d'inconnu. Elles forment comme le milieu d'une
chaîne dont les deux bouts échappent. Quand
même l'homme devrait se résigner à ne connaître que cet entre-deux (ce qui n'est ni évident *a priori* ni prouvé), la possibilité en soi
d'un autre savoir demeurerait. L'univers tout entier scientifiquement expliqué, un désir persiste-
rait, le désir de trouver de l'univers tout entier une autre explication, de rendre raison de
l'origine et de la fin des choses. Dire que savoir
cela passe l'homme, ce n'est pas dire que savoir
cela n'aurait aucun prix et ne serait pas désirable.
On peut croire qu'il faut s'en passer, mais c'est se
donner le change que conclure de là que s'en
passer n'est pas un manque de savoir. Tout au
contraire, ce serait savoir plus, savoir mieux, que
de savoir cela aussi ; et un tel savoir, plus complet, plus profond, plus haut que celui où se réduit le déterminisme scientifique, un tel savoir,
conçu au moins comme possible en soi, sinon accessible à l'homme, apparaît comme supérieur à
l'autre, et plus excellent ; c'est donc un objet de
regret et de souhait, à la façon d'un idéal, pour
l'humaine pensée. N'est-ce pas assez pour empê-

cher d'identifier le déterminisme scientifique et la science ? Manifestement oui. Du moment qu'on peut au moins entrevoir une autre façon de savoir, un autre genre de science, et que ce genre de science est éminent, la question n'est pas, pour l'instant, de décider si c'est ou non chose hors de nos prises ; ce qui est évident tout d'abord, c'est qu'entre le déterminisme scientifique et la science l'équation n'est point parfaite. L'idée de la science dépasse et surpasse le déterminisme scientifique. Et à cela, qui suffit ici, il convient d'ajouter au moins que le seul fait d'entrevoir l'idéal d'une science éminente encore qu'inaccessible (ce qui, redisons-le, n'est ni évident ni prouvé), ce seul fait communiquerait aux efforts tentés pour s'en rapprocher quelque peu une valeur déjà considérable.

Arrivons maintenant à la question de fait. Regardons, non plus l'idée de la science, mais les objets d'étude, de recherche et de spéculation : la prétention de n'y rien laisser d'irréductible à la détermination scientifique, sauf l'illusoire, paraît étrangement exorbitante. Ce n'est pas seulement l'imperfection de nos moyens actuels qui enlève aux prises du déterminisme scientifique certains objets; c'est la nature même de ces objets : entre ce qu'ils sont et ce que le déterminisme scientifique les ferait, ou plutôt les supposerait, il y a incompatibilité, il y a répugnance manifeste, et certaine, en sorte que, s'il faut perdre l'espoir de les soumettre jamais à ce joug, ce n'est pas la faiblesse irrémédiable de l'esprit humain qui est ici en cause, aucun esprit, si puissant qu'il fût, n'y parviendrait; l'essence des choses les rend rebelles à un genre d'explication qui leur ferait violence; elles s'évanouiraient sous la main qui essaierait de les réduire; on croirait les tenir, on n'en aurait que l'ombre, et une ombre déformée. Or, ces choses, ce ne sont pas des conjectures, des soupçons, ni même des théories, ce sont des choses de fait. En fait, tout ce qui est du for intérieur, tout ce que chacun de nous se rapporte et s'attribue à soi-même, tout ce qui est proprement personnel et moral, tout cela est donné, tout aussi manifestement, tout aussi certainement que le sensible. Prétendre *a priori* ramener ces faits à des faits d'un autre ordre, c'est contraire à l'esprit de la méthode. L'expérience intérieure vaut l'autre. Elle en diffère, sans doute, mais elle a le même droit à être admise et respectée. Voilà donc des faits qui, en dehors de toute théorie, apparaissent comme non susceptibles d'une explication dite scientifique : les traiter comme les faits qui ne sont pour nous que mesurables et réductibles à des rapports de causalité scientifique, c'est précisément leur ôter leur caractère propre, c'est nier d'emblée et *a priori* ce que l'expérience même donne comme leur étant essentiel, c'est exclure toute activité vraie, toute liberté, tout caractère proprement moral de ce qui se présente avec ces marques distinctives ou n'est plus rien. L'opération qui les ramène à ce qui est autre les fait périr. Se rendre compte de ce qu'ils sont, c'est en chercher d'autres raisons que cette liaison de causalité scientifique, manifestement impuissante ici, manifestement propre, si l'on s'y tient, à fausser les idées des choses. Il y a lieu de former à leur sujet d'autres liens, et, de fait, on en forme d'autres. On parle ici d'acte et de cause en un autre sens, et ce sens n'est pas une chimère, les faits eux-mêmes suggérant ce sens, si l'on peut dire, et le soutenant. Il y a donc un domaine réel et intelligible, un domaine donné en fait et pénétrable à l'intelligence, où savoir n'est pas réduire à des lois dites scientifiques, où le déterminisme scientifique ne régnant pas, la connaissance précise, méthodique, raisonnée, liée des faits mérite le nom de science sans avoir les caractères des autres sciences, et ainsi en fait l'assertion dont nous poursuivons l'examen reçoit un démenti : la liaison dite de causalité scientifique n'est pas l'unique liaison rationnelle, la seule que la science recherche et accepte.

D'ailleurs, le déterminisme scientifique lui-même, dans ses limites propres, ne se suffit pas complètement à lui-même. Cet ordre qu'il découvre et établit, apparaît, quoi qu'on dise et quoi qu'on fasse, comme le signe de quelque autre chose, d'un ordre, comment dirai-je? plus intime, plus profond, plus intéressant aussi, plus vraiment intelligible en même temps que plus réel et comme plus foncier. Sans doute, un vrai savant se défend de rien affirmer du fond des choses, qui lui échappe ; et si le mécanisme scientifique, avec les formules mathématiques qui en sont le terme et l'expression, est certain à ses yeux, c'est en ce sens que tout dans la nature se passe *comme si* tout y était mécaniquement déterminé ; mais le savant ne dit pas, et il ne sait pas si dans le fond il en est ainsi. Cela passe la portée de sa vue comme savant, cela n'est pas de sa compétence, cela ne le concerne pas. Mais, précisément parce que l'ordre où il borne tout son effort est purement *phénoménal*, son esprit ne peut s'y arrêter : ou il en fait, presque à son insu, l'ordre réel même, ou il y voit l'indice et l'effet de quelque chose qui n'en fait plus partie, et qui n'est plus déterminé, mais proprement et originairement *déterminant*. L'activité, au sens humain du mot, qui est le sens vraiment psychologique et aussi le sens métaphysique, l'activité, que le déterminisme scientifique pourchasse et finit par exclure, se retrouve à l'origine de toute cette série de mouvements, vaguement entrevue, je le veux bien, mais posée, supposée, malgré les dénégations même, malgré les précautions multipliées contre elle, malgré le parti pris de s'en passer ; et l'ordre purement scientifique est comme la forme par laquelle cette activité initiale se rend intelligible, c'est le langage qui nous la traduit : mais, sans doute, toute cette série mécanique a une signification plus que superficielle, elle est indicatrice de l'évolution des choses qui elle-même n'est pas un développement quelconque, mais ou un progrès ou une marche rythmée ; en sorte que le déterminisme scientifique ramène malgré tout dans le monde, avec une puissance ultime ou cause déterminante active, pour donner le branle à tout, sans quoi rien, ce semble, ne serait, une idée directrice de tout le mouvement, sans quoi rien ne serait vraiment intelligible et n'aurait, à nos yeux, de véritable intérêt.

Concluons maintenant. Les sciences mathématiques et physiques, avec leurs analogues, ne sont pas toute la science. Ni les procédés qu'elles emploient ne sont leur spéciale propriété, ni le caractère positif qu'elles réclament ne leur appartient en propre ; les résultats où elles parviennent ne sont pas toujours décisifs, stables, définitifs, et la puissance de parvenir à de tels résultats n'est pas leur exclusif privilège. Si l'on prétend que le déterminisme dit scientifique est le principe constitutif de toute science, ni cette conception n'est justifiée *a priori*, ni l'examen des objets de la connaissance ne la confirme. Nommer *sciences* les seules sciences mathématiques et physiques avec leurs dépendances, ou, ce qui paraît moins étroit, les seules sciences où règne le déterminisme, c'est restreindre arbitrairement le sens du mot *science*, c'est rétrécir arbitrairement l'idée de la *science*, c'est prendre pour type unique de la *science* certaines de ses formes. La philosophie, manifestement, n'est pas une des sciences ainsi entendues. Il ne suit pas de là qu'elle ne soit pas science. Si elle emploie, à sa manière, les procédés sans lesquels il n'y a pas de science, si elle a, avec des nuances qui lui sont propres, les caractères qui sont ceux de la science, pourquoi vouloir qu'elle ne soit point science? La conception de la science qui tend à prévaloir actuellement n'est point l'idée même de la science : cette conception, qui est trop étroite, est exclusive de la philosophie ; mais, entre la science sans restriction et la philosophie il n'y a point d'incompatibilité.

CHAPITRE V

DIVERSES SORTES DE PRÉCISION

C'est le moment d'examiner ce que c'est que précision et exactitude.

Que la pointe d'un compas touche sans appuyer, ce qu'elle marque n'est qu'un point, très ténu, très net. Qu'elle s'écache, comme elle s'écrase et s'aplatit, elle marque, non plus un point tout juste, mais quelque chose qui s'étale et déborde, empiétant à l'entour : c'est indécis et confus. Tout à l'heure il y avait précision, maintenant la précision manque.

Qui vise au but, s'il vise juste, touche juste. Le projectile frappe où il faut : il se fixe ou passe exactement au point destiné à le recevoir, il y marque sa place ou sa trace avec une parfaite netteté. Le tir a été précis. Un peu plus à droite ou un peu plus à gauche, un peu au-dessus ou un peu au-dessous, ce n'était que de l'à peu près : on ne visait pas juste, on ne touchait pas exactement le point de mire. Le tir n'avait pas eu de précision.

Le sentiment de la justesse fait la précision, et la précision produit l'exactitude et la netteté. Voir juste, c'est voir que ceci s'ajuste à cela ; viser juste, c'est voir que ceci peut et doit s'ajuster à cela, et comment. Or, si ceci n'est pas vraiment ceci, ni cela vraiment cela, l'adaptation ne se fait pas. Il faut que chaque chose soit réduite à soi seule, par le retranchement de tout ce qui n'est pas elle. La justesse dans le coup d'œil opère la précision dans le mouvement ; et parce que celui-ci est précis, il y a une justesse d'exécution ou de fait qui est exactitude, et ce qui est exact est distinct et net.

Dans tous les usages des mots « précis » et « précision », ce sens conforme à l'origine se retrouve : on a toujours en vue un retranchement, soit l'opération qui retranche, soit le résultat de l'opération ; et ce qui est retranché, c'est toujours ce qui confine à une chose ou s'y mêle et risque d'être confondu avec elle, de manière à en altérer la pureté et à en brouiller la notion. Une ligne précise est celle qui, tracée avec décision et délicatesse, n'occupe de place que juste ce qu'elle en doit occuper, et se développe ferme, sûre, nette, je dirais volontiers franche. Une figure précise est celle dont le contour, n'étant ni incertain, ni vague, d'emblée la démêle, la dégage, la détache de ce qui l'avoisine, et la présente au regard bien distincte. Tout ce qui établit une démarcation certaine entre les choses, tout ce qui en délimite d'une manière non équivoque les frontières, tout ce qui y introduit la détermination et, par cela même, la netteté, est précis ou instrument de précision. Une mesure juste est précise, partant exacte, et elle établit si nettement les dimensions d'un objet qu'elle rend toute contestation impossible ou ridicule. Une balance juste est précise : elle permet une pesée exacte, et le poids est nettement déterminé. Un scalpel fin enlève tout juste ce qu'il faut, sans demeurer en deçà, sans aller au delà ; il coupe avec précision, exactement, nettement.

Ainsi dans l'ordre intellectuel. Une perception précise est celle qui, se produisant à la suite d'une impression médiocre, ni trop faible ni trop forte, a elle-même comme une médiocre et juste étendue, et, avec cela, un suffisant relief : au milieu de beaucoup de perceptions elle sort du rang et se met hors de pair ; elle est *distinguée*, selon le mot de Leibniz, et l'image qu'elle laisse est d'un tracé ferme, d'un trait pur, nettement détachée des autres, formant un tout bien déterminé et bien distinct. C'est une image précise, née d'une perception précise. L'idée proprement dite, à son tour, est précise si elle circonscrit et détermine son objet, et alors elle permet de le distinguer nettement de tous les autres. Quand on a d'une chose une idée précise, on écarte, on retranche de la chose considérée tout ce qui n'est pas cette chose même. On en ôte tout le superflu, tout l'étranger, tout le circonvoisin, tout le contigu, tout l'accessoire, pour n'y laisser que ce qui y est le principal, que ce qui lui appartient en propre, que ce qui est bien à elle et bien elle ; et ceci, nettement dégagé de tout le reste, apparaît en relief et comme seul. Un mot précis exprime cette idée précise, et il est net comme elle, parce qu'il est comme elle enfermé en des limites exactes, disant ce qu'il faut dire et ne disant que cela.

Quand ce que l'on pense et ce qu'il y a à penser d'un objet peut tenir dans le raccourci d'une formule et ensuite d'un mot, sans être faussé ni déformé aucunement, cette formule et ce mot sont d'une singulière précision. L'esprit a réussi à isoler, à épurer, à simplifier l'objet en perfection; il l'a réduit à ce qui en est l'essentiel, cela seul demeure, et cela est en pleine lumière. L'idée alors égale la chose et le mot égale l'idée.

Cette précision rigoureuse a lieu dans le domaine des abstractions pures. Là, et là seulement, un mot étant entendu, l'esprit s'arrête tout court. Il n'y a dans chaque mot que ce qui y a été mis par une opération réfléchie, en vertu d'une convention. Penser au delà, ce serait penser de travers. Si une idée autre que celle désignée par le mot se présentait, elle causerait une distraction qui serait une erreur. C'est l'effet de la définition dite géométrique ou mathématique de fermer à l'esprit toute issue vers autre chose que ce que le mot défini nomme et que la proposition définissante fixe. La borne où la pensée s'arrête est posée, et aucun mouvement vers autre chose n'est permis, ni possible.

Est-ce là le rôle des mots quand ils désignent, non plus des conceptions purement abstraites, mais les idées des choses réelles? Y en a-t-il un seul qui dise tellement tout ce qu'il nomme qu'il n'y ait ni dans l'esprit ni dans l'objet rien de plus ? Non, nous n'avons, d'aucune chose réelle au monde, une notion qui lui soit adéquate. Nous n'embrassons par la pensée le tout de rien. Mais, notre esprit fût-il beaucoup plus puissant, la réalité et la vie ne seraient pas pour cela réductibles à des formules. Nous les verrions mieux, nous les pénétrerions plus à fond, nous les comprendrions davantage, mais elles n'en seraient pas moins rebelles à nos efforts pour les assujettir à des cadres étroits. La définition ainsi entendue n'a de prise que sur des idées simplifiées par art ; la réflexion qui considère abstraitement des modalités pures ou de purs rapports, appauvrit, amincit, exténue les idées en les vidant de toute réalité. C'est un art naturel à l'homme, sa nature lui faisant une nécessité de procéder par abstraction, mais il est dans sa nature aussi de ne voir là qu'un moyen et de ne pas terminer la pensée à ce qui n'est que provisoire. Il nous faut traverser l'abstrait, non pas y demeurer. La loi de l'esprit, c'est de faire retour au concret comme il en est parti.

Considérons les mots dont nous usons sans cesse, quand aucun intérêt scientifique ou pratique ne nous force à procéder en forme et en règle[1]. Ces mots ne sont pas vides, ils sont pleins ; ils ne sont pas pauvres, ils sont riches ; ils ne sont pas ternes ni mornes, ils ont de la couleur et de l'élan. Abstraits d'une certaine manière, sans quoi ils ne seraient pas des mots, ils ont gardé la sève et le suc de la réalité : ils sont vivants. Ce ne sont pas de pures étiquettes des idées. Ils disent ce que sont les choses et ils disent l'impression que les choses font sur nous. Ils ont un esprit, ils ont une âme, et, quand ils viennent à nous, c'est à tout notre esprit, à toute notre âme qu'ils s'adressent. Ils renferment un dépôt, un trésor dont ni ceux qui les répètent ni ceux qui les entendent ne connaissent toujours le prix. Ils peuvent, soit par leur seule nature soit par la position qui leur est faite dans le discours, dire peu ou beaucoup. Ils font penser, ils invitent à penser au delà d'eux-mêmes ; ils donnent du mouvement pour aller

---

[1]. Signalons ici les pages de Guillaume de Humboldt (*Introduction à l'étude des langues malaises* et *Ueber die Verschiedenheit des menschlichen Sprachbaues*) citées, traduites, commentées par le P. Gratry, *Connaissance de l'Ame*, liv. II, ch. II ; et tout ce chapitre de Gratry lui-même, intitulé « Les deux manières de traiter la parole », belle et suggestive étude sur « le grand sens des mots », comme il aime à dire, opposé au « sens étroit et borné. »

plus loin, plus au fond, plus haut. Ils évoquent des idées qui viennent compléter leur sens propre. C'est que toute chose réelle se rattache par mille liens à ce qui l'entoure, et toute chose réelle est elle-même complexe. Ni on ne réussit à l'isoler entièrement de tout, ni on ne peut la réduire à un point géométriquement simple. C'est comme un arbre qui plonge dans le sol par mille racines et qui a une multitude de fibres. Couper ses racines ou déchirer son tissu, c'est le tuer. Les mots vivants maintiennent les vivants liens des choses entre elles et la vivante multiplicité que chacune enferme en son sein.

La précision ne disparaît pas pour cela. Il n'y a pas de précision sans justesse. Si l'on séparait ce qu'il suffit de distinguer, on manquerait de justesse, tout comme si l'on confondait ce qu'il ne faut qu'unir. Ceci mérite considération.

On demeure dans l'*à peu près* quand on voit les choses dans un brouillard qui en rend les limites indécises. Faut-il, pour les voir nettement, les percevoir non plus seulement distinctes, mais séparées ? Si elles ne sont pas séparées effectivement, cette façon tranchée de les voir les dénature, les fausse. Un excès de précision empêche la justesse et produit l'inexactitude. On a voulu trop débrouiller : on brouille.

Pour éviter l'*à peu près*, il s'agit, non pas de ne pas voir ce qui est à côté d'une chose, mais de ne pas prendre pour cette chose ce qui est à côté d'elle. Ou encore, il s'agit, quand un mot évoque plusieurs idées, non pas de repousser toutes ces idées, mais d'écarter celles qui traverseraient et interrompraient la pensée, et d'accueillir celles qui l'aident et la complètent. En effet, ce qui nous détourne de notre objet lui est étranger, mais ce qui nous y retient lui appartient en propre. Or, c'est nous y retenir, sans doute, que de nous y faire avancer sans en sortir. Les idées que le mot éveille ne modifient pas l'idée principale, elles l'achèvent. Dès là, elles ne sont pas autres, elles sont des parties, des moments de la même idée. Il n'y a point passage d'une chose à une autre différant d'elle ; il y a progrès dans le même. La pensée n'est pas dévoyée : elle reste dans la voie certaine où elle est engagée, mais elle y reste sans être enchaînée ni raidie, elle est alerte et vive.

Il y a une précision mathématique, il y a une précision poétique.

G.

Deux célèbres vers de Racine me reviennent à l'esprit :

> Thraséas au Sénat, Corbulon dans l'armée,
> Sont encore innocents malgré leur renommée.

C'est admirablement beau. On ne peut redire ces vers si simples sans une austère émotion. Et que de choses dans ce court espace ! Ce qu'ils ne disent pas et qu'ils font entendre fait la beauté de ce qu'ils disent. C'est la sobriété d'une formule, avec la vivacité d'une peinture et la profondeur d'une sentence. Il est difficile d'exprimer les souvenirs, les images, les idées qui s'éveillent, cette plénitude de sens ne produit aucune confusion. On a une impression nette et franche. C'est si heureusement précis. Au premier vers, les seuls noms de Thraséas au Sénat, de Corbulon dans l'armée, définissent et peignent ces grands hommes et leur incorruptible honnêteté ; on voit tout ce qu'il faut voir. Le vers suivant définit et peint autre chose : c'est ce siècle, c'est la Rome d'alors, c'est le règne commençant de Néron et la suite de ce règne, la puissance des délateurs, la haine jalouse et furieuse s'attaquant à la vertu importune, c'est tout cela qui apparaît à l'esprit, tout d'un coup, sans effort, avec netteté, avec éclat.

A la précision mathématique, j'ai opposé la précision poétique. C'était d'un bond aller d'un extrême à l'autre. Ce qui fait le propre de la précision est par là même plus visible. Mais, dans l'intervalle, il y a une façon d'être précis qui est scientifique, sans être mathématique, souple et vive, sans être poétique. Les notions renfermées en des formules dont tous les mots sont pesés, ont ce degré d'abstraction et de généralité sans lequel il n'y a point de science pour l'esprit humain. Elles sont le résultat d'une réflexion savante ou d'une étude méthodique et raisonnée des faits. Si exactes, si rigoureuses qu'on les suppose, réduiront-elles jamais l'esprit à cette unique considération d'un unique point où le retient la formule mathématique, si l'objet qu'elles concernent est réel, concret, surtout s'il est vivant? Empêcheront-elles de regarder à côté et au dedans, du moment que ce qui est à côté est lié à l'objet et que ce qui est au dedans a été ou sera soumis à l'analyse? Tout au contraire, vous êtes invité à penser à plus que la formule ne dit, et sa vertu est, en écartant l'inutile, non de dire elle-même tout ce qui est à dire, mais de mettre à même de le voir. En psychologie, nommez certains sentiments, certaines passions : en vain vous appliquerez-vous à en donner de sévères et sèches définitions ; chaque mot contribuera à évoquer dans l'esprit tout ce monde de souvenirs que chacun porte en soi. Vous vous en plaindriez à tort. Si par malheur cette vertu évocatrice venait à faire défaut, si vous aviez réussi à vider entièrement les mots de tout contenu vivant, si grâce à vos efforts ils n'avaient plus rien d'expressif ni de suggestif et qu'ils fussent devenus de simples notations techniques toutes sèches, serait-ce donc bien encore de l'amour ou de la haine, du désir, de la crainte, de l'espérance que vous parleriez? Serait-ce de ce qui se passe dans un cœur d'homme? Votre psychologie serait une nomenclature chimique, tout au plus un exposé physiologique, je dis tout au plus, car déjà dans le physiologique bien étudié, bien compris, il serait impossible de ne point laisser entrevoir le psychique qui y tient de si près. Mais ce que je viens de dire des sentiments et des passions, est vrai des opérations intellectuelles aussi. Comment les bien étudier sans que tout ce que nous en avons d'expérience se réveille en nous? Et alors comment les mots qui les nomment, les formules qui en désignent les caractères et les lois, tout ce que nous en disons, enfin, ne serait-il pas expressif et suggestif au lieu d'être pure notation?

Ainsi, tandis que la précision mathématique est sèche, rude et comme brutale, il y a une autre précision, opposée comme elle à l'*à peu près*, née comme elle du sentiment de la justesse, produisant comme elle l'exactitude et la netteté, mais c'est une souple, vive et délicate précision. Comme l'autre, elle consiste à dire ce qu'il faut, à ne dire que ce qu'il faut, à dire tout ce qu'il faut; mais, parce qu'elle le dit et précisément pour le dire, elle suscite, je ne dirai pas à côté de l'idée principale, si par là on entend ce qui est sans lien étroit avec elle, mais je dirai du sein de cette idée principale, ou de ce qui est en rapport intime avec elle, elle suscite donc des idées qui servent à l'achever, à la parfaire. Comme l'autre, elle retranche le superflu, mais elle ne fait pas le vide; au contraire, elle procure une juste plénitude. Comme l'autre, elle empêche la pensée de s'égarer, mais elle ne la resserre pas; au contraire, elle lui donne un juste développement. Comme l'autre, enfin, elle simplifie; mais, dans l'ordre purement abstrait, le simple est comparable au point géométrique, dans l'ordre des choses réelles, à un point métaphysique, centre et principe d'action, source vive fournissant de son abondance à tout ce qui sort d'elle et s'y ramène. La précision mathématique est purement *restrictive*, l'autre précision est *expressive* et *suggestive*.

Tout à l'heure je parlais d'analyse. Je disais que dans une formule qui est le résultat et le résumé de la science, ce qui apparaît au dedans de l'objet nommé et défini, a été ou sera soumis à l'analyse. Examinons ce que c'est qu'analyse, sans quoi nous n'aurions pas de la précision même une idée juste et complète.

Il est évident que l'esprit humain étant ce qu'il est, on ne connaît une chose quelconque qu'en gros et en confusion tant qu'on n'en a point fait l'analyse. L'analyse est donc un moyen de science indispensable. Tant que vous ne pouvez pas substituer au *tout* considéré et nommé le détail intelligible obtenu par l'analyse, vous avez des intuitions heureuses peut-être, mais point de science. La précision scientifique, même bien éloignée de la raideur géométrique, suppose une analyse préalable.

Mais il y a analyse et analyse. Il y en a une qui décompose le *tout* donné en ses *éléments*. Il y en a une autre qui a pour office et pour résultat de montrer qu'une telle décomposition est impossible. L'élément, plus simple que le composé, est peut-être un composé encore par rapport à un élément plus simple. Mais une analyse qui dégage de tous les alentours quelque chose de si proprement simple qu'il est, non pas indécomposé, mais indécomposable, une telle analyse découvre, non plus un *élément*, mais un *principe*. Au sein du *tout* donné elle atteint ce qui en est comme l'âme ; et cela est un *tout*, mais un *tout* simple, un point si l'on veut, mais un point riche et fécond en sa simplicité, quelque chose de comparable à l'idée maîtresse d'un discours, laquelle n'est point formée par juxtaposition, ni même par composition, ni par combinaison d'aucune sorte, mais est vraiment simple et féconde, et donne lieu à tous les détails d'un riche développement : si bien que l'analyse purement décomposante et résolutive ne la découvrirait jamais, puisqu'elle s'épuiserait vainement à en chercher les éléments, et cette idée mère et maîtresse n'a précisément pas d'éléments ; mais l'analyse qui lui convient, c'est celle qui la dégage au milieu des détails en ramenant ces détails à elle comme à leur principe. On pourrait nommer *transcendante* cette sorte d'analyse. C'est elle qui, sans jamais briser l'unité des idées principales, les obtient dans toute leur pureté ; grâce à l'effort de réflexion qui en détache tout l'accessoire, on saisit ce que les choses sont elles-mêmes, on trouve ce qu'elles sont principalement et véritablement, ὡς μάλιστα, ὡς ἀληθῶς, comme disait Aristote ; et les tenant ainsi dans la pureté de leur essence, on devient capable de les porter au souverain degré. Leibniz dit quelque part : *Investigandum est in unoquoque genere summum*. En chaque genre de choses, ce qu'il faut poursuivre, c'est ce qu'il y a de plus haut, ce qui est souverain et suprême. Rien de ce qui est arrêté en chemin n'est vraiment soi-même. Une idée n'apparaît dans toute sa vérité que si elle se montre dans toute sa plénitude et dans tout son éclat. La réduire à elle-même, c'est bien, puisque sans cela vous ne la distingueriez pas nettement du reste et vous ne la saisiriez pas toute pure ; mais il faut ensuite la pousser jusqu'au bout d'elle-même, sans quoi vous n'en aurez que des aspects toujours plus ou moins bornés, et elle ne sera pas vraiment pure, vraiment elle-même, n'étant pas pleinement et souverainement. Telle est l'analyse qui ramène les choses à leurs principes. Ainsi, il n'y a de précision que si l'analyse est possible, mais l'analyse consiste tantôt à réduire un tout à ses éléments, tantôt à dégager le principe qui régit les détails et en est ce que Leibniz nomme la source éminente. La précision *expressive* et *suggestive*, en matière de science, c'est surtout celle des mots et des formules qui comportent l'analyse à laquelle nous avons donné le nom de *transcendante*.

Avançons encore. Il y a des cas où non seulement les mots sont riches et pleins : ils ont comme de l'ombre et du mystère. Ce n'est pas seulement une multitude de faits ou d'idées qu'ils semblent tirer de leur fond et produire au dehors avec eux : ils nous font sortir d'eux-mêmes, des choses, de nous, ils nous transportent en des régions nouvelles et supérieures, ils nous donnent le sentiment de l'immense, le frisson du sublime ; ils nous jettent dans l'infini. On est tenté de croire qu'entre ce « grand sens des mots » et la précision, il y a incompatibilité. La précision exige quelque chose de déterminé, d'achevé, une forme nette, ce que les Grecs nommaient τό πέρας. La parole, pour opérer cette sorte d'extase (ἔκστασις)

7

que nous venons de décrire, n'a-t-elle pas recours à je ne sais quoi d'indéterminé, d'inachevé, d'indéfini, à ce que les Grecs nommaient τὸ ἄπειρον, une forme indécise, incertaine, et, autant que possible, informe? Sans doute, la pensée accablée, opprimée par la sublimité de son objet, peut ne plus savoir comment la rendre, et la meilleure manière d'exprimer l'incompréhensible, c'est de reconnaître toute expression insuffisante. L'impuissance avouée des conceptions et de la parole en corrige l'irrémédiable défaut, et, si l'on semble faire tort à l'excellence incomparable de ce qu'on ne peut atteindre en en parlant comme on peut, on en rétablit la hauteur en confessant qu'on n'y atteint pas et qu'on n'en dit rien qui n'y soit infiniment disproportionné, rien qui n'en soit infiniment indigne. Mais ces remarques n'empêchent pas que la parole enveloppant l'infini n'ait encore sa précision.

Je songe à cette fresque où Michel-Ange a représenté le Père Eternel créant le monde : c'est le mystère même rendu sensible, l'acte créateur peint par des mouvements. Tout est précis. L'infini se sent et j'allais dire se voit, non qu'une forme indécise en figure, en simule l'insaisissable grandeur : au contraire, cette pose, ce geste, vraiment incomparables, ont, dans leur énergie superbe, une netteté parfaite. Et il le faut. C'est un acte essentiellement positif qu'il s'agit de rendre visible, un acte déterminé, un acte déterminant, l'acte qui fait être. Le génie du peintre a trouvé dans une étonnante précision le moyen de donner le sentiment du mystère et de l'infini.

Ainsi des mots. Vagues, ils causent du malaise ; précis, ils peuvent ravir en extase. Virgile, avide de fraîcheur et de paix, veut s'abriter sous l'ombre immense des arbres dans la vallée de l'Hémus, et du même coup sa rêverie l'enveloppe et nous enveloppe avec lui d'inconnu, de mystère, et comme d'infini, sans que les formes des choses cessent un seul moment d'être nettes.

> O ubi campi,
> Sperchiusque, et virginibus bacchata Lacænis
> Taygeta! O qui me gelidis in vallibus Hæmi
> Sistat, et ingenti ramorum protegat umbra!

Pascal s'écriant : « Le silence éternel des espaces infinis m'effraie », n'évoque aucune image vague. Lamartine, dans cette *Méditation* intitulée les *Étoiles*, a beau promener sa pensée en des sphères inaccessibles et s'y enivrer d'une lumière et d'une harmonie célestes : on peut parler de la molle beauté de ces pages, si, donnant au mot une signification presque latine, on entend par là l'exquise et coulante souplesse du vers ; mais la forme n'est point molle si le mot signifie forme sans vigueur, incertaine, vague. Cette poésie rêveuse a sa précision. A plus forte raison, ni Dante ni Milton, dans leurs plus sublimes pages, ne doivent-ils à des images brouillées ou à des idées confuses le secret des visions puissantes où semble apparaître l'invisible et se laisser entrevoir l'infini. Dans l'antiquité, Pindare est précis dans sa hardiesse et ses saillies. Précis sont les Prophètes avec leurs grandes images, leurs mouvements vifs ou tendres. Bossuet, admirant le style des Psaumes, y loue une extrême magnificence jointe à une suavité sans pareille, *grandiloquentiam cum summa suavitate conjunctam*, et il remarque comment l'écrivain sacré, mettant sous les yeux des choses corporelles, semble peindre l'immatériel même. *Subjicere oculis, quam vividum in Psalmis... Sic corpora pingit, quin etiam incorporalia*[1]. Et ailleurs, parlant de

---

1. *Dissertatio de Psalmis*, cap. II, n° 17. Edition Vivès, t. I, p. 31 et 32.

l'*Apocalypse*, ou « tout ce qu'il y a de plus touchant, de plus vif, de plus majestueux dans la Loi et dans les Prophètes, reçoit un nouvel éclat, » il en reconnaît, il en signale les « profondeurs », les « obscurités », les « difficultés »; mais avec « d'affreux spectacles », avec « des horreurs qui étonnent l'âme et la frappent au vif », ou avec de « douces et ravissantes peintures », il y trouve « des idées si hautes du mystère de Jésus-Christ, de si nobles images de ses victoires et de son règne, avec des chants si merveilleux pour en célébrer les grandeurs, qu'il y a de quoi ravir le ciel et la terre » : partout donc la précision jusque dans une « prophétie si pleine de mystères[1] ».

Il y a une grande différence entre le vague et l'obscurité. Des obscurités impénétrables et vénérables peuvent jeter la pensée dans l'effroi, dans l'épouvante, sans que ce trouble auguste y enfante des fantômes. Ce n'est pas le mystère, c'est l'idée vague qui fait naître les fantômes. Je nomme ainsi les formes sans consistance, les apparences, caressantes ou menaçantes, indécises, incertaines, indistinctes. Bossuet, dont nous venons de rappeler

---

1. *L'Apocalypse avec une explication*. Préface, I, II, XXVI et *passim*. Edition Vivès, t. II, p. 300 et suiv.

les jugements sur les parties les plus obscures de la Bible, Bossuet, dans ses *Élévations sur les mystères*, tout plein lui-même des *Psaumes*, du *Livre de la Sagesse*, de l'*Apocalypse*, a les audaces du théologien, du penseur, du poète, du mystique : sa langue n'est jamais vague ; aucun fantôme ne brouille ni ses idées ni son style. Il est précis.

Pourquoi la précision dans le style n'est-elle pas incompatible avec le mystère ? Il en faut chercher la raison, non dans des préceptes littéraires, mais dans la nature des choses. Nous avons vu les choses liées entre elles et complexes, ce qui nous a fourni la raison de ce que nous avons nommé les mots vivants. La raison de ce que je nommerai maintenant le mystère des mots, c'est qu'aucune chose n'a en soi ni le principe ni la fin de son être. Toute idée nettement conçue est comme une forme déterminée, au delà et au-dessus de laquelle l'esprit trouve de l'espace et est tenté de pénétrer.

C'est donc jusque dans l'œuvre de la réflexion en quête de science que la précision pourra laisser subsister le mystère des mots, le mystère des idées, le mystère des choses, et n'en point souffrir elle-même. Des choses de l'âme, par exemple, il y aura des notions précises, des formules précises, qui, les caractérisant nettement, n'empêcheront pas néanmoins d'y trouver ce qui réellement y est, à savoir, de quoi les dépasser, de quoi aller par delà et au-dessus. Ne remarquions-nous pas d'ailleurs, il y a quelques instants, qu'il y a des idées et des choses une analyse transcendante? Transcendante, en ce sens qu'elle sait découvrir le principe même, la source; transcendante, en ce sens aussi qu'elle atteint en toute chose l'essence pure et ce que nous avons nommé avec Leibniz le souverain degré. Il y a donc une analyse qui en procurant la clarté, la netteté, le savoir précis, c'est le propre de toute analyse, montre aussi, et avec clarté, netteté, précision, que, pris d'une certaine manière qui est la grande et la bonne, les mots, les idées et les choses « enveloppent l'infini ». La tentative de le développer quelque peu réussit plus ou moins. La conviction qu'il est là « enveloppé » en ce qui sans lui n'aurait ni portée ni soutien, c'est assez déjà pour communiquer au savoir l'ampleur, la vigueur, la hauteur dont il est capable, et cela n'ôte rien à la précision ni n'a rien à en redouter.

Ainsi la connaissance, dès qu'elle sort du pur abstrait, n'a plus la précision géométrique. Ayant affaire aux choses, et voulant en avoir la science, on ne peut les renfermer dans des formules, on cherche pourtant à les définir. Les définitions empêchent l'esprit d'errer. Elles préviennent les écarts, elles prémunissent contre les chutes. Mais elles servent plutôt à dire ce que les choses ne sont pas qu'à dire complètement ce qu'elles sont. Elles peuvent être définitives en ce sens qu'elles restreignent le champ de l'erreur. Il y a des idées condamnées, des idées qu'il n'est plus permis d'avoir, des hypothèses qu'on ne peut plus faire, des manières d'expliquer qui sont exclues. Mais les choses ayant des aspects variés, il y a lieu d'insister sur celui-ci après avoir insisté sur celui-là; il y a lieu de reprendre l'étude, non pour défaire ou refaire ce qui est fait, mais pour faire ce qui n'a pas été fait, pour réparer une négligence, un oubli, pour corriger une exagération; la chose avec ses ramifications, avec sa complexité, avec son mystère, avec l'infini qu'elle enveloppe, n'est jamais tellement connue qu'il n'y ait encore à regarder, à chercher. Ce serait manquer de fidélité, sous prétexte d'exactitude, que de prétendre ici à une précision littérale, quand la lettre est manifestement trop étroite. Encore une fois, la précision littérale ne convient ici que comme préservatif de l'erreur. Les sciences proprement dites elles-mêmes nous en fournissent des exemples. La précision rigide n'y est possible que dans un petit nombre de cas, où l'abstraction est complète. La précision que le reste comporte est celle que nous essayons de caractériser : littérale encore en ce sens qu'elle écarte ce qui est manifestement étranger ou accessoire, mais non en ce sens qu'elle interdit toute pensée au delà de la formule même; souple au contraire et vive, et d'autant plus que l'objet du savoir est lui-même vivant d'une vie plus complexe, plus délicate et plus haute. La science a une plus libre allure quand les choses dont elle aspire à rendre raison s'approchent de la liberté; et si la liberté même est quelque part, comment admettre qu'une formule rigide puisse en contenir la juste et pleine idée?

Imaginez un instrument d'une merveilleuse ténuité et subtilité, assez pénétrant pour aller dans le vif, jusqu'aux fibres intimes, jusqu'à la moelle, assez délicat pour ne rien briser, ni trancher, ni froisser, ni désagréger, et vous aurez une impar-

faite image de cette précision supérieure : quelque
chose d'analogue à la vue, vue perçante qui saisirait les choses et en dénombrerait, en démêle-
rait tout le détail sans y introduire aucun trouble,
sans en rompre l'unité ; qui en ferait en perfection
l'anatomie sans déconcerter les ressorts, sans
arrêter les mouvements ; qui, enfin, par la plus
fine des analyses, expliquerait le jeu de la vie sans
ôter la vie. La précision d'une pensée juste et
complète, vive et fidèle, a quelque chose de cette
heureuse délicatesse. Sans entamer l'intégrité de
la perception, sans altérer la vivacité de l'image,
sans couper aucun lien, sans violer aucun rapport,
sans laisser évanouir la variété vivante, sans ôter
le mystère, elle s'accommode aux choses au lieu de
les assujettir de force à un cadre tout fait. Elle
met en relief ce qui leur est propre, et elle permet
ainsi d'avoir des notions exactes et nettes. Elle
distingue sans désunir. La vraie idée précise, ce
n'est pas l'idée purement abstraite, c'est l'idée
totale, obtenue par abstraction, mais revenant au
concret, idée complète, vive, qui est avec effort
pour notre esprit discursif ce que serait sans effort
pour un esprit très puissant une vue intellectuelle,
une clairvoyance capable de saisir les choses

telles qu'elles sont, d'en pénétrer tout le détail du même regard qui en embrasse l'ensemble, d'en découvrir d'emblée l'existence et l'essence, d'en expliquer l'ordre rationnel en les voyant, et de les rattacher à leur principe et à leur fin sans en perdre un instant de vue l'actuelle et mouvante réalité.

CHAPITRE VI

QUE LA PHILOSOPHIE N'EST PAS UNE SCIENCE COMME UNE AUTRE, ET POURQUOI

Dans cette étude sur la précision qui remplit le précédent chapitre, il n'y a pas un mot de la philosophie. C'est à dessein. Je sais maintenant qu'il y a deux sortes de précision, et que celle qui n'est pas rigoureuse au sens mathématique est en définitive la meilleure des deux. Je sais que les sciences proprement dites elles-mêmes n'en comportent pas d'autre bien souvent. Je suis éclairé sur la nature de la précision et sur les exigences de l'esprit scientifique en fait de précision. La philosophie, à laquelle je reviens maintenant, est, comme les sciences proprement dites, née du désir de savoir, et certains caractères essentiels nous font dire qu'elle veut être science. Il se confirme de plus en plus que rien ne l'empêche de l'être en effet. La précision qu'elle comporte et qu'elle requiert n'est pas d'ordre mathématique ; cela n'y fait rien. Voilà ce que j'ai voulu établir, rien de plus, mais cela ; je crois que c'est établi, et que ce n'est pas sans importance. Je ramène peu à peu l'un vers l'autre ces deux termes : philosophie et science.

Mais il se confirme aussi que, si la philosophie peut être science, elle n'est pas science comme les autres. Sans parler encore de son objet, je la considère dans sa façon de faire, et son allure et ses démarches ont des caractères à part. Les *Dialogues* de Platon, les *Traités* d'Aristote, les *Lettres* de Sénèque, le *Manuel* d'Épictète, ce sont autant d'écrits philosophiques. Personne n'hésite à ce sujet. Mais que ces manières de philosopher sont donc différentes ! Et dans les temps modernes, Bacon, Descartes, Spinoza, Malebranche, Leibniz, Hume, Kant sont tous des philosophes. Entre l'antiquité et l'âge moderne, ce sont des philosophes encore que ces docteurs du moyen âge, saint Anselme, saint Thomas d'Aquin, Duns Scot, Roger Bacon. Avant eux, parmi les Pères de l'Église, saint Augustin n'avait-il pas composé des ouvrages philosophiques, et ses grands écrits théologiques ne sont-ils pas remplis de philosophie? Chacun de ces noms rappelle, non seulement des doctrines très différentes, ou même contraires, mais des esprits profondément différents. C'est cette diversité dans la façon de s'y prendre pour philosopher que je note en ce moment et que je veux étudier.

Il faut se souvenir que les savants, je parle des inventeurs, ont une originalité très marquée. Seulement elle s'efface et se perd quand les résultats de leurs découvertes sont communément acceptés. C'est leur triomphe, et ils y sont comme ensevelis. En philosophie, la marque d'origine subsiste, les doctrines n'entrant point dans le domaine commun de la même façon que les théories des savants. C'est beaucoup plus près de l'esprit de tout le monde, et l'empreinte personnelle est beaucoup plus durable. Ne serait-ce pas là un caractère qu'on pourrait nommer *littéraire?* Il y a le petit esprit littéraire qui ne vaut pas grand'chose : esprit étroit, qui se complaît dans l'arrangement des mots, qui cherche l'effet, peu soucieux des connaissances nettes et du bon jugement. Mais les lettres, *humaniores litteræ*, comme on aimait à dire autrefois, ce n'est rien de mesquin ni de futile, c'est fait de la substance et de la moelle de l'esprit humain, de l'âme humaine, de l'humanité. En ce sens, *scientifique* et *littéraire* s'opposent comme une formule et une pensée, comme une notion abstraite et une vive idée, comme une application de l'intelligence et une production intellectuelle. Ce qui est *littéraire* a un intérêt humain ; et jamais les fruits de la pensée ne sont plus universellement goûtés que lorsque c'est le génie qui les a produits : le talent, moins puissant, marque son œuvre d'un caractère personnel moins profond, et il a un public plus restreint. On a dit que Giotto a peint avec la pensée de Dante, *col il pensiero di Dante :* toute une nation, tout un siècle, et une foule de nations et une série de siècles vivent de la pensée d'un génie de premier ordre.

La philosophie se rapproche des lettres à plus d'un égard. La composition d'un ouvrage philosophique, même très sévèrement écrit, est toujours littéraire. Y prit-on la forme géométrique, la disposition des parties y serait encore secrètement commandée par quelque pensée inspiratrice qui serait comme l'âme du discours. L'agencement purement *scientifique* est tout entier décidé par la subordination manifeste des idées les unes aux autres. Dans la composition littéraire, l'ordre ne s'impose pas de cette façon impérieuse et roide : le point où l'on commence n'est pas l'unique commencement; la raison de partir de là peut être dite décisive sans que partir d'ailleurs soit impossible ou absurde. On prend et l'on présente les choses d'une certaine manière : déclarer cette manière excellente n'est pas rejeter absolument toutes les autres. Un traité purement scientifique d'un bout à l'autre n'a pas de style. Il n'y a de style que si la suite des idées procède d'une vue intérieure et est animée d'un souffle intérieur aussi.

Plus les sciences proprement dites se rapprochent de la réalité et surtout de la vie, moins elles se contentent de la forme que je viens d'appeler purement scientifique. Elles ont, dans l'ordonnance des parties, dans l'exposition des faits et des théories, dans l'énonciation des résultats prouvés ou seulement encore probables, une allure quelque peu littéraire. Les idées ne se groupent plus d'elles-mêmes. Il faut choisir celles qu'il convient de produire d'abord, et les autres, ainsi préparées et amenées, sont accueillies plus aisément. Cette préparation ne consiste plus tout simplement à définir la ligne avant le triangle et à placer le premier le théorème qui n'en suppose pas d'autre, et le second celui qui suppose le premier. La préparation demande plus de finesse. C'est déjà un art d'exposer d'une manière claire, commode, élégante ; c'en est un autre d'exposer de façon à intéresser. L'exposition du savant exige des qualités littéraires dès qu'il sort de l'arithmétique, de la géométrie, de l'algèbre. Et l'ordre purement scientifique étant unique, tandis que la composition littéraire ne va pas sans choix, celui-là naturellement ne peut avoir aucun caractère personnel ; celle-ci, au contraire, porte toujours la marque de la personne.

La philosophie ne différerait guère en son allure de certaines sciences si elle ne faisait que réclamer comme elles une façon littéraire de composer et d'exposer : ce qui lui est propre, c'est de ne pouvoir s'en passer. Ce qui ailleurs est encore un accident est ici une condition d'existence. Je veux dire que les sciences dont nous parlons, pour s'énoncer, se transmettre, se propager, prennent une forme quasi-littéraire : non que ce soit pour elles un vêtement d'emprunt, non surtout qu'il s'agisse le moins du monde d'une parure; leur sévère nudité est elle-même littérairement belle et n'admet pas l'ornement de vaines phrases; mais enfin ces qualités de composition et d'exposition ne sont pas indispensables à leur existence même : pour se faire, pour se constituer, elles n'en ont pas besoin, et il n'y a plus là rien de littéraire en elles. La philosophie est tout autre : chez elle, c'est la pensée qui est de nature littéraire, et cela parce qu'elle est *humaine* et d'un intérêt humain, comme nous disions tout à l'heure. Cela est dans son essence même. Or, comme d'un autre côté elle est née du désir de savoir et qu'elle emploie les procédés de la science, elle doit à cette rencontre en son sein de deux tendances distinctes et souvent opposées un caractère qui n'est qu'à elle. Ce caractère est peut-être difficile à bien nommer. Je crois cependant qu'il y a dans la langue française un mot convenable.

L'œuvre purement littéraire est une œuvre d'art : elle n'a pas en vue le vrai; il suffit qu'elle ne le blesse pas, tout lui est permis. L'œuvre oratoire étant destinée à convaincre et à persuader, le vrai y est le but et la règle, mais c'est le vrai dans un cas donné, et cela dans un intérêt pratique : il y a une cause à plaider, une décision à provoquer. Si le vrai était le terme et la raison de toutes les démarches dans un ordre tout spéculatif, on aurait une œuvre de science ; et si, en même temps, l'esprit y procédait littérairement parce que l'intérêt, quoique spéculatif, y serait humain, et, par suite, littéraire, comment nommer une telle œuvre ? Comment en marquer le sérieux, la force convaincante, la savante exactitude, et comment indiquer aussi le caractère personnel de la pensée ? Quand c'est désintéressé, haut, serein, en même temps que sévère, précis et net à la façon de la théorie scientifique, et quand, d'autre part, le tour, l'originalité, la valeur propre du penseur se montrent et se font apprécier, louer, admirer comme dans un ouvrage littéraire, un mot réussit assez bien à rendre ce qui se produit alors, c'est le mot *doctrine*. Ni les idées d'un pur lettré, ni les théories d'un pur savant ne reçoivent ce nom : il ne conviendrait nullement à celles-là, il n'irait pas bien à celles-ci. La doctrine se laisse rapporter à son auteur. Ce qui est doctrine dans les sciences proprement dites consiste en des considérations non vérifiables ou non encore vérifiées par l'expérience sensible. La science faite est anonyme. La doctrine ne l'est jamais. Serait-elle ce que tout le monde enseigne, elle a commencé par être ce que quelqu'un a enseigné. Serait-elle parfaitement éprouvée et parfaitement prouvée, elle n'en garderait pas moins de son origine première un caractère personnel, et la magistrale autorité de celui d'où elle sort ne cesserait jamais de se mêler à la force des raisons et des preuves qui l'appuieraient. On dit : la doctrine d'un homme, la doctrine de Platon, la doctrine de Descartes. On dit aussi : la philosophie de Platon, la philosophie de Descartes. Ce qu'ils ont enseigné, c'est ce qu'ils ont pensé. On ne dit pas : la physique de Galilée, l'astronomie de Newton, la chimie de Lavoisier, ou si ces mots s'employaient, ce serait pour désigner les vues propres des savants, ce qui a pu contribuer à faire la science, mais n'y est pas entré proprement, n'y a pas été reçu, n'en fait pas vraiment partie.

Il faut ajouter que l'on donne fréquemment aux travaux des philosophes un autre nom encore, et eux-mêmes en usent volontiers. Celui-ci est modeste, timide. Si la doctrine rappelle le maître, l'*essai* fait songer à l'apprenti. Nombre d'écrits philosophiques sont nommés *Essais*. Vraiment tout philosophe est apprenti en même temps que tout philosophe est maître. Je voudrais que ces deux mots fussent dits avec tout le sérieux qu'ils méritent. La langue a des instincts d'une merveilleuse sagesse. L'emploi ironique des mots en fait disparaître la justesse native. Assurément, il y a des railleries saines : il est bon de faire justice de la hautaine tyrannie des pédants, il est bon de faire fi de la fausse humilité des amateurs. Mais quoi qu'on en dise, le philosophe est un maître. Eh, mon Dieu, serait-ce donc la peine qu'il dissertât, qu'il discutât, de vive voix ou par écrit, serait-ce la peine qu'il fît le métier de *penseur*, s'il n'avait rien à dire de ferme et s'il n'avait pas à produire une pensée solide ? « Je suis assuré, dit quelque part Fichte, qu'il y a un soleil au ciel, que j'ai un corps ; mais je suis infiniment plus assuré qu'il y a une vérité, qu'elle est accessible à l'homme, qu'elle peut être clairement conçue par lui. Je dois encore être persuadé que, pour ma part, j'ai saisi cette vérité d'un certain point de vue qui m'est propre, et dans un certain degré de clarté, sinon je me tairais, j'éviterais d'enseigner ou d'écrire[1]. » Tout philosophe doit pouvoir répéter ces paroles. La philosophie est *doctrine*, ou elle n'est rien. Le philosophe a une autorité *magistrale*, ou il ne mérite pas qu'on prenne garde à lui. Et, d'autre part, quel est le penseur digne de ce nom qui, considérant l'ampleur, l'immensité de l'objet de son étude, oserait se flatter de le parcourir, de l'embrasser, de le posséder tout entier ? Comment ne donnerait-il pas en conscience le nom d'*Essai* à ses explications les mieux justifiées ? Ne sont-ce pas en effet des tentatives pour pénétrer le sens de l'univers ? Et qui, se mesurant avec la grande énigme, pourrait faire l'épreuve de ses forces sans faire l'expérience de son incurable faiblesse ? Le maître le plus sublime, le plus autorisé, le plus sûr, dès qu'il est un maître humain, n'est jamais qu'un apprenti ; et c'est son honneur de le sentir, de le voir et de l'avouer.

Mais une doctrine ne fût-elle plus de l'homme et eût-elle une constante et infaillible rectitude, elle aurait encore ce caractère de se proportionner

---

[1]. *Méthode pour arriver à la Vie bienheureuse*, onzième et dernière leçon, p. 321, 322 de la traduction de M. Francisque Bouillier.

aux esprits en y entrant et de n'y entrer qu'à la condition d'y susciter une action qui leur fût propre. Une doctrine fixée en dogmes précis paraît la chose la plus immobile qui soit au monde : regardez-y mieux, et vous verrez qu'à moins de n'être plus que lettre morte, elle contient en elle une source incessante de mouvement. Le dogme est défini et arrêté, sans doute ; telle ou telle proposition qui lui est manifestement contraire étant survenue ou prévue, cette façon d'entendre ou d'énoncer un point de doctrine est exclue comme mauvaise et fausse. Le rôle de la définition, nous avons déjà eu occasion de l'indiquer, c'est de prévenir l'erreur ou de la repousser : c'est une frontière bien tracée et bien gardée ; mais, au sein de la vérité, le mouvement ne cesse pas, et sans cesse aussi il faut revenir à la frontière pour surveiller les mouvements ennemis, que dis-je? pour y trouver un moyen de se préserver au dedans de la somnolence et de la torpeur.. La définition épuise-t-elle son objet? Le dogme a-t-il jamais dit son dernier mot? N'est-il pas fécond, ne renferme-t-il pas en ses entrailles des trésors toujours nouveaux? La vérité vivante a une perpétuelle jeunesse, une puissance merveilleuse de renouvellement. Sous la formule qui la protège, elle ne dort pas, elle agit ; et les esprits vivants, travaillés par elle, agissent eux-mêmes.

Voilà ce qu'il faut bien comprendre. Ni une doctrine ne s'imprime mécaniquement dans l'esprit ni elle ne s'y maintient d'une manière inerte. Elle se fait recevoir ; et la recevoir, c'est penser sous l'impulsion qu'elle donne. Penser, entendons-nous bien ? c'est-à-dire agir, et comme se mouvoir intellectuellement d'un mouvement propre. Puis la doctrine, une fois reçue, ne se maintient que si la pensée qu'elle a mise en branle ne cesse de se mouvoir pour la considérer, pour l'ouvrir, pour se promener à l'aise en ses profondeurs. Autrement la lettre demeure, mais le sens se perd.

Une proposition de pure science entre toute faite dans l'entendement : une proposition doctrinale, fût-elle une définition dogmatique, est toujours suggestive. Je nomme suggestif ce qui fait penser. Je ne dis pas seulement que la proposition doctrinale laisse penser, je dis qu'elle fait penser. Comme elle sort de la pensée, elle va à la pensée. Elle n'est pas l'énoncé abstrait d'une idée tout abstraite. Elle est pleine de sève. L'esprit qui manque lui-même de sève est incapable de la concevoir. A qui ne vit pas le contact de la vie ne communique rien.

La philosophie qui est doctrine est aussi *spéculation*. Ce nom est bien remarquable. *Spéculation* vient du latin *speculari*, et *speculari*, c'est observer, observer de haut, observer pour comprendre. C'est aussi observer ce qui est en haut, et toujours afin de comprendre.

Dans la langue militaire, le *speculator* est un éclaireur : il explore les lieux, en quête d'indications sur les desseins et les mouvements de l'ennemi ; il est en observation, il fait le guet, il est aux aguets, épiant, espionnant même : son office et son but, c'est de surprendre un secret en regardant.

Dans un autre ordre de choses, l'augure qui a l'œil fixé sur le vide des cieux, et y cherche un signe, par exemple, l'oiseau dont la présence sera une promesse de succès et de joie, celui-là aussi observe pour surprendre un secret :

Jam vacuo lætam (avem) cœlo speculatus[1]...

Le même mot s'applique encore à celui qui ob-

1. Virgile, *Énéide*, V, 515.

serve le coucher et le lever des astres pour surprendre les indices de beau ou de mauvais temps :

... Signorum obitus speculamur et ortus[1].

Cicéron l'emploie pour donner une vive idée de la curiosité du philosophe attentif à surprendre les secrets de la nature. Il compare son étude à une exploration en même temps qu'à une chasse : *Physicum, id est speculatorem venatoremque naturæ*[2].

La vieille langue française a gardé au mot *spéculation* le sens originaire d'observation avec les idées connexes d'exploration et de recherche. Il y est particulièrement employé pour l'étude des phénomènes célestes[3]. Non moins naturel et non moins fréquent est dans notre langue le sens métaphysique de recherche intellectuelle dans un ordre élevé[4]. Au XVII° siècle, les exemples abon-

---

1. Virgile, *Géorgiques*, I, 257. Cf. IV, 166 : *Speculantur aquas et nubila cœli (apes)*.
2. *De Natura Deorum*, I, 30.
3. La Fontaine, *Fables*, II, 13. L'*Astrologue* qui tombe dans un puits :
   Revenons à l'histoire
   De ce spéculateur qui fut contraint de boire.

Fléchier, *Sermon pour le jour des Rois*, nomme les Mages « ces hommes adonnés aux spéculations des choses célestes. »
4. Oresme, au XIV° siècle, dit du sage que « il a en sa pensée

dent, et *spéculation* étant opposé à *pratique*, « tout ce qui s'attache à la seule contemplation de la vérité » est dit spéculatif[1].

Plus tard une signification nouvelle se produit : les calculs, les projets, les entreprises de finances, de banque, de commerce, d'industrie, sont nommées *spéculations*. Condillac, dans son ouvrage sur *le Commerce et le Gouvernement*, en 1776, parle des « spéculations de la finance[2] ». C'est la signification qui a prévalu presque, car aujourd'hui c'est la plus répandue, celle qui s'offre tout d'abord à l'esprit de quiconque n'est ni savant ni philosophe. Même au sens d'étude et de recherche, le mot éveille souvent chez ceux qui réfléchissent peu une idée équivoque et suspecte : il fait penser à quelque chose de grand et de haut, mais de vain et de stérile ; il semble retenir du langage de la finance quelque analogie avec un calcul et un risque. Sans doute, Bossuet parlait déjà « des spéculatifs et des curieux qui, ayant rêvé dans leur cabinet sur des choses imperceptibles, sur des mystères éloignés des sens, font leurs idoles

speculacions et consideracions dignes et nobles. » Lanoue, au XVIe, parle des « hautes et profondes spéculations » de saint Paul.

1. Bossuet, *Connaissance de Dieu et de soi-même*, I, 15.
2. *Le Commerce et le Gouvernement*, I, 18.

de leurs opinions[1] ». Mais quand aucune épithète n'était jointe au mot, il avait une signification favorable. Les épithètes et le contexte signalaient l'abus, abus du raisonnement, de l'abstraction, sans souci de la réalité et de la pratique : le mot désignait l'usage, lequel était louable, étant l'application de l'esprit à la pure vérité. Aujourd'hui l'idée de risque étant prédominante en ce qu'on nomme spéculation, les entreprises philosophiques semblent surtout des aventures hardies et le plus souvent, pour ne pas dire toujours, ruineuses. Quoi qu'il en soit, la signification favorable se maintient, et avec raison, car je ne vois pas de mot qui pût remplacer celui-là s'il venait à disparaître.

Il est singulièrement propre à marquer quelques-uns des traits distinctifs de la philosophie. Il éveille d'emblée l'idée d'un objet haut observé de haut, poursuivi avec une persistance calme et hardie. Il désigne nettement, vivement la hauteur de la pensée. Or, la pensée du philosophe est haute parce que l'objet qu'elle considère est haut, elle est haute encore, parce qu'elle se dégage de

---

1. *Panégyrique de saint André*, Ier point.

toute préoccupation étrangère à sa sublime recherche, de tout intérêt vulgaire ou secondaire. C'est une pensée qui regarde en haut et qui regarde de haut.

Spéculation dit cela, et avec une idée d'étude diligente, d'observation curieuse, d'investigation savante, d'exploration bien conduite en vue de surprendre un secret, de pénétrer dans l'intérieur, dans l'intime des choses qui d'une certaine manière est loin et haut. Voilà le sens complet. *Contemplation* marquerait bien la hauteur, mais n'aurait pas au même degré ce caractère de science : ce serait quelque chose de plus mystique. *Théorie*, qui par son origine serait synonyme de l'un et de l'autre, et surtout de *contemplation*, a été pris par les sciences particulières qui en ont restreint et abaissé le sens; et là même où la signification générale demeure, c'est avec une nuance : *théorie* désigne toujours quelque chose de plus arrêté, de plus sec aussi, de plus rigide, et d'ordre moins ample et moins élevé. *Spéculation* a cette heureuse fortune d'avoir la hauteur, la sérénité, la hardiesse de la contemplation avec la précision savante de la théorie. C'est donc un nom qui convient bien à l'investigation philosophique. Il en rappelle heureusement plusieurs caractères; il la distingue nettement de ce qui est si voisin d'elle et qu'elle n'est point. Il fait entendre que la recherche philosophique va plus loin, plus au fond, plus haut, et aussi qu'elle est plus libre en son allure, plus hardie, qu'elle est l'effort d'une pensée plus complète, plus humaine et plus vivante. S'ajoutant à ces deux autres noms que nous avons signalés d'abord, il achève de dessiner, si je puis dire, la figure de la philosophie.

Concluons. Rien n'empêche la philosophie d'être *science*, avons-nous dit. Mais, puisqu'elle est *doctrine*, *essai*, *spéculation*, elle n'est pas une science *comme* les autres.

CHAPITRE VII

DES DIVERS ASPECTS DE LA PHILOSOPHIE, ET DES RAISONS
DE DISTINGUER PLUSIEURS SORTES DE PHILOSOPHIE

La philosophie nous apparaît comme une chose singulièrement complexe. Elle a des analogies avec l'art; elle veut être science et il est visible qu'elle ne peut renoncer à le vouloir sans se trahir elle-même, et que rien non plus ne l'oblige à y renoncer; elle a avec les productions littéraires un air de famille; elle est doctrine, elle est spéculation. Tout cela ne laisse pas de causer à qui la considère quelque embarras.

Je l'ai prise en gros jusqu'à présent. J'ai toujours dit la philosophie tout court. Je ne m'en repens point. Elle est complexe : il ne faut pas, pour éclairer les choses, les scinder. Mais il vient un moment où, sans abandonner la vue de l'ensemble, il est bon, il est nécessaire d'entrer dans une sorte d'énumération du détail. Je ne vais pas chercher si la philosophie est art ici, science là, doctrine ailleurs : ce serait ne rien comprendre à sa nature. Quelle que soit celle de ses parties que l'on considère, si elle est vraiment philosophie, elle est là avec son caractère complexe, avec son esprit. Cela se devine. Je le montrerai plus tard. Ce que je veux examiner pour l'instant, c'est si, tout en étant foncièrement la même partout, elle n'offre pas, à des degrés divers, en ses diverses parties ou sous ses divers aspects, les éléments qu'elle renferme.

Le philosophe, et je parle de celui qui ramasse ses vues et forme un tout lié, ordonné, le philosophe ou cherche encore, ou a trouvé. Que cherche-t-il? Ou un point de départ, ou des conclusions finales, ou l'entre-deux. Et il peut avoir trouvé le point de départ seulement, ou, ce qui paraît étrange, il peut avoir trouvé le terme sans tenir tout l'entre-deux. Ajoutons que la recherche est tantôt ardente, passionnée, inquiète, tantôt calme, prudente, froide. Il peut se laisser emporter, entraîner à des affirmations prématurées, il peut se retenir, se contenir, et n'avancer que pas à pas. Mais il y a pour lui deux sortes de hardiesse comme deux sortes de prudence. Il est téméraire parce qu'il va trop vite : c'est une faute de méthode ; il peut être téméraire parce qu'il croit qu'il faut aller quand il n'y aurait qu'à poser le pied sur le terrain solide et s'y établir, il appelle partir remuer le point de départ : c'est une faute de sens. Prudent, il demeure volontiers dans les études préparatoires, préliminaires, et, appliquant scrupuleusement des règles analogues à celles des méthodes proprement scientifiques, il établit laborieusement quelques points importants sans doute, mais non d'une importance majeure, sans oser s'aventurer au delà ; tout le plus difficile et le plus intéressant est rejeté parmi les questions ultérieures : on y arrivera, si l'on peut. Un autre, prudent d'une autre manière, demeure, non dans l'accessoire, mais dans le commun : c'est bien au principal qu'il va ; les grandes questions ont toutes des réponses, et des réponses assurées, mais ces solutions sont celles du sens commun, rien de plus. Tout à l'heure on avait une philosophie commencée, qui risquait toujours d'en rester au commencement ; maintenant on a une philosophie élémentaire, qui donne les conclusions finales, mais sans les approfondir. Tout à l'heure on s'attar-

dait au début, ou aux alentours ; maintenant on va
au bout, mais dans un esprit de débutant. Tout à
l'heure c'était une circonspection un peu découragée ; ici c'est une sagesse confiante mais courte.

Nommons philosophie transcendante celle qui
ose aborder les hautes questions. Il est aisé de
voir que, si elle peut prendre des formes très
sévères et même s'entourer de l'appareil géométrique, elle est néanmoins celle qui offre avec l'art
le plus d'analogie. La haute science inquisitive
elle-même n'a-t-elle pas une allure libre, des saillies, un souffle hardi et chaud, et je ne sais quoi de
conquérant, ou de créateur?

La philosophie commencée ou commençante
ressemble beaucoup à cette bonne science tran-
quille qui fait son affaire consciencieusement,
sans grandes visées, curieuse, non soucieuse, appliquée, non passionnée, régulière, mais un peu
étroite en son zèle, le dirai-je? de subalterne,
presque de manœuvre : car si la haute pensée
qui donne le branle à tout l'inspire, la guide, la
meut, c'est sans l'associer à ses secrets. Ainsi, en
philosophie, il y a des sciences appelées philosophiques que l'on peut travailler honnêtement,
que l'on peut enrichir par des *contributions*

nouvelles, sans être philosophe autrement que parce que l'on prépare de la matière à la pensée d'un vrai philosophe. On est comme un savant, de la modeste et petite espèce d'ailleurs, un savant dans la sphère de la philosophie : voilà tout.

Quant à la philosophie élémentaire, elle a de l'analogie avec la partie élémentaire de chaque science proprement dite, se tenant au solide et à l'assuré, écartant ce qui est objet de controverse et de dispute ; mais, comme elle cherche son contrôle dans le sens commun ou le bon sens, elle risque de n'être pas assez science si elle se contente d'à peu près, ferme dans l'assertion, indécise et vague dans la notion de ce qu'elle affirme. Si c'est surtout des conclusions finales qu'elle a souci, comme elle supprime d'ordinaire tout l'entre-deux comme trop agité par l'esprit de dispute, elle est exposée au danger de prononcer des sortes de décisions dogmatiques. La doctrine s'impose d'autorité presque, si le philosophe, avec un esprit net, est d'un caractère tranchant, impérieux, absolu. Les axiomes et les définitions ou plutôt les dogmes se multiplient. Je dis ce qu'est le plus souvent la philosophie élémentaire. Elle peut être autre chose, et alors elle est d'un grand prix : nous verrons cela en son lieu.

Ce n'est pas tout. Il y a une autre philosophie qui s'interdit les recherches trop curieuses et les spéculations trop hautes. Elle s'interdit non moins scrupuleusement les détails techniques. Elle ne dogmatise pas, elle moralise. Philosophie populaire alors même qu'elle s'adresse à une élite. Elle peut se raffiner et devenir mondaine. Elle ne sent point l'école. Tantôt elle se fait la consolatrice des douleurs humaines et elle tente de les soulager par des raisonnements où elle tâche de mêler de l'onction. Tantôt elle offre son appui à nos faiblesses, et elle relève notre courage par des exhortations où elle s'efforce de joindre à l'austérité du précepte moral une affectueuse douceur. Tantôt enfin elle aspire résolument à diriger la vie : elle se donne pour notre lumière, pour notre guide, elle nous trace d'autorité notre voie, elle pose des principes pratiques qui exigent une entière obéissance, puis, entrant dans le détail pour vaincre nos résistances et nous former comme elle l'entend, elle devient règle et discipline. C'est ici qu'elle est bien loin de la science. Volontiers même elle médit de la science, ou la maudit.

Elle lui reproche de détourner l'homme de son véritable, de son unique objet ; elle la traite d'amusement; elle la craint comme une sirène d'espèce austère, mais capable de séduire et de captiver de la plus tyrannique façon ; elle se fait gloire de mépriser les connaissances curieuses et vaines, c'est-à-dire toutes ou presque toutes les connaissances humaines. Elle n'a plus en vue que la direction de la vie, elle substitue à la spéculation la pratique, et quelque forme qu'elle prenne pour assurer le triomphe de la morale, elle est une prédication. Si, dans la tâche qu'elle se donne de façonner, d'élever et de conduire l'homme, elle cherche dans les sphères supérieures et divines des inspirations, des lumières, des forces, elle joint ou mêle à la morale quelque chose de religieux. Il lui arrive de remplacer la parole par une sorte de chant : elle ne disserte pas, elle n'expose pas, elle ne définit pas, ce ne sont plus même ni des conseils ni des exhortations; le discours a cessé, c'est une prière, c'est un hymne.

Voici que sur ces hauteurs la philosophie hardie, celle qui scrute, celle aussi à qui les systèmes ne font pas peur, vient parfois, souvent même, rejoindre la philosophie populaire. Quand elle croit avoir pénétré le secret des choses, elle prend, pour le révéler aux mortels confondus, des airs mystérieux. Elle ne disserte ni ne dogmatise : elle prophétise. Un esprit qui n'est point amoureux de la netteté crue, et qui d'ailleurs a un instinct de domination, s'enveloppe de nuages d'où sortent des éclairs, et il rend des oracles. Aussi bien la seule ivresse métaphysique suffit à faire parler un langage inspiré. Sans avoir l'ambition de commander aux esprits, voyant tout de si haut et buvant à des sources si pures, si lointaines, une si merveilleuse liqueur, comment ne pas prendre le thyrse? N'est-on pas un initié et n'a-t-on pas pris part à des mystères où l'invisible même et l'ineffable s'est rendu un instant sensible à l'âme? Comment en raconter quelque chose, et garder un ton humble et froid?

Que de façons diverses et même opposées de philosopher! Nous voyons maintenant que le caractère proprement scientifique est surtout dans ce que nous avons nommé le commencement et l'entre-deux. Il appartient aux sciences dites philosophiques qui sont préparatoires à la philosophie ou qui la commencent. Il appartient encore aux recherches plus proprement philosophiques, conduites plus expressément en vue de saisir les dernières raisons des choses et d'expliquer l'univers et la vie humaine. Mais, en est-on à la philosophie elle-même, à mesure que l'on avance, de plus en plus se montre le caractère de doctrine et aussi de spéculation, et c'est ce qui finit par prédominer. La philosophie élémentaire est surtout doctrinale. Dans la philosophie populaire, ce n'est plus la doctrine proprement dite qui l'emporte, c'est la morale, et parfois avec un souffle religieux. Dans la philosophie transcendante arrivée à ses dernières conclusions, la science et la doctrine ayant occupé l'entre-deux, la morale, la religion, l'enthousiasme poétique se donnent rendez-vous sur les cimes.

Pourquoi des façons de penser si différentes sont-elles réunies sous un même nom? Comment tout cela est-ce toujours philosopher?

CHAPITRE VIII

DES CARACTÈRES ESSENTIELS DE CE QUI EST PHILOSOPHIQUE

Une tentation devient assez commune aujourd'hui, c'est d'ôter à la philosophie les sciences dites philosophiques dès qu'elles se sont constituées, organisées. On dit qu'alors il les faut rendre à la science. La philosophie en est la nourricière : elle ne peut avoir la prétention de les garder toujours.

C'est une chose remarquable que l'extension si large donnée autrefois au mot *philosophie*. La philosophie comprenait toutes les façons d'exercer, d'employer l'esprit. Ce domaine si ample a toujours été se resserrant, et toujours au profit de la science proprement dite. On annonce que les sciences encore appelées philosophiques se détacheront de la philosophie tout comme les autres. Que restera-t-il alors à la philosophie? La partie conjecturale, pense-t-on, la partie irrémédiablement conjecturale, et les moralités, avec les aspirations morales et les rêveries religieuses : méditations, élévations, ou illusions, toutes choses qui ne sont pas de la science, mais qui ont une provenance connue, un lieu d'origine où il les faut renvoyer : c'est de la morale, morale commune ou religieuse, c'est de la religion, c'est de la poésie, c'est de l'art. Science d'un côté, *nescience* de l'autre : entre la science qui reprend son bien, et la *nescience* où la science fait rentrer tout ce qui est foi ou illusion, la philosophie s'évanouit.

Je n'en crois rien. De tous ces points aucun n'est établi. Pour ne pas compliquer la réponse, ne discutons pas la valeur de ce que l'on nomme foi et illusion. Nous y viendrons en son temps. Montrons seulement ici que, dans toutes les parties de la philosophie tout à l'heure énumérées, un même caractère se retrouve, et c'est le caractère proprement *philosophique*.

Je considère d'abord les sciences qui préparent où commencent la philosophie. Plus avancées, mieux constituées, se détacheraient-elles de la philosophie comme s'en est détachée la physique ?

Voilà la question. Je dis que pour ces sciences se détacher de la philosophie ce ne serait pas se perfectionner, ce serait sé détruire. Si elles sont philosophiques, ce n'est point parce qu'elles manquent encore de précision et d'exactitude, parce que leur organisation est encore défectueuse. Supposez qu'elles s'organisent mieux et croissent en précision et en exactitude : pourvu qu'elles demeurent dans leur voie, elles ne cesseront pas pour cela d'être philosophiques. Et qu'est-ce pour elles que demeurer dans leur voie? C'est garder ce que je nomme un caractère d'universalité et un intérêt humain. Si elles perdent cela, elles ne sont plus philosophiques, mais du même coup elles ne sont plus elles-mêmes.

Je m'explique. Je prends pour premier exemple la logique. La logique sur un point est une science faite. La théorie de la démonstration et du syllogisme est définitive. Voilà en philosophie quelque chose qui est rigoureusement scientifique. Suit-il de là que la logique, la logique entendue en ce sens strict, doive être enlevée à la philosophie? Nullement. C'est et ce sera toujours une science d'ordre philosophique, très nettement distincte des autres sciences purement sciences.

9.

La logique, même purement formelle, n'est pas un emploi de l'esprit, une application spéciale de l'esprit : c'est la pensée étudiée en ses formes essentielles. Toute assertion ici, qu'on le veuille ou non, a une portée *universelle;* et cela de deux manières, d'une manière que je nomme *critique* et d'une manière que je nomme *métaphysique.* Il y a en effet discernement de ce qui est condition et règle de la pensée et de ce qui ne l'est pas ; et ce discernement porte, non sur un cas particulier, non sur quelques cas, non sur la généralité des cas, mais sur tous les cas possibles. Ce que l'on a en vue, ce n'est pas telle pensée, c'est *toute* pensée, c'est *la* pensée ; ce n'est pas tel détail ou tel ensemble de détails, c'est l'essentiel, c'est l'essence. Cette *critique* est donc une critique fondamentale et par cela même universelle. Que ce ne soit pas tout ce qui fonde, constitue, soutient la pensée, sans doute, mais c'est évidemment quelque chose qui la fonde, la constitue, la soutient. Cela ôté, elle n'est plus. Cela posé, elle est. Une étude qui touche ainsi au fond, alors même qu'elle semble ne concerner que la forme, une telle étude est, en tant que critique, éminemment philosophique. Elle l'est encore d'une autre manière, envisagée sous le point de vue métaphysique : car on aurait beau écarter toute question sur l'origine et la valeur dite *objective* de la pensée, dès que l'on considère ce qui universellement, essentiellement, nécessairement est constitutif de la pensée, ou cela ne signifie rien, ou cela est une vue sur la nature même de la pensée.

Or, quand avec une critique ferme et une curiosité exigeante on examine une chose jusque dans son fond, ce que l'on trouve ou cherche a de soi une portée universelle, la question du principe et du sens de l'univers y étant directement engagée. A la différence de la physique, de la chimie, de l'astronomie par exemple, qui donnent lieu sans doute à des réflexions sur l'universel mystère, mais non tout de suite, ni toujours, ni nécessairement, je ne vois pas comment l'étude des formes constitutives de la pensée n'en suggérerait pas d'emblée, et non comme chose surajoutée, accessoire à ce titre et étrangère, mais comme chose que la science même porte en son sein et ne peut manquer de produire. Le savant peut oublier et à certains égards doit oublier l'intérêt universel que présente sa science. C'est comme penseur et comme homme, c'est comme philosophe qu'il s'en souvient. Le logicien qui aurait un tel désintéressement ne ferait plus que de la mécanique intellectuelle, et, au lieu de servir par là sa science propre, il lui nuirait étrangement : il la réduirait à une technique insignifiante. Il ne peut y exceller, il ne peut y opérer un progrès qu'en y considérant les choses d'un œil de penseur et de philosophe, c'est-à-dire en se souvenant qu'elles importent à la solution de l'universelle question. Le désintéressement du savant est exclusif : il le cantonne dans son objet. Le penseur voit l'intérêt universel qu'offre ou recèle chaque chose, et dans le moindre détail il songe à l'univers. Il est désintéressé aussi, mais en ce sens que, voulant *savoir*, il n'assigne point à ses recherches et à ses spéculations d'autre but; mais le savoir auquel il aspire intéresse l'univers. Intérêt universel, intérêt humain par cela même. L'homme ne peut ici demeurer indifférent. Le sens, l'origine, la valeur de l'univers, par suite le sens, l'origine, la valeur de la vie, de la pensée, de l'homme même, voilà ce qui est en question ou ce qui est l'objet que l'on considère.

Toute science où cet intérêt universel et humain naît d'emblée du sein même des choses étudiées, et de telle manière que sans cela l'étude est incomplète, défectueuse, mutilée, toute science de cette sorte est science philosophique. Il n'y a pas de science qui n'ait sa philosophie, mais certaines sciences seulement ont d'elles-mêmes, par la nature de leur objet, un intérêt proprement philosophique; celles-là seules, mais celles-là assurément sont philosophiques : elles préparent la philosophie, ou la commencent; mais, à vrai dire, quand elles la préparent, c'est en la commençant déjà, car, si elles ne font pas son œuvre propre, elles travaillent à la leur pour elle et dans son esprit : elles sont de la maison, elles sont de la famille.

La psychologie, devenue une science comme une autre, sans caractère immédiatement philosophique, serait une physiologie mentale. Les faits pourraient être bien observés, décrits avec exactitude, étiquetés avec soin, classés avec méthode ; des lois, ce qui est beaucoup plus considérable, pourraient être établies par des moyens analogues à ceux qu'emploient les sciences physiologiques, lois ayant aussi des caractères analogues, expérimentalement découvertes, expérimentalement vérifiées, trouvant en des faits psychiques sans doute, mais physiologiquement traduits ou historiquement développés et saisissables, un contrôle sensible et une justification non moins frappante que constante. Voilà une psychologie proprement scientifique. C'est bon, très bon même. Il faut cultiver cela, et y exceller. Ce n'est pas assez que les philosophes ne dédaignent pas cette étude, il faut qu'ils la favorisent. Je voudrais qu'on sentît tout le prix de cette heureuse nouveauté, non sans faire remarquer qu'elle n'est point si entièrement nouvelle d'ailleurs; je voudrais que, loin de se scandaliser, on applaudît, qu'au lieu de prendre des airs effarouchés, de s'effrayer, de s'enfuir en jetant des cris d'horreur, on s'approchât, on regardât en face, on mît soi-même la main à l'œuvre. Encore une fois, c'est bon, très bon, il faut le reconnaître et le dire. Mais ce qu'il faut dire aussi, c'est que c'est insuffisant, très insuffisant.

C'est une psychologie préparatoire et subalterne. C'est une psychologie qui doit sa rigoureuse exactitude à l'étroitesse de son point de vue. Elle demeure volontairement au dehors, à la surface. Science de l'intérieur, elle en traite en le prenant le plus possible par l'extérieur. Si

elle prétend que c'est tout, la voilà inexacte et
fausse. La précision est une précision décevante
et pernicieuse si la vue provisoire des choses qui
l'a rendue possible passe à tort pour la vue définitive, et l'étude superficielle (j'entends de la surface) pour l'étude du fond. L'intérieur se prête à
être considéré par l'extérieur : sans doute, puisqu'il
se traduit et se produit ; mais prendre cet extérieur
pour l'intérieur même, c'est se méprendre. Ce
n'est plus science courte, c'est erreur. Or, comment la psychologie pourrait-elle s'en tenir à cette
façon de physiologie mentale, sans étroitesse
d'abord, et ensuite sans péril d'erreur, et enfin
sans erreur avérée? Parler sans cesse de la conscience, et être dans l'impuissance de dire de la
conscience même un mot, je ne dis pas profond,
mais juste, exact, ayant une signification propre,
précise, vraiment intérieure, telle est la situation
du psychologue qui ne veut procéder qu'en
savant. Il se défie comme d'une illusion *mystique*
de tout ce qui dépasse une expérience grossière.
Sa psychologie est forcément incomplète, forcément mutilée, et ce qui manque, ce ne sont pas
quelques chapitres, c'est en tous l'essentiel. La
science n'est pas seulement découronnée : elle n'a

pas l'esprit qui devrait l'animer, elle est forcément fausse, parce qu'avec cela elle se donne pour la vraie et la seule science de cet objet dont le caractère propre lui échappe. Et, malgré tout, par un revirement bien digne de remarque, cette psychologie qui entend n'être qu'œuvre de savant, le plus souvent ne se fait pas faute d'aspirer à une influence philosophique : elle s'attribue, bornée comme elle est, une universelle portée ; elle se trouve à sa manière un intérêt universel et vraiment humain ; elle n'est pas loin de croire qu'elle tient la clef de l'universel mystère, et elle se met à régenter l'homme : elle lui marque l'horizon où il doit enfermer sa pensée et ses vœux, elle lui trace la voie où il doit employer son activité et sa puissance. Elle croit savoir ce qu'est l'homme, ce qu'il peut et doit faire. Elle entreprend la critique à fond et l'explication totale qui sont choses éminemment philosophiques. Il est si bien dans la nature de la psychologie d'être philosophie qu'ayant refusé obstinément la tâche, elle réclame hautement l'honneur. Elle se réduisait au rôle plus modeste et plus sûr de science particulière, de science spéciale : c'était sincère ; mais cette réserve n'était pas tenable, et les prétentions reparaissent : elles égalent ou dépassent celles de la psychologie la plus décidément métaphysique.

Je ne prolongerai pas cette revue. La morale, l'esthétique fourniraient matière à des considérations analogues. Le lecteur les trouvera de lui-même. Toute science où la critique va d'emblée au fond des choses, toute science où l'explication ou du moins l'essai d'explication a par la nature même de l'objet une universelle portée, toute science où questions et solutions, demandes et réponses, recherches et résultats ont un intérêt universel et humain, toute science offrant d'elle-même, en elle-même et par elle-même ces caractères, est une science proprement philosophique. S'y appliquer, ce n'est pas être purement un savant, c'est être un penseur, et le penseur qui procède régulièrement et méthodiquement est un philosophe.

Je nomme proprement penseur celui qui en présence d'un objet sent naître en son esprit une curiosité que ni ses yeux ni ses oreilles ni ses mains, ni aucun instrument de précision ou autre, ni aucune parole d'homme prise comme telle, ni aucun document d'aucune sorte, ni inscriptions ni archives ni livres ne réussiront jamais à satis-

faire. Pour avoir cette curiosité-là il faut penser ;
il faut penser pour l'assouvir. Et penser ici, ce n'est
pas simplement user de son esprit, employer son
intelligence : toute étude est un emploi de l'intelligence, un usage de l'esprit. Penser ici, c'est comme
se trouver seul à seul avec un objet, le considérer,
le scruter, le pénétrer, et cela en prenant au fond
de soi-même de quoi prononcer sur ce qu'il est ou
ce qu'il vaut. Platon a rendu admirablement ce
caractère de la pensée : il a dit que penser c'est
saisir les choses seules par l'âme seule. Et ce qui
est saisi de la sorte, c'est l'être. Se recueillir en
soi-même, non pour se réduire à ses inventions,
mais pour trouver *ce qui est*, c'est bien la condition de la pensée virile et si je puis dire substantielle. On ne pense pas si l'on ne sait pas
rentrer en soi ; on ne pense pas non plus si l'on ne
rentre en soi que pour se repaître de ses productions. On pense si, rentrant en soi, on y sait voir
et écouter... mais quoi ? la vérité, et pourquoi ?
pour saisir ce qui est. Lors donc qu'il s'agit de
connaissances pour lesquelles tout ce qui est
d'ordre sensible ou historique ne peut servir que
de préparation ou de secours sans pouvoir fournir
la connaissance même, on a affaire à un objet

propre de la pensée, et réfléchir alors, c'est être penseur, et réfléchir ainsi ou penser avec suite et méthode, c'est être philosophe.

Nous savons maintenant à quel signe reconnaître ce qui est philosophique. Tout ce qui implique une critique à fond et un essai d'explication dernière est philosophique; et cela a lieu partout où pour connaître il faut *penser* proprement, car penser proprement, c'est précisément aller avec sa pensée même au fond des choses et à ce qui est.

CHAPITRE IX

DE CE QU'ON PEUT APPELER PHILOSOPHIE PRÉPARATOIRE OU PRÉLIMINAIRE, ET COMMENT CETTE SORTE DE PHILOSOPHIE EST SCIENCE.

La philosophie a le sérieux de la science : elle est une œuvre méthodique et régulière de la raison réfléchie en vue de rendre raison des choses. La philosophie use des procédés de la science : elle démontre ou vérifie où il faut; elle prouve; elle convainc; elle est positive à sa manière; elle établit entre les choses des rapports de dépendance rationnelle. La philosophie comporte la précision, et la précision de la science : elle substitue à l'à peu près et au vague des notions nettes, susceptibles d'être réduites en formules exactes. Entre philosophie et science il n'y a pas incompatibilité. Bien plus entre philosophie et science il y a affinité, il y a parenté. Seulement philosophie dit plus que science. La philosophie, qui est science, a aussi avec ce qu'on nomme les lettres un air de famille. Puis, au milieu des lettres, elle apparaît avec une physionomie très distincte. Qui dit philosophie dit doctrine, essai, spéculation. Avec cela les formes les plus diverses, et comme une oscillation incessante entre ce qui est proprement scientifique et ce qui est plutôt littéraire. Sous ces aspects si variés un caractère commun, toujours persistant : en tout ce qui est philosophie, en tout ce qui est philosophique la visée est universelle ; universelle aussi la portée, universel l'intérêt ; et par cela même c'est humain, vraiment et profondément humain. Voilà ce que découvre l'analyse de l'idée de la philosophie comparée à l'idée de la science.

Maintenant considérons le philosophe à l'œuvre. Ou il se prépare à cet essai de fondamentale et universelle explication qu'il a en vue ; et se préparer ainsi, c'est déjà philosopher ; ou il travaille à l'essai lui-même, soit que sur un point particulier mais important il cherche ces dernières raisons des choses que l'on ne saurait trouver sans toucher d'une certaine manière au fond de tout, soit que, non content de ces théories psychologiques, éthiques, esthétiques, logiques ou même proprement métaphysiques, il se propose d'organiser toutes ses connaissances en une puissante et harmonieuse synthèse.

Étudions donc d'abord le philosophe qui se prépare. Sortant de l'abstrait, entrons dans un détail précis et vif. Ce que j'entends par cette préparation philosophique, ce n'est par l'élaboration d'un système, ce n'est pas même la recherche proprement dite d'une vérité inconnue : c'est l'examen de conscience intellectuel de l'homme qui se résout et se dispose à penser, l'acte de virilité par lequel un esprit prend possession de lui-même, et, à partir de là, toute la série d'études préliminaires entreprises et poursuivies en vue de ce grand but : expliquer les choses, les expliquer par leurs fondamentales et dernières raisons. Quel est le caractère de cette préparation? est-elle science? c'est ce que nous allons examiner.

Vous voulez philosopher. Commencez par vous rendre compte de vos idées. Faites-en l'inventaire, ou plutôt instituez toute une enquête. Il ne s'agit pas seulement de ranger et d'arranger. Que vaut ce que vous portez dans votre tête? Voilà ce qu'il importe de savoir d'abord. Une vue claire de cela assurerait la liberté de votre esprit, et vous rendrait bien fort. C'est donc l'état de votre fortune intellectuelle que vous voulez établir. Vous verrez ensuite si, avec ce que vous avez, vous pouvez accroître vos richesses.

L'opération que vous entreprenez est une opération critique. Qui dit critique dit discernement. Critiquer n'est pas dédaigner, dénigrer, censurer, condamner. La critique arrête au passage les mots, les idées, les choses, pour les juger. Mais comment juger sans connaître? Et quel jugement que celui qui serait par avance une condamnation! La critique, qui est discernement, ne commence donc point par faire le vide. Elle commence par rendre les yeux bons, car il s'agit de bien voir.

Fortifiez votre vue par un premier exercice. Vous gardant de mépriser rien de ce que vous avez acquis, détournez-en seulement les regards, d'une manière provisoire, par scrupule de méthode. Ne songez plus à ce qui occupe, orne, meuble votre pensée, songez à ce qui est une condition fondamentale de la pensée, à ce sans quoi la pensée n'est plus. Etudiez la logique, réduite d'abord à la théorie de la démonstration et du syllogisme, étendue ensuite aux divers procédés et moyens de connaître. Admirez dans la logique une première œuvre de la raison ayant pour objet la raison même dans ses lois appelées aujourd'hui *formelles*. Cette œuvre a, dans la théorie du syllogisme, tous les caractères des sciences mathématiques ; dans les autres parties, avec beaucoup de lacunes, de *desiderata*, de défauts et d'imperfections de toutes sortes, une précision d'ordre scientifique encore, assez semblable à celle que comportent les sciences de la nature, faites sur certains points, en voie de formation pour le reste. La logique est extrêmement instructive comme discipline de l'esprit et comme prélude à toutes les connaissances futures. Elle arme l'esprit pour la vérité et elle lui fait par avance parcourir une première fois tout le pays de la vérité. Les caractères divers des diverses théories logiques ont leur raison dans les caractères divers de nos moyens de connaître et des choses. La logique est une philosophie universelle anticipée : sans rien de systématique, sans parti pris aucun, dans la paix et la sérénité, elle procure une première vue de tout en enseignant à

bien voir. C'est une *propédeutique* universelle. A
ce titre plaçons-la au seuil de la philosophie.

Vous pouvez maintenant commencer votre
œuvre critique, car vous avez vérifié et affiné
l'instrument.

Considérez ce que l'on nomme les sciences, les
sciences proprement dites. Vous connaissez les
unes, vous ignorez les autres : tâchez de faire plus
ample connaissance avec celles que vous connaissez déjà, travaillez à vous initier aux autres.

Les mathématiques doivent attirer et retenir
très particulièrement votre attention. Ce ne sont
pas elles que le public même cultivé et le gros
des lettrés et des gens de science regardent le
plus aujourd'hui ; mais des esprits d'élite les
pratiquent et y opèrent de merveilleuses nouveautés. Il se fait dans ce haut domaine des
découvertes, des inventions qui le transforment.
Il importe de ne pas demeurer étranger à un
tel mouvement d'idées : les résultats sont étonnants, plus remarquables encore peut-être sont
les méthodes par où ils sont obtenus. Il est singulièrement intéressant de saisir, si on le peut,
l'esprit qui renouvelle les parties hautes de ces

vieilles sciences, les idées philosophiques qui président à ces travaux, les conséquences qu'ils ont à leur tour dans les autres sciences et dans la philosophie elle-même.

La physique, la chimie, les sciences biologiques surtout occupent tous les regards. Il n'y a point d'effort à faire pour en reconnaître l'importance; il en faut un, et très soutenu, pour les bien considérer et parler d'elles en connaissance de cause.

Etudiez donc et les mathématiques et les sciences physiques, chimiques, biologiques. Les unes et les autres composent les sciences de la nature. Appliquez-vous à cette étude avec passion, et néanmoins avec une sorte de détachement. Vous voulez connaître. Vous ne connaîtrez bien que si vous pénétrez dans le fond; il faudra donc que vous ayez commerce avec les diverses sciences, que vous vous les rendiez familières, que vous alliez jusqu'à les pratiquer. Ne soyez pas de ces gens si bien ridiculisés par Alexandre de Humboldt, qui veulent parler de chimie sans se mouiller les doigts. Vous prétendez vous faire une idée nette et juste des méthodes scientifiques : pour cela il faut les voir à l'œuvre et les manier vous-même. Mais si vous étudiez les sciences avec ardeur pour comprendre, vous ne voulez pas que cette étude vous prenne tout entier. Vous vous proposez, non pas seulement de comprendre, mais de juger. Il n'y a en cela aucune insolence, aucune témérité. Cette œuvre critique consiste d'abord à mesurer avec précision le domaine de chaque science, non pas de vous-même et de votre autorité privée assurément, mais en demandant à chaque science ce qu'elle entend faire, où elle veut aller, et chaque science le dit nettement. Votre œuvre critique consiste ensuite à déterminer, au sein de chaque science, ce qui est établi et ce qui est encore à faire, ce qui est loi vérifiée et ce qui est conjecture, puis à distinguer, parmi les hypothèses, celles qui, n'ayant pas encore de vérification expérimentale sensible, en comportent une, et celles qui n'en recevront jamais parce qu'étant d'un autre ordre elles n'en peuvent recevoir. Alors votre œuvre critique s'agrandit, et, après avoir fait dans plusieurs sciences particulières cette distinction, vous vous faites une idée des exigences et de la portée de la méthode scientifique en général, vous essayez de caractériser l'esprit scientifique, vous substituez à la vague image qu'éveille tout de suite dans l'esprit ce mot « les sciences » une notion précise. Vous savez maintenant ce que sont les sciences nommées ainsi, c'est-à-dire les sciences de la nature; vous savez ce qu'elles veulent, ce qu'elles peuvent, comment elles procèdent, ce qu'elles font et à quelles conditions elles réussissent, enfin ce à quoi elles ont le droit de prétendre et où elles s'arrêtent. Cette revue critique est elle-même science. C'est un examen, un contrôle susceptible de précision, d'exactitude, de rigueur. C'est de la philosophie, c'est le premier degré de la *philosophie des sciences*, j'entends des sciences de la nature.

Le même travail est à faire pour les sciences historiques et plus généralement pour les sciences de l'homme, de l'humanité, qu'on peut appeler aussi sciences de l'esprit et sciences morales. C'est plus délicat et plus difficile, les objets étant plus complexes, les sciences moins avancées, et ceux qui s'en occupent n'ayant pas toujours une idée nette de ce qu'ils peuvent, ni de ce qu'ils veulent, ni de la façon de s'y prendre et de réussir. D'ailleurs ces sciences, et quelques-unes surtout, plus proprement psychologiques et morales, ont avec la philosophie des rapports étroits. Pour toutes ces raisons la tâche critique devient bien moins commode. Elle se complique beaucoup. Tout à l'heure vous aviez à bien regarder l'œuvre des savants, et vous n'y mettiez la main qu'en vue de comprendre. Maintenant vous avez à intervenir dans l'œuvre de ces savants d'une autre sorte, de ces érudits, de ces philosophes. Mais si votre étude critique est difficile, elle n'est pas impossible, et vous pouvez la mener méthodiquement et aboutir à des notions justes, précises, exactes. Il s'agit pour vous de déterminer ce qui, dans cet ordre de sciences, peut être établi par les procédés en usage dans les sciences de la nature, donc ce qui peut être établi à titre de loi vérifiée ; il s'agit de distinguer de ces résultats acquis les conceptions hypothétiques, les prétentions, les espérances, les rêves ; il s'agit de marquer nettement où ces sciences traitées de la sorte s'arrêtent et comment elles demeurent impuissantes à résoudre des questions d'un autre ordre qui sortent naturellement de leur objet et que l'esprit ne peut pas écarter.

Ainsi se poursuit la critique des sciences, non sans difficulté, mais d'une manière régulière et sûre, pourvu qu'au courage d'examiner avec patience on joigne le courage de conclure avec sincérité. Cette critique dissipe peu à peu les fantômes caressants ou terribles qui hantent l'esprit. L'attitude à prendre à l'égard des sciences est, dès lors, trouvée. Avec une intelligence nette de ce qu'elles sont, votre attitude sera franche. Vous ne serez ni de ceux qui ont peur d'elles, ni de ceux qui fondent sur elles de chimériques espoirs. Vous ne tremblerez pas comme si leurs triomphes devaient tout ébranler, tout bouleverser dans une autre sphère; vous ne vous engouerez pas non plus de telle ou telle théorie, comme si la métaphysique devait y trouver ou une confirmation inattendue ou un merveilleux renouvellement. Vous ne regarderez les sciences ni avec gêne, ni avec timidité, ni avec une ridicule jalousie, ni avec la secrète espérance d'entraver, de retarder progrès et succès, ni non plus avec une naïve confiance et un enthousiasme puéril. Vous aurez confiance en la vérité, là et ailleurs, et vous saluerez avec enthousiasme les découvertes authentiques, car ce qui est vrai est toujours une lumière et une force. Mais vous ne ferez pas dépendre des mouvements, des vicissitudes de la science le sort des vérités d'un autre ordre. Vous vous direz :

S'il y a là des sirènes dont les séductions troublent les intelligences contemporaines, le moyen d'y échapper n'est pas de les fuir, mais plutôt d'attacher sur elles un long et ferme regard, d'écouter leur voix avec une sérieuse et vigilante attention. Alors la séduction cesse ou la crainte s'évanouit. Ce qui demeure, tout faux prestige disparu, c'est la vérité, et de la vérité comment un philosophe aurait-il peur?

Ici la tâche change. Elle était critique, elle devient théorique. Les résultats des sciences, vous les recueillez, vous en essayez la synthèse. Chaque science travaille chez soi : les dominant toutes, vous vous rendez compte des idées dont elles s'inspirent. Vous avez des vues d'ensemble. Vous coordonnez entre elles ces données des sciences diverses, et, embrassant, reliant, ramassant en un les plus hautes généralités où chacune arrive en son domaine propre, vous formez de tout cela un *système,* une philosophie. Vous ne dépassez pas encore la région où les sciences opèrent, mais vous montez sur une éminence pour tout voir de haut. Cette philosophie est une vue synthétique de tout ce qui sollicite et occupe la curiosité proprement scientifique. C'est, du point de vue des sciences, un regard sur l'univers. La *philosophie des sciences* est parvenue au second degré, et cette synthèse s'ajoutant à la critique est science encore, c'est la science des sciences.

L'examen de conscience intellectuel n'est pas achevé. Il s'en faut de beaucoup. Il y a autre chose que les sciences. Vous avez commencé par elles. C'est ce qui est le plus en vue, à l'heure présente. C'est aussi ce qui paraît le plus voisin de la philosophie. C'est assez pour justifier la marche que je vous ai proposée. Maintenant vous avez à considérer toutes ces idées de toutes sortes dont vous avez la tête remplie.

Il y en a qui sont dominantes et dirigeantes. Examinez leurs titres : est-ce à bon droit qu'elles dominent et dirigent? Parmi ces idées, vous en voyez qui exercent sur vous une influence considérable, parce qu'elles ont à vos yeux le prestige d'un empire à peu près universellement reconnu. Elles règnent et gouvernent dans tous les pays civilisés, les unes parce qu'elles sont très vieilles, les autres parce qu'elles sont très jeunes. Celles-ci, en ce temps, paraissent les plus fortes.

Nouveautés pleines d'avenir, pense-t-on, pleines
de promesses. C'est là qu'il faut s'armer de critique : il faut rompre le charme, envisager mots
et formules, écarter illusions et fantômes, dissiper
malentendus et méprises. Votre critique sera
ferme, décidée, franche, et en même temps large,
intelligente, bienveillante. Du moins, elle y tâchera. Alors bien des comptes seront réglés une
fois pour toutes, des piperies de mots à jamais
découvertes, des prestiges pour toujours évanouis,
et, me passera-t-on l'expression ? des refrains si
bien démodés qu'ils ne seront plus répétés. Du
même coup, bien des vérités seront dégagées et
comme affranchies d'un entourage compromettant
ou d'une forme fâcheuse : incorrections, grossissements, restrictions, défaillances de toutes sortes
disparaîtront, et l'excellent que tout cela recouvrait et gâtait presque en s'y collant, se montrera
seul et tout entier.

Savoir à quoi s'en tenir sur les maximes régnantes, c'est essentiel. Vous ne pouvez vous
mêler d'être philosophe et n'entreprendre pas
cette épuration ou la poursuivre mollement. Elle
est difficile, car il y faut une imperturbable netteté
d'intelligence et une virile résolution. Elle est in-

dispensable, elle est de devoir strict. Les mous, les indécis, les complaisants, les lâches, les peureux, quelle que soit la beauté de leur esprit, ne seront jamais philosophes. Ils se laisseront manier et mener, sans oser avoir une pensée à eux, recevant du milieu où ils vivent et de l'atmosphère qu'ils respirent leurs idées toutes faites. Et alors que d'illusions pitoyables ou ridicules! Il y en a qui se croiront libres parce qu'ils auront, parmi leurs idoles à la mode, la liberté, et le culte qu'ils lui rendront sera un culte de commande. ils prononceront avec une admiration tremblante le grand mot de science, sans avoir l'esprit scientifique, et ils revendiqueront les droits de la pensée sans trop savoir ce que c'est que penser. Souvent, sur la foi de ces maîtres anonymes qu'on appelle en gros les savants, les penseurs, ils déclareront fièrement que la pensée ne connaît pas de maîtres. Ils seront convaincus qu'ils excellent en philosophie, parce que d'emblée ils se placeront dans un certain point de vue considéré comme le seul convenable, comme le seul possible ; le reste pour eux ne comptera pas, et c'est sans examen, sans contrôle qu'ils auront rejeté tous les autres. Cette jactance impertinente est contagieuse. Vous voulez y échapper. Demandez à la critique de vous en garantir.

Grâce à la critique, vous apprendrez à être de votre temps de la bonne manière. Tout homme qui pense est de son temps, l'esprit le plus original tout comme les autres : c'est inévitable. Mais il y a manière et manière de subir la loi commune. Etre entraîné les yeux fermés, c'est en un sens la pire façon ; avoir les yeux ouverts et se laisser conduire ne vaut guère mieux, et en un sens même vaut moins, car si c'est être moins niais, c'est être plus lâche. Ce qui est bien, c'est d'avoir les yeux ouverts, et de s'arrêter ou d'avancer, quand on le peut, selon ce que l'on voit. C'est à cela que vous vous efforcerez. Vous voudrez comprendre votre temps : en comprendre les besoins, les aspirations, les tourments, les curiosités, les faiblesses, les ressources, les périls ; comprendre la façon nouvelle dont les éternelles questions le sollicitent, l'intéressent, l'émeuvent ; les aspects nouveaux par où les antiques difficultés l'étonnent, le déconcertent, l'effraient ; les séductions nouvelles qui parent certaines vieilles erreurs ; les illusions nouvelles nées des récentes découvertes et des récents progrès : vous voudrez comprendre tout cela et ressentir de la sympathie pour ce qu'il y a de noble, de généreux, de grand, ou de touchant, d'attristé, de poignant en tout cela. Mais comprendre et aimer votre temps, ce n'est pas accueillir tout ce que vous y trouvez, sans choisir jamais. Cherchez au contraire à débrouiller ce chaos, car c'en est un, à démêler cette confusion, à voir clair pour voir juste, et ce travail critique, qui est un devoir, exige de votre part une précision délicate qui en fait une œuvre de science au premier chef, mais de science portant sur le vif.

Votre préparation philosophique avance. Vous aviez fait la critique de ces éclatants produits de l'esprit qui se nomment les sciences, et c'était une science que cette critique. Vous étudiez maintenant les idées qui occupent le premier rang dans l'esprit, et cette étude est encore une science : ce qui dirige, ce qui décide, ce qui inspire, ce qui soutient les jugements et les raisonnements mérite cet examen sérieux, méthodique, d'une inexorable précision.

Un dénombrement des idées dominantes est d'abord nécessaire. Sont dominantes toutes celles qui sont points de départ ou points d'appui et qui sont reçues comme telles par tous les esprits presque, et sans réflexion, sans contrôle. Qui veut les contrôler doit commencer par les énumérer, et la liste, pour être utile, doit être déjà un classement.

Par exemple, vous formerez un groupe de celles qui vous paraîtront régner dans le domaine le plus étendu : les ayant remarquées dans les sciences proprement dites, vous les retrouvez, avec des nuances, partout, en morale, dans la spéculation purement philosophique, dans la vie sociale, en politique. Voilà les idées courantes vraiment principales, vraiment maîtresses, dans le temps présent. Essayez de les compter, de les caractériser, de les définir. Ainsi, l'idée d'*évolution* ou plutôt encore l'idée de *devenir* semble avoir aujourd'hui cette importance capitale.

Examinez ensuite les idées qui exercent leur empire dans certaines provinces seulement de l'intelligence ou de la vie. Naturellement vous donnerez une particulière attention à celles qui inspirent et gouvernent la philosophie. N'est-il pas vrai que la distinction entre le *subjectif* et l'*objectif*, d'une part, et entre le *connaissable* et l'*inconnaissable*, d'autre part, est partout en philosophie? Il y en a diverses formules : formule positiviste, formule semi-positiviste, formule criticiste. C'est très varié, au fond c'est une même idée. L'examine-t-on? Nullement : on la suppose. C'est un principe. Et alors il se trouve établi, je veux dire regardé comme tel, et tacitement convenu que les substances et les causes sont hors de nos prises, dans un monde transcendant, monde des *noumènes,* des *choses en soi,* d'autres disent des chimères ; que toute connaissance, supposant une certaine constitution du *sujet* connaissant, est irrémédiablement *subjective ;* qu'entre la métaphysique et la science il y a un abîme. Est-ce donc si évident? Est-ce certain *a priori,* ou démontré, ou prouvé? Et les distinctions deviennent de radicales et irréconciliables antinomies. On avait un peu grossi les choses pour les mettre en relief. C'était naturel et légitime. On en était venu après cela à des oppositions tranchées, parce qu'il y a une simplicité violente qui ne déplaît pas. Alors je ne sais quelle rhétorique de la pensée s'en était mêlée, car les penseurs sont parfois *grandiloqui* comme les poètes : ils aiment les grandes paroles, ils aiment à éblouir, à effrayer, à s'éblouir, à s'effrayer eux-mêmes. On a fini par considérer comme des contradictions ce que l'on avait distingué vivement, puis opposé fortement. De là une manière habituelle aujourd'hui de penser et de parler où se répondent avec une symétrie désespérante tous ces mots, les uns de la langue vulgaire, les autres techniques, tous rangés en deux camps ennemis et représentant au sein de l'univers et de l'homme le plus cruel des conflits, la plus inexorable des guerres :

Connaissable.	Inconnaissable.
Faits et lois.	Substances et causes.
Phénomène.	Noumène.
Subjectif.	Objectif.
Chose d'expérience.	Chose en soi.
Science.	Métaphysique.
Raison théorique.	Raison pratique.
Nature.	Ordre moral.
Déterminisme.	Liberté.

On pourrait continuer et varier. C'est à donner le vertige. Est-il d'un penseur, d'un philosophe d'accepter cela de confiance ? Ne faut-il pas qu'il examine ce que signifient ces mots, ces formules, ces oppositions ; qu'il sache si ce sont oui ou non des contradictions ; qu'il fasse dès le début son métier, qui est de voir net et de penser virilement ?

Peut-être la critique, en s'approfondissant, réduirait-elle à une seule idée toutes ces idées qui aujourd'hui enchantent les esprits et dans tous les ordres de connaissance ou d'action et en philosophie. Le *naturalisme* semble la principale tentation du temps présent; et je me demande si, alors même qu'on s'enferme dans le *sujet,* ce n'est pas pour s'y absorber encore dans l'*objet,* non l'objet transcendant ou chose en soi, mais la réalité sensible, la *nature.* Il y a plus. La liberté, cette autre passion de notre siècle, revient par un détour à cette *nature* à laquelle on l'oppose. On conçoit l'homme du devoir comme le libre citoyen d'une cité des esprits et l'on célèbre l'*autonomie* de la volonté. Mais le devoir, posé comme un arbitraire commandement, comme une règle sans raison, est regardé par plusieurs comme une mystification sublime, et être vertueux, c'est faire métier de dupe, sans être dupé, paraît-il, puisqu'on y consent et l'on s'y plaît. Quoi qu'il en soit, parler ainsi du devoir, tout en l'admirant, en l'adorant, en disant que le beau de la vie est de s'y dévouer, prononcer ces mots de duperie, de piperie, de ruse dont nous serions les glorieuses victimes, mais qu'est-ce donc, à tout prendre, sinon revenir à la nature? La nature est aujourd'hui la grande enchanteresse. Complètement fasciné par elle, on ne voit qu'elle. Epris de la beauté morale, on songe à s'arracher aux séductions de cette nature qui trouble, qui enivre, mais en s'enfuyant on lui laisse entre les mains ce précieux trésor, la science, et avec l'autre trésor, celui qu'on voudrait sauver, la conscience, on s'envole dans les nues. Ou bien encore on ne se décide pas. On boit tour à tour aux deux coupes, à celle de la nature, à celle de la morale, et l'on s'enivre des deux liqueurs. Cela est charmant, dit-on, c'est d'une exquise douceur ; mais à cela on s'use, on s'énerve, et la pensée se dissout. *Dissolutio et languor.* Ces mots de Sénèque peignent bien l'étrange état où l'on ne sait plus rien affirmer qu'à demi ; on finit par dire qu'aucune assertion n'est plus vraie qu'une autre ; et, malgré l'enthousiasme avec lequel on chante parfois la beauté morale, c'est de la nature, tantôt telle que la science la fait, tantôt et plus encore telle que nous la trouvons d'instinct, c'est de la nature que l'on devient l'esclave. Quand le dernier mot de la sagesse est pour toutes choses et sous toutes les formes : *Indulgere genio*, n'est-ce point à la nature que l'homme a livré en proie sa pensée, son âme et sa vie?

Voilà ce que montre l'étude des idées maîtresses de ce temps. Chose curieuse, cette élégante façon d'être sceptique est donnée comme le fruit savoureux de la critique, de la fine critique. Celle que je prône en ce moment doit paraître bien grossière. Je la veux vigoureuse, robuste. En présence des idées qui passionnent ce siècle, je dis : Arrêtez-vous pour juger. Sachez ce que dans tout cela la saine raison approuve, ce qu'elle rejette. Passez les idées au crible. Travail délicat, ce qui ne signifie pas raffiné et charmant, mais ardu, pénible, ingrat, et exigeant partout une singulière précision. Je n'hésite pas à dire de cette critique qu'elle veut être et qu'elle est science.

Continuons. Voici maintenant les notions communes. Je nomme ainsi des notions qui n'excitent aucun engouement, qui ne font pas de bruit, qui ne sont pas à proprement parler régnantes, bien que leur présence se retrouve partout et que partout elles soutiennent ou ramènent la pensée chancelante ou prête à extravaguer. Ce sont d'une part ces premières idées que l'on se fait des choses quand on les considère simplement, naïvement, sans y chercher malice, avec ce que l'on appelle le sens, ou le bon sens, ou encore le sens commun. Ce sont d'autre part certaines maximes ou règles d'un usage général, qui paraissent n'appartenir ni à aucun temps ni à aucune nation, qui sont le patrimoine de l'humaine intelligence, et qui, exprimant la nature de la pensée, semblent exprimer la nature des choses, nature signifiant ici constitution et essence.

Pour plus de clarté, j'appellerai ces maximes ou règles des *principes*, et je réserverai le nom de *notions communes* aux idées que la simple vue des choses semble faire naître dans tous les esprits.

C'est un tort de faire fi des notions communes. Il faut les approfondir, mais pour cela le moyen est de ne pas commencer par les rejeter. La grande affaire est ici, comme partout, de préciser. C'est à quoi s'attache cette critique dont nous faisons un devoir au philosophe. La précision est nécessaire, la précision suffit, car préciser, c'est, nous le savons, en prenant les choses comme elles sont, en se gardant de les mutiler, si bien en circonscrire les limites que l'accessoire ou l'étranger soit écarté et que le principal ou le propre demeure seul. Préciser, dirai-je encore, c'est épurer. Les premières idées que nous avons des choses n'ont besoin que d'être dégagées de leur gangue. Pourquoi supposer qu'elles ne valent rien, qu'il n'y a qu'à les rejeter et que penser tout le contraire est la condition de penser bien? Après qu'on aura cherché bien loin dans une voie opposée, il arrivera plus d'une fois que ce qu'on se trouvera dire de juste et de sain ne sera qu'un retour inaperçu à ces commencements. Les systèmes philosophiques en fourniraient, à qui regarderait bien, plus d'un illustre exemple. Je voudrais une critique qui osât ne point dédaigner les notions communes, puis qui s'appliquât à en déterminer le sens, serrant de près chaque mot et chaque notion. Une telle critique serait une revue, une inspection de l'intelligence, très propre à fixer le niveau de la pensée, j'entends de la pensée en pleine civilisation et de la pensée cultivée, mais sans raffinement et sans culture spéciale ou proprement scientifique. Chacun entreprendrait ce travail sur soi-même et pour soi-même, mais l'entreprise, quoique personnelle, aurait bientôt une portée générale. C'est l'état actuel, l'état contemporain de la pensée que chacun dresserait en travaillant pour son propre compte et son propre usage. La monographie faite par un esprit un peu vigoureux, un peu ouvert, et ayant reçu une suffisante culture générale, laisserait voir aisément ce qui constitue, dans notre société civilisée, chrétienne et moderne, le *sens commun*. Je voudrais que la critique, formant comme une philosophie du sens commun, donnât le moyen de voir nettement l'assiette de la pensée et sa naïve et naturelle direction. Elle y parviendrait en faisant effort pour distinguer dans les assises de l'esprit plusieurs étages superposés, car il y a un sens commun acquis et un sens commun primitif. Celui qui est acquis est de diverses provenances : on y trouve ce qui vient de l'expérience et de la vie, ce qui vient de la religion, ce qui vient de la législation et des mœurs, ce qui vient des œuvres littéraires, ou des arts, ou des sciences proprement dites. Bien des choses qui ne faisaient point partie du sens commun de nos ancêtres font partie du nôtre, et inversement il y en a beaucoup qui sont exclues du nôtre et que le leur renfermait. Ainsi maintes notions entrent, maintes notions sortent, et le sens commun va perdant et gagnant. D'aucuns disent que perdre ainsi c'est gagner. D'autres déplorent toutes les pertes et crient que le sens commun se corrompt, puisqu'il ne tient plus pour incontestable ce que personne autrefois n'eût même songé à contester. C'est à la critique de discerner ce qui est perte et ce qui est gain. Elle étudie ce sens commun temporaire et mouvant. Elle se garde de lui attribuer les vertus du sens commun éternel et fixe. Mais celui-ci existe-t-il donc? Il existe si parmi les idées communes on en trouve dont la commune présence dans les esprits tienne, non à des acquisitions plus ou moins anciennes, mais à une possession primitive, non à des habitudes plus ou moins vieilles dans une famille, dans une nation, dans une race, mais à la nature même. Et on en trouve de telles s'il y en a qui, toutes les circonstances imaginables étant tour à tour placées ou ôtées autour d'elles, demeurent les mêmes, naissant du fond de l'esprit et du fond des choses.

La critique va ainsi creusant de plus en plus, et elle finit par découvrir les idées fondamentales. Elle constate qu'il y a des cas où pour avoir une autre manière de voir ou d'entendre il faut faire violence à la pensée; elle étudie cette violence, elle l'analyse, elle en marque les caractères, et elle détermine avec précision en quoi la violence faite à ce qu'elle est en droit de nommer la nature diffère de la violence faite à l'habitude. Ces façons de penser vraiment primitives, ainsi dépouillées de tout ce qui s'y ajoute par après, semblent bien peu de chose. Qu'est-ce que l'idée nue de temps, par exemple, ou de mouvement, ou d'acte, tout l'acquis étant ôté? Bien peu de chose, assurément, mais ce peu, il est souverainement utile de le considérer et d'en avoir une idée juste et précise. C'est ce qui permettra de se reconnaître plus tard au milieu des théories compliquées, dans l'entre-croisement et l'entrelacement des systèmes ; c'est ce qui donnera le moyen de prononcer sur la valeur des explications. Cette mesure, ce niveau moyen de la notion commune juste et précise, ce n'est nullement le terme où doit s'arrêter la pensée; c'est un instrument de contrôle, bon à consulter quand on sent qu'on s'égare ou que les autres s'égarent. Certes il y a plus à voir, plus à faire, plus à dire; mais que l'on se défie si l'instrument, qui est délicat à sa manière, indique qu'il y a déviation. Apparemment on n'est plus orienté, et ce n'est pas le moyen de trouver à voir, à faire et à dire. Ne sera-t-il pas sage de s'arrêter, non pas pour ne plus marcher, mais pour marcher dans une autre voie, plus sûre?

La critique des principes se fait de la même manière et elle comporte la même précision. C'est faire œuvre de science que de distinguer nettement dans les règles et maximes entre le primitif et le dérivé, entre le naturel et l'acquis. Et dans l'acquis il y a lieu de distinguer entre ce qui est conforme à la nature et l'achève et ce qui lui est contraire et la déforme. Il y a de faux principes, de prétendus axiomes qui n'ont de vérité que dans des limites certaines et que la négligence, l'inattention, la paresse de l'esprit étendent à tout. La critique montre nettement qu'ils sont faux, et qu'ils sont acquis, et comment. Par cela même elle y retrouve ce qui y est de naturel et ce qui en fait l'apparente force. A toute maxime donc, à toute règle donnée comme principe premier et fondamental, la critique que nous esquissons ici demandera ses titres. Est-ce vraiment un principe irréductible? N'y a-t-il aucun moyen de le ramener à quelque chose de plus primitif encore, si l'on peut ainsi parler? Et ensuite, l'énoncé de ce principe est-il satisfaisant? N'en restreint-il pas la portée au moment même où il déclare cette portée universelle? De ce qui est vrai dans un ordre de choses donné, dans une recherche scientifique par exemple, ne fait-il pas une vérité pour tout et partout, sans restriction, sans exception? La critique refrène cet usage indiscret des principes. Elle rappelle, non pas en l'air ou par manière de salutaire prédication, mais avec la précision d'une science, par un examen scrupuleux, grâce à une analyse exacte, qu'il ne faut prendre pour principe que ce qui est principe. Vérité si simple, si évidente que c'est presque une tautologie, mais vérité sans cesse oubliée. Si l'on y prenait garde, laisserait-on des savants, et, ce qui est plus étrange et plus grave, des philosophes prendre le principe de causalité entendu à la façon purement scientifique pour le principe de causalité lui-même, admettre comme un axiome que la cause n'est jamais que la condition suffisante et nécessaire des phénomènes, et le lien de causalité que la liaison uniforme des antécédents et des conséquents, et enfin dire couramment cette énormité philosophique qu'une cause causante sans être elle-même causée est impossible, comme si ce n'était pas l'incomplet, le défaut, l'insuffisance de l'être qui fait lui chercher une cause, et que l'être riche, fort et plein eût besoin d'autre chose que de lui-même et pour produire et pour être?

La critique du sens commun et celle des principes se rejoignent. L'une et l'autre aboutissent à mettre en lumière ce qui tient à la constitution même de l'humaine pensée. Celle qui surveille les principes va plus loin encore : elle discerne ce qui tient à l'essence de toute pensée. Discernement très difficile, car cela ne se dégage du reste qu'à la condition d'être cherché dans le reste; les ressorts cachés de la pensée ne se laissent saisir que dans le jeu même de la pensée. Il faut arriver au degré suprême d'abstraction pour atteindre la suprême généralité sans laquelle on n'a pas une règle primordiale, une loi fondamentale, un principe vraiment premier, mais c'est dans le concret qu'il faut chercher cette règle, cette loi, ce principe : autrement on ne les trouvera jamais, car ils n'existent pas tout faits dans l'esprit. Si, pour apercevoir la nécessité et l'évidence d'un lien rationnel, la considération tout intellectuelle suffit sans aucun recours à l'expérience, le lien lui-même ne se forme qu'au sein des données de l'expérience elle-même : c'est en liant ceci et cela qu'il se fait sentir, et s'il est vrai qu'il tire de soi sa vertu, si la force de lier ne lui vient que de lui seul, comment néanmoins, si l'on ne considère pas ce qu'il enserre en son réseau, mesurer l'étendue qu'il doit avoir? Comment apprécier à quelle sorte d'exigence il assujettit l'esprit? Le danger d'abstraire trop vite, parce qu'on a fait du concret une étude insuffisante, mène au danger de généraliser trop tôt : on met au rang des principes ce qui n'en est qu'une ombre, une contrefaçon, ou une ébauche, et c'est la cause d'innombrables erreurs.

Moins dangereuse serait sans doute une timidité multipliant les principes en ce sens que l'on prendrait pour primitives des maximes vraies, mais dérivées. Ce serait pourtant un péril encore : péril d'encombrement pour l'esprit, et péril d'allanguissement. Il faut démontrer et prouver tant qu'on peut. D'ailleurs l'habitude de s'arrêter trop tôt dans ce travail d'analyse exposerait très certainement à considérer comme vérité ce qui ne l'est pas, à ériger en principes non plus des dérivations des principes, mais de vagues ou même de fausses généralités. Il faut donc entreprendre et poursuivre sans faiblir la critique des principes.

Ce que nous avons appelé l'examen de conscience du penseur finit par le mettre en présence des conditions primordiales de la pensée. L'étude critique des idées dominantes et dirigeantes devient la critique même de l'esprit humain. La préparation philosophique ou la philosophie préparatoire, dont nous traçons le plan, est-elle achevée? Non, pas encore.

Vous avez vu une première fois tous les objets de la pensée se présenter à vos regards dans la logique; vous les avez ensuite retrouvés dans la critique générale des sciences, à laquelle vous avez ajouté une synthèse philosophique; une troisième fois, vous avez tout vu encore et tout parcouru, en examinant les idées maîtresses, celles qui, à des titres divers, inspirent, soutiennent, gouvernent la pensée. Que vous reste-t-il à faire?

Chaque jour les faits et les choses vous donnent des leçons : n'avez-vous pas à en profiter chaque jour de plus en plus, de mieux en mieux? L'école de la vie est celle où trop souvent les philosophes ne vont guère. Sachez y aller; ne cessez jamais d'y aller. Si l'action et les mille sources de l'action ne sont connues du penseur que par les

formules et les livres, que sera sa philosophie ?
Pauvre, maigre, mince, tout abstraite, elle n'aura
guère d'intérêt. Je devrais dire qu'elle sera difforme. Ne vivre que par la tête, n'avoir plus, semble-t-il, que la tête, n'est-ce pas être un monstre ?
Philosophe, voulant embrasser dans votre pensée
l'ensemble des choses, il faut que vous soyez un
homme complet, que rien d'humain ne vous soit
étranger, que vous viviez de la vraie vie humaine,
abondante, totale. Non que vous ayez à vous dépenser, à vous disperser en tout sens ; au contraire, vous devez vous recueillir. Mais vous recueillant pour juger, pour penser, est-ce dans le
vide et comme dans la mort que vous vous retirerez ? Non pas. L'expérience vous est indispensable comme au savant. Il n'y a d'expérience profitable, il n'y a d'expérience que pour qui sait penser,
mais que serait-ce que penser sans expérience ?
Que serait une pensée se consumant soi-même
dans une éternelle solitude ? Or, l'expérience du
philosophe comprend la vie, l'usage de la vie.

De là l'utilité des voyages pour entrer en commerce avec la nature et avec les hommes. De là
la convenance d'avoir des relations effectives et
un réel contact avec des personnes d'habitudes

diverses, occupées de choses différentes, appartenant aux diverses classes de la société. De là l'inappréciable avantage d'une culture générale par la littérature et les arts. De là et au premier chef, et en un rang éminent, la nécessité de vivre de la vie morale et religieuse.

Ainsi les faits doivent être abordés de deux manières, par le regard et par le toucher.

Ces grands faits qui dans tous les ordres sollicitent notre curiosité, il faut les considérer en face, non pas toujours en savant, mais en homme : les grands faits naturels, dans leur réalité puissante et dans leur vive poésie ; les faits sociaux, dans leur réalité pressante, poignante souvent ; les faits moraux et religieux, et notamment ce fait singulier entre tous, le christianisme, et plus précisément encore, le catholicisme, l'Eglise catholique : serait-ce vraiment d'un penseur de ne donner jamais à ces faits aucune attention, ou de ne leur prêter qu'une attention molle et distraite ? Voir, regarder, bien regarder pour bien voir, se faire une idée juste, précise, exacte, nette, c'est une nécessité, une convenance, un devoir. Et ce n'est pas assez encore.

Les faits bien observés, on ne connaît pas à

fond là où pour connaître à fond il faut avoir non pas seulement vu, mais touché. Il y a des choses dont il faut avoir vécu, dont il faut vivre. Jusque-là l'expérience n'est pas complète, ou plutôt c'est une expérience acquise, venant du dehors, ce n'est pas l'expérience faite, celle qu'on possède alors qu'on a en soi et soi-même éprouvé, expérimenté. Le philosophe qui, sans jamais s'être livré en proie aux choses, a connu les unes par cet intime commerce de l'esprit et de l'âme où est engagée la personne même, et deviné les autres par ce flair délicat qui est un tact aussi et que les âmes pures et fortes ont à un si surprenant degré, le philosophe ainsi instruit par l'expérience est un homme, un homme non mutilé, mais complet, non un fantôme d'homme, mais un homme qui a en soi la vie. Sa critique a fait le discernement du vrai et du faux au sein de la réalité et dans tous les ordres de connaissance et d'action; il a ramassé dans son esprit calme, mais vivant, toutes ces diverses leçons; il en a cherché le sens, et à la *philosophie des sciences* il a joint, grâce à ce commentaire des faits réels, une *philosophie des choses*, une *philosophie de la vie*.

Cette critique et cette philosophie lui permettent d'embrasser et de dominer l'univers tout entier. Il se rendait compte tout à l'heure de ce qu'on *sait;* il se rend compte maintenant de ce qui *est.* L'enquête est complète, l'inventaire terminé, l'instruction finie, et du même coup l'examen de conscience intellectuel est achevé, car en dénombrant les richesses, les ressources, les œuvres de la pensée, il en découvre de plus en plus nettement les règles, et c'est avec une croissante clairvoyance qu'il sait voir s'il respecte ces règles et les suit. Travail préparatoire que tout cela, moyen de s'instruire, de s'armer, mais en même temps anticipation, à plusieurs reprises et sous des formes diverses, de tout l'objet de la philosophie, et sans parti pris, sans prétentions systématiques, à l'école des sciences scrupuleusement examinées, à l'école des faits sérieusement interrogés, à l'école de la vie pleinement vécue et profondément méditée. C'est une science que cette critique, c'est une science que cette philosophie des sciences et des choses. La justesse, la précision, l'exactitude, la netteté y sont sans cesse requises, sans cesse possibles, non point partout de la même manière et aux mêmes conditions, mais partout accessibles à qui se donne de la peine et joint au ferme vouloir de voir clair la sagesse d'observer et de conclure sans précipitation. La philosophie qui se prépare, la philosophie considérée en ses *prolégomènes* est science, malgré les lacunes, les *desiderata*, les imperfections; elle est science, avec des caractères à elle propres, mais science vraiment parce que chacune des parties comporte précision et exactitude obtenues par des recherches méthodiques, et parce que toutes ces parties, critiques successives et spéculations superposées, se distribuent et se coordonnent en un ensemble méthodiquement constitué et conspirent ainsi à un même but, qui est l'universelle explication des choses par les profondes et suprêmes raisons.

CHAPITRE X

DE LA PHILOSOPHIE PREMIÈRE, OU MÉTAPHYSIQUE, ET EN QUOI ELLE EST SCIENCE

Nous voici arrivés à l'œuvre philosophique par excellence. Toute théorie vraiment philosophique, ne concernât-elle qu'un point de psychologie, de logique, de morale, d'esthétique, est *métaphysique*, car elle a en vue l'explication des choses par les dernières raisons, par les raisons fondamentales. Toute science, même philosophique, peut se tenir d'abord dans une région inférieure, dans une région moyenne, si l'on veut : cette science ne donne alors de son objet qu'une explication purement *scientifique*, elle est science comme les autres, science au sens strict ou plutôt restreint du mot. Prend-elle un caractère vraiment philosophique, c'est qu'elle va au fond des choses : elle prétend les expliquer par des raisons pro-

fondes, fondamentales, dernières, ou si l'on aime
mieux, suprêmes, lesquelles en un autre sens sont
vraiment *premières*. C'est cela même qui doit être
nommé métaphysique. La métaphysique est donc
partout. Concentrée en elle-même, elle est l'étude
des premières idées, ou l'étude des caractères
essentiels des êtres en tant qu'êtres. D'un mot,
on pourrait dire que tout ce qui est science proprement dite se borne aux *phénomènes* et aux *lois*,
lois empiriques qui sont les raisons des phénomènes, cherchées et trouvées dans les phénomènes
eux-mêmes. La métaphysique ou philosophie
première, ou philosophie tout court, si l'on donne
au mot toute sa force et toute sa plénitude, c'est la
considération, non plus du *paraître*, mais de
l'*être*. En tout elle va à *ce qui est*, à l'*essence*, à
l'*être*. C'est donc une exploration méthodiquement, savamment conduite, nous l'avons entrevu
déjà, mais exploration dans les plus profondes ou
les plus hautes régions de la pensée et des choses.
C'est le secret du connaître et de l'être, et pour
tout dire en un mot, le secret de l'être que le philosophe a l'ambition de saisir.

Qu'une telle recherche diffère de toutes les
autres et qu'une telle œuvre ait un caractère abso-

lument à part, c'est manifestement naturel. Mais je prétends que l'exploration métaphysique peut arriver à des résultats ayant une précision, une sûreté, une valeur qu'il faudrait déclarer *scientifique :* non que tout y soit *comme* dans ce qu'on appelle les *sciences,* mais les différences dans la manière, dans le mode n'empêchent pas la valeur d'être égale, et même, en un sens que nous expliquerons, supérieure. Le mot *scientifique* étant réservé aux *sciences,* dans le sens strict ou restreint, nous ne l'emploierons pas ici, mais nous entendons montrer que la métaphysique est *science,* non *comme* le reste, non *de la même manière,* mais *autant* que le reste, et finalement *plus* et *mieux* que le reste, d'une façon plus excellente et vraiment suréminente.

L'exploration métaphysique est double : elle a pour objet ou les idées ou les êtres.

Toute réflexion métaphysique pousse les idées jusqu'au bout. C'est une analyse des idées, nous l'avons indiqué déjà, mais c'est le moment d'y revenir et d'y insister : une analyse des idées en vue, non d'en saisir les éléments, mais d'en découvrir la suite naturelle, intime, et enfin le fond primitif. Une idée poursuivie jusqu'au bout d'elle-même apparaît dans une pureté et dans un éclat que les esprits habitués à se mouvoir à la surface des choses ne soupçonnent pas. Ainsi une cause, c'est tout ce qui rend raison d'un phénomène. Vous voulez préciser : vous dites que c'est la condition nécessaire et suffisante de la production d'un phénomène ; mais ce peut être un phénomène encore. Poussez l'idée jusqu'au bout : vous aurez l'idée en elle-même, pure, seule, la cause qui n'est que cause. C'est une vue métaphysique. Vous avez exploré l'idée tout entière, vous en avez pénétré les derniers replis, vous la faites apparaître dans une pure et pleine lumière. Et ainsi pour les autres idées.

Le danger n'est pas de pousser trop avant, c'est de s'arrêter en route. Ici les idées vaines, creuses, fausses ne sont pas des idées outrées, ce sont des idées arrêtées dans leur développement. Ce qui réduit une idée à l'état de fantôme ou de chimère, c'est ce reste de précision imaginative ou abstractive qui y demeure parce qu'en la poussant loin, très loin peut-être, vous n'avez pas su aller jusqu'au bout. Si vous l'aviez déployée tout entière, si vous en aviez atteint l'extrémité finale, vous auriez eu la vraie notion métaphysique, et toutes les apparentes contradictions où vous vous embarrassez n'auraient pas eu lieu.

Ce n'est pas pour avoir poussé trop loin l'idée de substance et l'idée d'être que Spinoza est incapable de ressaisir la réalité individuelle des êtres finis. C'est au contraire pour n'être pas allé jusqu'au bout de ces idées de substance et d'être : car y allant il eût vu que, s'il y a une substance parfaite et infinie en qui tout est subsistant, un être qui est tout être, et par soi, ni les êtres finis et imparfaits ne sont le développement nécessaire de sa vie, ni son être n'est tous les êtres, mais c'est l'Être par soi qui fait être tout le reste, sans besoin, en sorte que ces êtres dont il est le principe sont eux-mêmes de vraies substances, de vrais êtres, non des ombres, non des modes, et qu'entre eux et lui il y a, malgré la plus radicale des distinctions, à cause même de cette distinction, un lien intime, une indispensable union.

Toute poursuite vraiment métaphysique d'une idée parvient jusqu'à l'idée en soi et par soi, absolument prise, et c'est quand elle est ainsi dégagée de tout que, se montrant elle-même indépendante de tout, elle apparaît comme étant ce dont dépend tout. En attendant, quelque image sensible ou quelque notion tout abstraite offusque l'esprit. Ce que l'on nomme cause, substance, être, par exemple, c'est ce que l'on peut se représenter encore dans le monde sensible, ou ce que les abstractions de la logique ou des sciences réduisent à de pures relations, phénoménales quant à l'objet, mais d'ailleurs tout idéales, je veux dire ici sans réalité propre. On s'abuse donc quand on dit que ce qui est en soi et par soi, c'est l'abstrait pur. Platon a très bien vu que le caractère de ce que nous nommons métaphysique, c'est d'être en soi, αὐτὸ καθ'αὐτό, c'est-à-dire indépendant de tout, seul, et par cela même riche et abondant, absolu d'où tout dépend, où tout trouve sa raison d'être, son principe. Aussi est-ce là qu'il faut chercher l'être le plus être, τὸ ὄντως ὄν, τὰ ὄντως ὄντα. Si Platon se perd dans le vide, κενολογεῖ, comme le lui reproche Aristote, ce n'est point parce que les *Idées* sont des choses en soi, c'est parce que ces Idées ne sont pas encore assez pures. Elles sont trop souvent, au moins en apparence, des notions abstraites, non des idées vraiment métaphysiques, et la notion abstraite, toujours vide à certains égards, toujours incomplète, toujours étroite, toujours pauvre, venant à jouer le rôle de l'idée métaphysique, se posant comme ce qui est en soi et par soi, communique à tout ce à quoi elle se mêle quelque chose de ses propres caractères : excellente à sa place, dans les degrés inférieurs, dans cette partie du savoir qui est en un sens transitoire, je veux dire une transition, un moyen, comment ne serait-elle pas nuisible quand elle se donne comme le définitif et le suprême ? Ne nous défions pas de nos idées, défions-nous de nos étroitesses, de nos timidités ; laissons les idées se déployer jusqu'au bout, ne les arrêtons pas.

Si certaines idées résistent à cet effort qui les pousse en avant, c'est qu'elles sont de leur nature des concepts abstraits. Ces concepts ne sont pas susceptibles du souverain degré. Ainsi le nombre, ainsi tout ce qui se compte, se mesure, la vitesse, par exemple, et toutes choses analogues. Ce qu'il y a de réel en tout cela se trouve dans les choses sensibles, plus exactement dans les choses données par l'expérience, expérience interne aussi bien qu'externe, car la succession, le temps qui ont ce caractère appartiennent aux pensées, aux esprits. Ce qui demeure, le réel une fois ôté, c'est une

12.

pure notion abstraite. Il peut y avoir là une image ou un reflet des idées métaphysiques, mais les idées métaphysiques elles-mêmes sont tout autre chose. Portées au degré suprême, elles ne s'évanouissent pas, elles ne sont jamais plus ni mieux elles-mêmes. Un nombre infini n'a pas de sens : la science infinie non seulement se conçoit, mais elle est science excellemment ; l'être infini non seulement n'enferme pas de contradiction, mais il est être excellemment. Cette aptitude à être portées au souverain degré et à l'infini sans être altérées, sans se détruire, sans envelopper de contradiction, c'est le propre des idées vraiment métaphysiques. Le reste a dans l'infini son principe, son soutien, sa raison d'être ; celles-ci admettent elles-mêmes l'infini, elles sont des aspects de l'infini.

La précision, en métaphysique, est retranchement comme partout, mais retranchement de la borne, de l'empêchement, de l'obstacle à l'être. Vous aurez une idée précise ici quand vous aurez une idée pure, réduite à soi, à soi seule ; ainsi réduite, elle sera non pas vide, mais pleine. Étant elle-même, rien qu'elle-même, tout elle-même, elle aura, par ce retranchement de toute limite, sa naturelle et légitime plénitude.

Alors nous apparaîtra tout ce qui dépend d'elle. Étant allés jusqu'au fond, nous verrons se dérouler sous notre regard ce qui sort d'elle,

atria longa patescunt.

L'idée métaphysique est une idée *principale*, commençant et commandant toute une série, mais elle-même en dehors, au-dessus de la série, étant en soi et par soi, indépendante de tout, absolue. La précision, qui la débarrasse de ce qui n'est pas elle, permet d'embrasser la suite des idées qui ont en elle leur point de départ parce qu'elles y ont leur principe.

Quand par un effort de réflexion métaphysique les premières idées sont ainsi ramenées à leur pureté, à leur simplicité, pureté féconde, riche simplicité ; quand l'analyse en a trouvé le fond primitif ; quand l'esprit les a déployées comme en deux sens, et de deux manières qui d'ailleurs se tiennent, en allant d'abord jusqu'au bout d'elles-mêmes et comme de leur appartenance, en allant après jusqu'au bout de leurs dépendances : alors se montre tout naturellement leur mutuelle parenté. Que dis-je leur parenté? C'est leur unité qu'il faut dire. Qui a su pousser jusqu'au bout les idées principales, les ramasse en un sans effort, ou plutôt les voit toutes en un. Et c'est vraiment alors que l'exploration de la région du connaître est achevée. La spéculation métaphysique a atteint le principe des principes, la première réalité où les principes intelligibles ont leur raison d'être et leur source. Les sciences dont toute l'œuvre était de rendre raison des phénomènes par les phénomènes, découvraient des lois empiriques, généralités qui ne dépassaient point les phénomènes mêmes. Ici nous nous trouvons en présence des lois primordiales, vraiment intelligibles, qui rendent raison des choses parce qu'elles sont supérieures aux choses. Ce n'est plus ce qui paraît, c'est ce qui est; ce n'est plus le phénomène, c'est déjà l'être même quoique l'on ne considère encore que les idées : c'est l'être que la spéculation métaphysique cherche et trouve.

Tout ce travail sur les idées se fait par une méthode précise, et précis est le résultat obtenu. Nous prenons l'idée tout près de nous, dans ce qui est le plus à notre portée; nous l'étudions dans les choses sensibles, plus exactement dans les choses de fait, dans les choses d'expérience externe et interne; nous en notons les caractères; nous la dégageons de toute image; puis nous la suivons dans la région de l'abstraction et nous considérons l'usage qu'en font les sciences proprement dites, sciences de toutes sortes, physiques, psychologiques, historiques, sociales; lesquelles sont toutes abstraites par un certain côté. Alors nous reprenons cette idée, et laissant les abstractions pures comme nous avions laissé les images, nous allons jusqu'au bout de l'idée pour trouver le point simple, primitif qui est aussi le point lumineux et le point fécond. Vous le reconnaissez à ce signe que l'idée est enfin elle-même, rien qu'elle-même, tout elle-même, en sorte que se montrent tout ensemble et son indépendance absolue et la dépendance de tout le reste à l'égard d'elle. L'idée métaphysique est ainsi une idée totale, pleine en même temps qu'une idée simple et parce qu'elle est une idée simple. C'est une idée réelle, car la tenant, vous la trouvez si consistante, si subsistante que vous ne pouvez y voir une production de votre esprit; la tenant, vous tenez les choses mêmes en leur essence, ou en leur principe. Vous êtes allé jusqu'au bout de vos idées, donc jusqu'au bout de vous-même, et là vous vous apparaissez à vous-même comme ayant une consistance, une réalité tout autrement importante et foncière que celle dont les phénomènes vous donnaient la notion. Puis vous vous apercevez qu'en vous-même il y a plus et mieux que vous-même, car vous n'avez en vous tout seul ni la raison ni le principe de vous-même ni de ces idées que l'analyse vient de déployer tout entières : au bout de vos idées il y a quelque chose qui n'est plus vous, il y a ce qui vous soutient, ce qui vous éclaire, ce qui vous anime et vous meut. Deux degrés se distinguent dans la région métaphysique : ce qui est nous encore, et ce qui n'est plus nous; le dedans, et le dessus; l'interne ou intérieur, et le supérieur. Et l'exploration n'est totale, la spéculation puissante, que lorsque, de la surface étant entré dans l'intérieur, vous avez su y découvrir, y apercevoir en haut, à la cime, et en un sens très vrai aussi, au fond, à la base, ce qui vous passe, et qui, vous passant de toutes parts, vous domine et vous fonde.

L'étude métaphysique des idées premières et principales est science. L'œuvre du philosophe n'a pas une précision moindre ni une moindre sûreté quand, au lieu d'explorer les idées, il explore les faits. Je dis les faits, je pourrais dire le fait, car, métaphysiquement, ce qui importe, c'est le fait par excellence qui est impliqué dans tous les autres, le fait d'agir et d'être.

Nous *agissons* et nous *sommes*. Avant toute glose ces mots ont un sens que tout le monde comprend. Je ne dis pas que nous en voyons clairement toute la portée ni tous les replis. Il s'en faut de beaucoup. Je dis qu'en prononçant ces mots nous concevons quelque chose que nous ne confondons avec rien d'autre, et en cela notre idée est très claire. C'est un fait que ces mots désignent un fait antérieur et supérieur à tous les systèmes philosophiques, à toutes les théories. Il y a au moins une chose donnée en fait, indispensablement supposée par quiconque pense, c'est l'*agir* et l'*être* inséparablement unis. On ne peut rien dire, on ne peut rien concevoir où cela ne soit impliqué, et si cela n'avait pas de signification réelle, claire pour tous, antérieure à tout travail de l'esprit, indépendante de toute réflexion savante ou philosophique, la moindre pensée serait impossible.

C'est le propre de la métaphysique de traiter de l'être, et de l'être en tant qu'être, comme dit profondément Aristote. Si la métaphysique s'occupe de la pensée, c'est le rapport de la pensée à l'être qui l'intéresse, sans quoi ce serait de la pure logique. Si, se défiant d'elle-même, elle déclare ou incline à déclarer que l'être lui échappe et que tout son travail n'a d'autre objet que des formes vides de réalité, à ce moment même elle se donne à son insu un démenti, elle revient à sa loi qui est d'avoir l'être pour objet; car lorsqu'elle semble renoncer à considérer l'être, réduisant l'être à la pensée, elle fait de la pensée l'être même, et, malgré qu'elle en ait, c'est à l'être encore qu'elle s'attache, sans quoi elle ne serait qu'idéologie ou, moins encore, pure phraséologie. De quelque manière qu'on s'y prenne, la haute philosophie ou philosophie première, ou philosophie tout court, ou encore métaphysique, de quelque nom qu'on la nomme, a pour objet l'être.

Or, pour parler d'*être*, il faut *être*. C'est indispensablement nécessaire, et c'est suffisant. Le *fait d'être* est le fait primitif, et voilà précisément le point de départ sûr, la base solide de la métaphysique. Le *fait d'être* est une donnée initiale, la donnée initiale. Chercherez-vous l'être dans un catalogue d'idées? Mais ce catalogue, comment aurait-il été dressé, comment la notion d'être y figurerait-elle, si nous ne savions d'ailleurs ce que c'est que d'*être?* et comment le savoir, sinon par sa propre expérience? J'expérimente que je suis. C'est une expérience constante, familière, si familière que je n'y prends point garde. Y prendre garde, c'est justement l'office de la métaphysique. Mais dès que la réflexion sur cette première expérience de l'être a permis de le nommer, on ne pense plus guère au fait où il a été recueilli, et c'est la notion abstraite qui occupe toute l'attention. C'est cependant de ce fait réel que l'idée même abstraite tire la réalité telle quelle que les métaphysiciens ne peuvent jamais se dispenser de lui attribuer. On les accuse vulgairement de réaliser des abstractions : ne serait-il pas plus juste de leur reprocher de ne pas avoir un sens assez vif du réel? Ce tort de traiter comme une réalité le pur abstrait vient d'un autre tort qui précède et prime, à savoir de traiter comme un pur abstrait la réalité. L'être est donné en fait, il y a un fait primitif, le fait d'être : chose observable, chose d'expérience, chose donnée. Là est le terrain propre de la métaphysique, là en est aussi le point de départ; et, encore une fois, il n'y a rien de plus solide, rien de plus sûr.

L'être en fait, c'est l'être que je suis, c'est mon être, non pas en général, non pas abstraitement parlant, mais dans cet *acte* déterminé qui émane de moi, qui est mien, qui est moi agissant. Le *phénomène* n'est pas tout le *fait* : il n'en est que la surface et l'apparence, étant ce qui traduit et produit au dehors, quoi? l'*acte* même. Et ce que je nomme acte ici, ce n'est pas le mouvement accompli, ce n'est pas l'action extérieure, plus ou moins prolongée, plus ou moins compliquée : cela, détaché du fond, est encore phénomène ; l'acte est dans le fond, étant ce qui donne le branle à cette série de mouvements par où il se manifeste ; l'acte, c'est ce qui intérieurement, intimement est vie, sentiment, pensée, vouloir. Cet *acte*, cet *agir* et mon *être*, c'est tout un dans cette profonde conscience de moi. Redisons-le encore, on ne peut trop le redire, c'est si souvent oublié ou méconnu, si je sais ce que c'est qu'*être*, si ce mot a pour moi un sens, ce n'est pas à une autre école que je m'en suis instruit. Donc, à la base de toute métaphysique, il y a un fait. C'est vraiment un fait, vraiment une donnée. Quel concept former, quel raisonnement construire, quelle démarche intellectuelle accomplir ou tenter, qui ne suppose cela? Donc, à la base de toute métaphysique, il y a une chose d'expérience. L'être, avant d'être un abstrait, est précisément ce que chacun trouve en soi, éprouve en soi, expérimente en soi, par cela que chacun est. Aimez-vous mieux dire par cela que chacun pense? Je n'y contredis pas, mais penser c'est être, du moins au moment précis où l'on pense, puisque penser c'est agir et agir c'est être. Et dire cela n'est point raisonner, conclure de ceci à cela ; non : quand on s'en tient à ces premières données, sans faire encore de théories, on saisit dans le fait de penser le fait d'agir, dans le fait d'agir le fait d'être, et là est l'indispensable et incontestable point de départ de la métaphysique.

Mais si c'est un fait, traitons-le donc comme un fait. C'est ce à quoi l'on manque si souvent, et de là les erreurs ou à tout le moins les incertitudes de la métaphysique. L'analyse des idées a de l'analogie avec les mathématiques, c'est, si l'on veut, une sorte de mathématique supérieure. Le fait d'être, servant de point de départ à la métaphysique, lui donne de l'analogie avec les sciences de la nature : analogie seulement, bien entendu, puisque les sciences ne franchissent pas la région des phénomènes. C'est là une radicale et essentielle différence, mais l'analogie est dans cette nécessité où l'on est des deux parts de commencer par les faits. Or, ce caractère vraiment positif du point de départ de la métaphysique est communément oublié, et ainsi ses ennemis méconnaissent sa valeur, ses adeptes, sa vraie voie.

Quand on a au début de ses recherches une donnée réelle, il n'y a qu'une chose à faire tout d'abord, c'est de recevoir cette donnée, de la recueillir, puis de l'inspecter, non pour la suspecter ou la discuter, mais pour la bien reconnaître, pour en bien démêler les caractères, pour s'en procurer une idée nette et distincte ; alors on pourra l'ouvrir, en visiter les replis, en pénétrer le fond ; enfin, on l'exploitera, et l'on se servira d'elle pour aller plus loin, plus haut.

Je ne parle que par métaphores, mais ce sont des procédés scientifiques que je viens de désigner, et la métaphysique les doit employer à sa manière.

Le fait étant donné, on l'observe. Observer, c'est regarder avec une attention prolongée, avec une attention prudente, en prenant des précautions pour bien voir, pour ne voir que ce que l'on se propose de voir, que ce qu'il y a à voir, et le voir tout entier. Le fait scrupuleusement observé est un fait *constaté*, un fait constant, établi, mis en dehors de toute controverse. Ce qui était tout bonnement d'abord une chose vue, ayant été regardé, examiné, est admis comme ayant bien tels et tels caractères. Le fait *brut* n'a jamais été mis en doute, c'était une donnée qu'on n'a point perdu le temps à contester ; mais, grâce à l'observation bien conduite, le fait caractérisé, déterminé, délimité, posé avec ses notes distinctives dans ses justes frontières, commence à prendre une signification : ce qui est constaté, constant, établi, ce n'est pas une chose quelconque, c'est la donnée première, mais déjà étudiée, démêlée, débrouillée, distinguée du reste, faisant saillie, prenant de la valeur, de l'intérêt, ayant une portée. Cela fait, et bien fait, l'analyse et l'interprétation commencées se continueront. Le fait, dégagé de ce qui lui est étranger par une première analyse, sera de plus en plus, de mieux en mieux, ramené à un point simple, essentiel ; et par cela même se développeront de plus en plus nettement ses suites multiples et diverses. En même temps qu'avancera l'analyse simplifiante et fécondante, l'interprétation se fera, de plus en plus lumineuse, de plus en plus ample aussi, et l'on arrivera enfin à des formules claires, simples, riches, puissantes qui sembleront contenir dans leur raccourci le secret des choses.

Ainsi se poursuit et s'accomplit l'étude dans les sciences de fait. La métaphysique, ayant pour point de départ un fait, doit procéder de même. Il n'y a pas un des points ci-dessus mentionnés qui ne convienne parfaitement à l'étude du fait métaphysique, du fait d'agir et d'être. Tout est plus difficile, parce que la donnée réelle n'est plus ici un phénomène, mais l'*être*. C'est plus facile aussi, et par la même raison. Il n'y a qu'à se servir de la pensée toute seule, tout se passe dans l'esprit. On a toujours à sa portée, tout près de soi, en soi, l'objet de l'étude, le moyen d'étudier, l'instrument de contrôle et de vérification. Rien de plus simple et, ce semble aussi, de plus aisé. C'est, il est vrai, ce qui fait l'extrême difficulté de ces sortes d'investigations. L'expérience intérieure, indispensable, inévitable aussi, se fait comme d'elle-même, à tout instant, en sa vive mais confuse et grossière totalité. Rien de délicat comme d'en ressaisir les détails par une attention réfléchie, de ne pas perdre de vue, dans cette étude, le caractère réel de la donnée primitive, de ne pas laisser échapper le plus important en voulant mieux connaître ceci ou cela, grâce à une minutieuse analyse. Et ces choses du dedans, si proches de nous, sont en même temps si loin, on le sait, si loin des sens d'abord, si loin de l'esprit même qui, sans cesse et très fortement occupé ailleurs, ne les discerne qu'avec peine et qu'à peine!

Mais la question n'est pas de savoir si c'est difficile ou facile. Ce qui suffit et ce qui importe, c'est que la métaphysique, ayant pour point de départ un fait, puisse obtenir par des procédés sûrs une idée précise de ce fait; qu'elle le constate, qu'elle l'analyse, qu'elle l'interprète. Or, si elle n'y réussit pas toujours, elle peut y réussir, et, plus souvent qu'on ne pense, elle y réussit.

En toute science, d'ailleurs, à le bien prendre, s'il est aisé de dire qu'il faut recourir à l'expérience, ce recours est très malaisé. Recueillir le fait tout entier, le voir tout entier, jusqu'au bout, jusqu'au fond, et puis l'interpréter, le comprendre, en saisir le sens, c'est plus vite dit que fait. En métaphysique, ce serait gagner beaucoup que de se convaincre et de convaincre les autres de la nécessité de ce que je nomme l'expérience totale d'abord, et ensuite de la nature vraie de l'interprétation.

Le fait d'agir et d'être est extrêmement complexe en même temps que simple en soi. Il faut le prendre tel qu'il est, non mutilé, mais complet, non rétréci, mais dans toute son étendue : il faut recueillir toute l'expérience, avec tout ce qu'elle donne, avec tout ce qu'elle implique.

Quant à l'interprétation, pourquoi en faire *a priori* une manière d'invention? Pourquoi laisser croire à autrui et se figurer soi-même qu'interpréter soit ajouter à ce qu'on a sous les yeux? Mais pas le moins du monde. Sans doute, interpréter les actions ou les paroles d'un homme en bonne part et surtout en mauvaise part, c'est y voir souvent ce qui n'y est pas ; mais interpréter, tout court, c'est précisément voir dans une chose ce qui y est. On interprète un texte écrit en une langue étrangère. C'est là le sens propre du mot *interpréter*. Or, si le texte avant l'interprétation est lettre close, cette interprétation même y fait voir ce qui s'y trouve. C'en est le but et l'office, c'en est le mérite si le but est atteint et l'office rempli. En matière de philosophie, comme en matière de science, interpréter, c'est faire apparaître intelligiblement ce qui est dans le fait. Et comment ? Par un raisonnement, je ne dis point par une série d'arguments, je dis par un raisonnement. Le raisonnement ne nous donne pas ce que nous n'avons pas ; il fait apparaître ce que nous avons sans y prendre garde. C'est beaucoup moins un procédé d'acquisition qu'un procédé d'illumination. Ou encore, ce n'est pas un procédé d'invention, c'est un procédé de découverte : on aperçoit ce que l'on tenait *sans y prendre garde*, je répète le mot, c'est le mot propre et précis. On remarque ce que l'on possédait d'ailleurs ; on comprend ce dont le sens était caché. Le fait métaphysique interprété est saisi dans la lumière de l'idée. Le principe qui y est enveloppé apparaît. On sait y reconnaître l'*agir* qui y est, l'*acte* qui y est.

Il y a plus. L'interprétation totale de l'expérience totale découvrant l'entière et complète signification du fait, on s'aperçoit que l'on n'en peut rester à la source interne de l'agir et de l'être : il

13.

faut aller à la source supérieure, il faut la découvrir, il faut reconnaître que cela seul rend raison du fait profondément et pleinement, qui n'est plus un agir ni un être borné, défectueux, incomplet, imparfait, mêlé de non-agir et de non-être ; cela seul rend raison du fait profondément et pleinement, qui est l'acte pur et l'être pur, lequel étant tout acte et tout être, est parfaitement, souverainement, infiniment, excellemment acte et être. Ce n'est plus nous ni rien de nous ; ce n'est plus rien de ce que l'expérience nous montre, c'est bien au-dessus, c'est *transcendant*, et néanmoins c'est l'expérience même qui le fait affirmer, puisqu'elle n'a toute sa signification que par là et que même sans cela elle ne serait pas.

La métaphysique, par les procédés que nous venons d'étudier, peut établir des propositions en état d'être présentées à d'autres esprits comme valables pour eux aussi bien que pour celui qui les énonce. Ce sont des assertions précises et bien liées. Elles sont justifiées par des raisons que d'autres esprits peuvent saisir, comprendre, accepter. Elles peuvent être données sans témérité pour l'expression du vrai, pour l'expression de ce qui est. Qu'il y ait tout alentour bien des lacunes, ou bien du remplissage, qu'importe? C'est la preuve que la métaphysique est bien imparfaite, non qu'elle ne soit pas. Ces propositions, solides, agencées entre elles, ne forment-elles donc qu'un beau chant qu'on se chante à soi-même et dont on s'enchante soi-même sans attendre de ceux qui assistent à l'audition autre chose qu'un éloge accompagné d'étonnement et de sympathie? Ou encore n'avons-nous là que de belles constructions qu'il y ait lieu d'admirer sans y pouvoir chercher un abri? Non : si c'est un édifice, c'est un édifice robuste, dont chacun peut vérifier et les fondements et la structure. Et si c'est non un chant, mais un discours, c'est un discours écrit sous la dictée des choses et s'offrant à la discussion, comme un exposé scientifique. C'est à ceux qui écoutent de contrôler, de vérifier les observations et les interprétations. Le métaphysicien sérieux ne vient pas dire : Cela est ainsi parce qu'il me plaît qu'il en soit ainsi. Ne vous bornez donc pas à lui répondre : Ce que vous dites là me plaît ou me déplaît. Dites-lui : Examinons, reprenons vos assertions, et voyons ce qu'elles valent. Si vous vous refusez à ce travail, votre avis ne compte pas. Si c'est lui qui semble vous en détourner, si du moins il ne vous y convie pas, alors vous avez le droit de lui dire : Vous êtes un poète, un musicien, un artiste ; vous ne voulez point d'un contrôle, d'une discussion, votre œuvre ne compte pas scientifiquement parlant. Mais, si peu qu'elle contienne de philosophie au vrai sens du mot, elle provoque, malgré qu'on en ait, la discussion, et qui a le vouloir et la force de discuter aura toujours un terrain solide où se placer : c'est cette nature humaine que chacun porte en soi, avec ce fait primitif, ce fait d'agir et d'être, qui est en chaque homme, qui est chaque homme, oserais-je presque dire. A moins d'être mort ou du moins mutilé et lésé intellectuellement et moralement, on a donc en soi le moyen de contrôler les dires du métaphysicien. La conviction propre du philosophe trouve dans la conscience d'autrui une vérification ou un démenti ; et plus nous considérons l'œuvre proprement philosophique, plus nous y trouvons ce qui est le caractère même de la *science*.

La métaphysique est science, non pas de la même manière que les sciences proprement dites, nous l'avons dit et redit, et cela éclate de toutes parts, mais autant que ces sciences, et à vrai dire plus et mieux. Et en effet il y a trois régions pour l'esprit : celle de la réalité vulgaire telle que le sens commun l'atteint ; celle des abstractions avec les concepts, les définitions, région moyenne où tout est clair mais mort ; enfin la région de la réalité non plus superficielle mais profonde, intelligiblement saisie, réalité métaphysique, avec ses deux degrés ou ses deux sphères : l'être réel subsistant, agissant, en nous, et aussi autour de nous, et en un sens aussi au-dessous de nous, mais toujours d'une certaine manière à notre niveau ; et l'Être réel au-dessus de nous, donnant de notre être et de tout être, de l'activité, des règles de l'activité, du connaître et de l'existence, des choses et des idées, l'explication souveraine, car expliquer, en définitive, c'est rattacher non pas seulement à autre chose, mais à quelque chose de supérieur.

La troisième région, avec ses deux sphères, c'est celle de la métaphysique, de la philosophie. Si la philosophie est science, et elle l'est, nous avons essayé de l'établir, elle est science plus et mieux que tout le reste, puisqu'elle rattache tout à l'être, et au principe de l'être. Elle est science par excellence, science suréminente, par son objet même et par la nature des raisons qu'elle donne des choses, raisons fondamentales, raisons suprêmes. Elle est la science des sciences mêmes, car elle est l'usage complet et vivant de la raison allant du dehors au dedans et du dedans à l'Être absolu qui est au-dessus de tout et le principe de tout.

CHAPITRE XI

DE L'USAGE DE L'IMAGINATION EN PHILOSOPHIE; DES CONCEPTIONS SYMBOLIQUES ET DES SYSTÈMES, ET EN QUOI LA PHILOSOPHIE EST ART

Joseph de Maistre dit quelque part que les constitutions politiques ou les lois fondamentales écrites ne sont jamais que des titres déclaratoires de droits antérieurs. Je serais tenté de dire que toute science est un ensemble de formules déclaratoires de ce qui est. Mais en toute science, avant de déclarer et pour déclarer ce qui est, on le pressent, on le devine, on se représente ce que l'on établira ensuite, si l'on peut, par démonstration ou vérification; puis, une fois la formule précise trouvée, on fait un nouvel effort pour la dépasser, on tâche de se former une idée anticipée de ce que l'on n'est pas en état de déclarer existant. La formule déclaratoire, en tout ordre de connaissances, est positive; la conception divinatoire, étant une anticipation, ne saurait jamais être positive : c'est à certains égards un produit de l'imagination.

En philosophie, l'imagination a ce rôle comme partout; mais elle y a un autre office encore, bien plus important, car ce n'est point comme par delà la science qu'elle le remplit, c'est au cœur de la science même. Avant d'examiner ce que sont en philosophie les hypothèses, les grandes synthèses, les systèmes, en un mot tout ce qu'il y a de risqué et d'aventureux dans les spéculations métaphysiques, étudions la part de l'imagination dans ce que la philosophie a de positif.

On restreint trop souvent l'imagination aux seules conceptions d'ordre sensible. Tout ce qui est phénomène est imaginable, et ce n'est pas seulement ce qui est accessible aux sens qui est phénomène, c'est tout ce qui dure, je veux dire d'une durée successive. En un mot ce n'est pas seulement ce qui est dans l'espace, c'est aussi ce qui est dans le temps, qui est proprement phénomène, et qui dès lors est imaginable. Dès qu'il y a une succession d'instants, il y a un mouvement, non pas déplacement dans l'espace, mais déplacement dans le temps ; il y a, au sein de ce qui dure, quelque chose de divers et quelque chose d'un, une suite cohérente et continue de points distincts les uns des autres, ceci, et puis cela, et entre ceci et cela un lien. C'est ce mélange du *divers* et du *même* qui est le propre caractère du mouvement, et de tout ce qui est tel il peut y avoir *image*.

L'acte, comme acte, échappe à l'imagination : il est indivisible. L'être, comme être, échappe à l'imagination : il est indivisible. Être, pris en soi, ne comporte ni passé ni futur, car être, en soi, n'est pas devenir. Devenir, c'est une façon diminuée d'être. L'acte qui dure n'est plus un acte simple, c'est une pluralité, une succession d'actes. L'être qui dure, c'est l'être qui devient ; c'est l'être qui commence et se développe ; c'est donc l'être qui, au lieu de tenir toute sa vie ramassée en un, concentrée en un point unique, est progressivement ce qu'il peut ou veut être. Et voilà comment de l'acte et de l'être quelque image est possible.

Dès lors il y a un usage de l'imagination en métaphysique, car il y a une imagination rationnelle. Je nomme imagination rationnelle celle qui travaille dans le domaine de la raison, sur l'objet même de la raison, et sous l'inspiration de la raison, pour la raison.

C'est d'abord celle qui accompagne les perceptions de la conscience. L'*intérieur* proprement dit, c'est l'acte; mais l'acte, dans un être successif, donne lieu à des phénomènes : il arrive qu'au moment où l'acte est perçu et, avec l'acte et dans l'acte, l'être qui agit, cette conscience de la réalité présente s'accompagne de la perception d'une diversité et d'une succession, et cette perception ne va pas sans image. L'imagination peut se représenter ainsi la vie intérieure. Jusqu'ici elle n'y met rien qui n'y soit. Mais elle a le pouvoir, en l'absence des perceptions, de reproduire ce qui n'est plus, et alors elle peut modifier et varier les circonstances à son gré; elle dispose, elle coordonne, elle agence ces mouvements psychiques, et elle compose ainsi une sorte de drame, que dis-je? un vrai drame, car tous les autres sont faits sur le type de celui-là. Les événements extérieurs viennent se mêler à ces événements intérieurs, et les compliquer encore, mais, en eux-mêmes, à l'état de pensées et de sentiments, ceux-ci ont par leur multiplicité, par leur suite, par leur succession, une vertu dramatique ; c'est l'extérieur qui, à vrai dire, est conçu à leur imitation, car l'extérieur n'importe au drame, n'entre dans le drame qu'à la condition de retenir quelque chose de *l'acte,* et en ce qui est extérieur et accessible aux sens comment trouver l'acte, si la conscience d'agir n'en donnait pas la primitive et vive idée?

L'imagination a prise d'une certaine manière sur l'acte même. Il demeure vrai qu'en soi il lui échappe ; mais c'est elle qui permet de le nommer, et, en le nommant, elle l'assujettit à ses propres lois : elle y introduit une multiplicité, une diversité qui le rendent représentable, sensible même. Chaque nom est un *symbole.* Regardons-y de plus près. Nous trouverons que c'est le concept même de tout ce qui est vraiment *intérieur* qui est *symbolique,* et le concept de ce qui est *supérieur* et *transcendant* est non seulement *symbolique,* mais *analogique.* Ceci vaut la peine d'être approfondi.

Nous venons de le voir, tout ce qui est divers et mobile, dans l'espace et dans le temps, ou du moins dans le temps, est imaginable. Ajoutons que toute *image* est expression de quelque chose de plus profond qui est invisible, irreprésentable en soi, et c'est de là, de ce fond invisible, que vient précisément le lien visible mis dans ce multiple et ce successif, lien sans lequel l'image même ne se constituerait pas, car les éléments demeureraient épars comme autant d'atomes isolés. Pour qu'il y ait une image, il faut au moins un contour tracé, et ce simple tracé, qui est déjà un lien, ne se ferait pas s'il n'y avait un invisible dont ce multiple et ce successif ainsi relié est l'expression. L'unité n'est pas moins indispensable à l'image que la multiplicité et la diversité, et l'unité lui vient de ce qui n'est pas elle, de l'invisible qu'elle représente.

Commençons-nous à saisir un peu ce qu'est un *symbole?* Commençons-nous aussi à comprendre que de soi l'imagination n'est pas fausse ni décevante?

L'imagination déroule dans le temps ce qui, de soi, est *un*, ramassé en soi, et de ce qu'elle déroule ainsi elle forme une synthèse visible. Elle fait de quelque chose de multiple, de divers et de mobile, une unité expressive, symbole de l'unité profonde, laquelle, de soi, est simple et immobile : dans le *phénomène* elle trouve le symbole de l'*acte* et de l'*être*.

Voulez-vous saisir la relation qu'elle a dès lors

avec le vrai ? Considérez-la d'abord dans des exemples très familiers. L'expérience vulgaire et quotidienne nous permet de saisir le rôle de l'imagination dans le *souvenir* et dans le *récit* d'un événement vrai. C'est très instructif. Grâce à elle, ce qui a été semble revivre ; grâce à elle, le lien secret qui rattache les uns aux autres les détails épars est saisi et apparaît. Le récit vif est fidèle, et l'événement vrai est mieux connu par là que par un dénombrement seulement exact.

Et le portrait, physique ou moral, d'une personne, n'est-ce pas l'appréhension de la ressemblance, de l'*air*, qui en fait la vérité ? Mais qu'est-ce que saisir l'air d'une personne, *os habitumque*, sinon trouver entre les traits épars un lien venant du fond, de l'invisible, et qu'on a l'art de rendre visible ? Sans imagination pour saisir ce lien et pour produire cette synthèse visible, cette unité expressive de l'unité profonde, la vérité échappe. Le prétendu artiste n'a pas su *voir* dans le visible l'invisible, et nous, en regardant son œuvre, nous ne reconnaissons pas l'original : il a été impuissant à le *rendre*.

Ainsi, entre l'imagination et la vérité, il n'y a aucune incompatibilité, aucune répugnance. Tout au contraire. L'œuvre de l'imagination n'est vaine et fausse que dans deux cas : ou le modèle réel a été trop peu étudié, ou l'âme, l'esprit, le principe intérieur de vie n'a pas été saisi. Avec des données insuffisantes on ne peut, c'est évident, reproduire ce qui est, et l'on mêle à l'image qu'on en veut faire des traits étrangers. Avec une idée directrice sans analogie suffisante avec les données, on ne peut, c'est évident encore, rendre ce qui est, et d'éléments appartenant bien à l'objet on fait un tout qui a une physionomie étrangère. Tout à l'heure on ne connaissait pas assez le *corps*, maintenant au corps bien connu on donne une *âme* qui n'est pas la sienne, un esprit étranger. C'était tout à l'heure le dessin qui manquait d'exactitude, c'est maintenant l'expression qui est infidèle : l'air n'est ni saisi ni rendu.

Hors ces deux cas, l'œuvre de l'imagination est incomplète, sans doute, mais non pas vaine ni trompeuse. Incomplète, elle l'est forcément. Comment contiendrait-elle tout ce qui est dans la perception ? Mais le relief même qu'elle donne à certaines parties conformément à l'impression produite sur le spectateur ne fausse pas les choses ; loin de là, c'est le moyen de les rendre plus fidèlement.

Il y a plus. L'imagination peut cesser d'être fidèle aux faits et ne pas tromper pour cela. Si en histoire, par exemple, un récit vif doit reproduire ce qui a été, si, d'une manière plus générale, toute description d'une réalité donnée doit la placer pour ainsi dire sous les yeux telle qu'elle est, dans la poésie et généralement dans l'art, cette fidélité scrupuleuse n'est plus de mise. Ce n'est pas à l'*existence* même que l'image doit être fidèle, c'est à l'*essence*. L'*idéal* est vrai alors même que rien de réel n'y peut correspondre dans le monde donné. L'idéal d'un être, c'est en définitive cet être conçu en sa perfection propre. L'obstacle à l'existence vient du monde ambiant, non de la perfection même. L'idéal, c'est l'être tel qu'il devrait être, ajoutons tel qu'il pourrait être, les conditions environnantes étant changées. Sans doute son excellence n'a pas de limites fixes, et en ce sens la perfection d'un être fini ne saurait jamais être atteinte : si bon, si beau qu'il soit, vous pouvez le souhaiter et le concevoir plus beau et meilleur encore, et il peut s'acheminer sans cesse vers ce terme qui sans cesse recule devant lui, provoquant par un incessant attrait un progrès incessant. Mais l'essence en sa pureté, l'essence avec tout ce qu'elle requiert pour que l'être soit entièrement lui-même, qu'est-ce qui empêche de la réaliser tout entière? Rien qui vienne d'elle-même : elle est la vérité, tellement la vérité que plus les conditions données d'existence permettent à l'être d'être conforme à son essence, plus aussi il est vraiment ce que nous disons qu'il est. Donc, pourvu que l'imagination dans ses libres conceptions demeure fidèle à l'essence, elle demeure fidèle à la vérité. C'est la chimère qui est en opposition avec le vrai, non l'idéal ; et la chimère n'est dans les productions considérables de l'imagination qu'un accessoire : elle y a un rôle décoratif, si je puis dire, rien de plus. La fantaisie, plus importante, est aussi plus près de la vérité : elle se met, dans ses jeux hardis et variés, en dehors de toute existence, mais elle respecte encore d'une certaine manière l'essence ; ce qu'il y a de plus profond ou de plus haut garde, au milieu des plus invraisemblables transformations des choses, une certaine vérité.

Cette étude nous montre comment l'imagination n'est pas nécessairement une « puissance trompeuse ». Considérons maintenant un des éléments du langage, la *métaphore* ou la *figure*. Cette nouvelle étude nous fera mieux entendre encore la relation de l'imagination avec le vrai.

Prenez ces mots qui reviennent si souvent dans le discours : *toucher, mouvoir*. Ils ont un sens *littéral* et un sens *figuré*. Le sens littéral est le sens obvie et en quelque sorte visible, corporel ; le sens figuré est indirect, caché et comme spirituel. Ne distingue-t-on pas la *lettre* et l'*esprit*? Or remarquez ceci : d'un point de vue étroit et superficiel, le sens littéral est le plus vrai, le seul vrai ; mais d'un point de vue plus large et plus profond, c'est le sens figuré qui est, sinon toujours, du moins en certains cas, le plus vrai : car le sens littéral n'est qu'un sens dérivé pour qui sait bien voir, et le sens qui pour nous est indirect, n'étant pas le premier saisi de nous, est, dans le fond et dans la réalité des choses, le vrai sens original. Le sens littéral, dirai-je encore, est une ombre, et c'est de l'autre que vient la lumière, cet autre étant précisément celui qui rend intelligible le sens littéral.

Mouvoir se dit littéralement des corps et figurément des esprits ; mais *le mouvoir* corporel est en définitive ombre, image appauvrie, ou dérivation, ou pâle copie de quoi? de l'action, de la pure action, de l'*agir* qui est spirituel, et si nous ne nous représentons la pure action qu'au moyen du mouvement, ce qu'il y a de réel dans le mouvement même n'est pensé que parce que nous pensons l'action. Ainsi le sens littéral est le premier par rapport à nous, non en soi, et le sens figuré, qui paraît dérivé, est original. C'est le sens littéral qui permet de transposer, de traduire, de rendre sensible l'invisible objet, mais c'est l'invisible objet qui rend intelligible ce que nomme le mot littéralement pris.

Nous voici en présence d'une des lois constitutives de la pensée humaine : tout concept du spirituel est *symbolique;* tout concept du transcendant est *symbolique* et *analogique.*

Symbole ne signifie pas seulement résumé, raccourci, abrégé, avec une sorte d'étiquette, de signe servant à retrouver aisément une chose parmi beaucoup d'autres, parce qu'elle est comme mise en saillie. Symbole surtout ne signifie pas idée vague, mal définie : c'est là un sens péjoratif né de l'abus, ce n'est pas la signification naturelle du mot. Un symbole, c'est une chose qui fait penser à une autre ; c'est une chose, plus accessible, qui fait penser à une autre chose, moins accessible, dont elle est elle-même comme pénétrée et remplie. Le symbole, qui permet de saisir l'original, n'a lui-même de sens, de vertu que par cet original : s'il le fait saisir, c'est parce qu'il en dépend ; s'il y fait remonter, c'est parce qu'il en descend lui-même ; il y ramène parce qu'il en sort. Nécessairement imparfait, il n'est pourtant ni vain ni faux, et l'incessant aveu de cette imperfection redresse sans cesse l'incessante imperfection. Telle est la nature du symbole, telle en est la portée.

Dès lors tout nom d'un concept métaphysique est métaphorique ou figuré, et le concept lui-même est symbolique : car tout concept métaphysique est un concept de l'invisible, de l'immatériel, du spirituel, étant un concept de ce que je nommais plus haut l'*intérieur* ou le *supérieur*. Tout le spirituel est conçu et nommé figurément, mais la figure tire sa signification de l'original même qu'elle sert à faire entendre.

Puis, tout concept du supérieur ou du transcendant est *analogique*, car tout le transcendant est conçu et nommé figurément, par analogie avec l'humain, mais en ce sens que l'humain même y a son exemplaire, sa raison, son principe.

Le corps sert à la représentation de l'esprit; mais de l'esprit seul vient ce qu'il y a d'intelligible dans le corps.

L'humain sert à la représentation du divin; mais le divin seul rend l'humain lui-même intelligible.

L'*agir*, la pure action, voilà le type. On essaie de s'en faire des images, et il le faut, l'intelligence humaine ne pouvant penser sans image; mais c'est le type entrevu qui rend possibles ces images mêmes.

Ainsi le mode d'opération de la pensée humaine étant tel que l'imagination se mêle à l'intelligence, il ne nous est pas moins naturel ni moins indispensable d'imaginer que d'abstraire : l'un est, aussi bien que l'autre, procédé indispensable de la raison discursive; l'un comme l'autre est nécessaire pour se faire des idées des choses; l'un et l'autre est la preuve de l'activité de l'esprit et de la part de l'esprit dans la connaissance, et par conséquent un témoignage de sa puissance en même temps que de sa naturelle imperfection. Comment serait-on surpris de la nécessité de ce mode d'opération? Ne sommes-nous pas entourés d'êtres mobiles et successifs, et notre existence elle-même n'est-elle pas mobile et successive ? Ni nous ne sommes des êtres purement êtres, ni nous ne sommes des esprits purs. L'imagination se mêle donc à toutes nos pensées ; nous avons besoin d'elle pour concevoir ce qui est, elle est une des conditions de toute conception.

Partant la philosophie, recherche du secret total, emploi de la pensée totale, ne saurait être pure affaire d'entendement : l'imagination y a sa place. La philosophie ne peut concevoir son objet sans recourir au symbole, son suprême objet sans recourir en outre à l'analogie. C'est dire qu'elle ne peut se passer de l'imagination. Il y a donc une imagination que je nomme à juste titre rationnelle ; il y a un usage rationnel de l'imagination sans lequel il n'y a pas de pensée humaine ; et de la philosophie, de celle qui est spéculation métaphysique (mais c'est ce qui est le plus proprement philosophie), il faut dire que non seulement elle comporte, mais qu'elle réclame, qu'elle exige impérieusement cet usage de l'imagination.

Revenons maintenant à la puissance de deviner et d'inventer que nous remarquions au commencement de cette étude. Quel est au juste le rôle de l'imagination inventive en philosophie?

Tentative d'explication universelle des choses, la philosophie se heurte contre une foule d'ignorances invincibles, et les lacunes du savoir y sont innombrables. Là où il y a manque d'informations positives et de conclusions certaines, là où l'idée nette, précise, claire fait défaut, là où l'objet pensé ne se laisse pas pénétrer et où les rapports des choses entre elles sont trop multiples ou trop délicats pour être tous saisis, faut-il toujours s'arrêter? Non. En aucun genre de connaissances l'esprit ne s'arrête quand il rencontre une lacune ou un abîme. Par la conjecture il comble les lacunes, franchit les distances, sonde les abîmes, et cela dans les sciences les plus rigoureuses, en mathématiques, en physique. C'est cette audace qui lui a valu ses plus belles conquêtes. Pourquoi en philosophie s'arrêterait-il?

Laissons-lui donc tenter des combinaisons, des arrangements qui ne seront pas sans valeur, pourvu que l'idée directrice soit l'idée d'harmonie, d'unité, de simplicité. Ce qu'il produira, ce sera un *système*. Est-ce donc un si grand mal?

Le système fût-il une fiction, n'avons-nous pas
vu que les fictions mêmes peuvent avoir leur
vérité ? Puis, quand on le pourra, on puisera dans
les données réelles une idée directrice plus précise : on aura alors une garantie de vérité plus
prochaine en quelque sorte, et le système sera
plutôt une théorie. C'est pour cela que nous avons
tant insisté sur la nécessité pour le philosophe
d'être familier avec toutes les sciences, sciences
de la nature, sciences historiques, sciences sociales ; de cultiver la partie plus proprement
scientifique de la psychologie, de la logique,
de la morale; de recueillir tous les résultats
obtenus par l'effort de l'esprit humain dans cette
région moyenne de la science proprement dite
qui établit les lois empiriques des phénomènes.
Le monde mieux connu de cette connaissance-là,
la métaphysique se renouvellera au contact de la
nature. Mieux encore elle puisera dans la connaissance de plus en plus approfondie de l'esprit
en tant qu'esprit des conceptions plus justes, plus
hautes, plus riches, propres à élargir, à agrandir
ses vues ; et elle aura à ses hypothèses hardies
un point de départ plus large, plus solide, pour ses
conjectures un contrôle plus sûr, contre ses fan-

taisies un préservatif plus efficace. La philosophie est essentiellement une synthèse, synthèse supérieure. Plus les données qui lui servent à édifier le monument sont nombreuses et assurées, plus l'édifice lui-même a de chances d'être fort. On aime à parler des « palais d'idées » que construisent les métaphysiciens. Et pourquoi un palais d'idées serait-il un palais tout en idée, une chimère? Pourquoi cette synthèse des choses, tentée au moyen de faits bien étudiés et de principes bien posés, ne serait-elle pas une conception d'ensemble appuyée en partie sur la réalité, s'accordant avec la réalité, manifestant sur certains points au moins la signification intelligible de la réalité?

Telles sont les garanties de vérité que peuvent offrir les systèmes. Je ne méconnais pas d'ailleurs que dans cette œuvre si difficile la précision du détail peut sembler plus propre à égarer la pensée qu'à la contenir. Ainsi considérez le système de Spinoza dans sa plus haute généralité : l'idée maîtresse qui y préside, c'est l'idée de la perfection divine ; d'où il suit que, les choses étant conçues sous forme d'éternité, *sub specie æternitatis*, c'est alors qu'elles sont conçues dans leur pureté, dans leur vérité, et seul l'absolu explique et soutient le monde. Précisez : vous avez un système panthéiste, formule restreinte, rétrécie, et par suite fausse. Les données réelles, précises, au lieu de garantir la pensée contre ses propres illusions, semblent l'y engager davantage. Mais c'est que ces données réelles n'ont pas été assez considérées en elles-mêmes et pour elles-mêmes ; et en définitive recourir à ces données demeure une règle essentielle de méthode en philosophie.

Disons donc qu'il y a deux façons pour les systèmes d'avoir de la valeur, j'entends à titre d'explication : ou ils ont, au milieu de beaucoup de détails invraisemblables, une âme de vérité ; ou ils ont, dans leurs grandes lignes, une réelle conformité avec les choses dont ils rendent la physionomie, l'air. Les théories, plus modestes, sont plus sûres ; les systèmes proprement dits, plus ambitieux, sont aussi plus périlleux : mais, s'ils sont hardis, ils peuvent avoir encore leur sagesse ; toute entreprise audacieuse n'est pas une aventure, on peut savoir courir noblement des risques sans être téméraire.

Un système, c'est donc une conception de l'univers, de la nature, de la vie humaine, du gouvernement du monde, des relations de Dieu et du monde, conception suggérée par des faits, dominée ou soutenue par des principes rationnels, mais non entièrement justifiée ni par ces faits ni par ces principes : conception d'ensemble, agencement d'idées, où il y a inévitablement une part de conjecture et d'invention avec une part de réalité interprétée et représentée. L'univers est comme un individu et comme un fait vivant. Y réduire tout à des lois abstraites, ce n'est pas vraiment en rendre raison. Aurez-vous dit ce qu'est un homme réel, vivant, agissant, si vous n'en fournissez à qui vous interroge qu'une notion exacte, mais tout abstraite ? Ne faut-il pas que vous en fassiez le portrait physique et moral ? Ne faut-il pas que vous en produisiez en vous-même une image, que vous en suscitiez une image dans l'esprit d'autrui, et que cette image soit fidèle et vive ? Mais, pour être fidèle, faudra-t-il que rien n'y manque et que vous puissiez répondre en détail de l'exactitude de tous les traits ? Nullement. De même pour la conception de l'univers. Cet essai de se représenter les choses dans leur ensemble harmonieux et d'en expliquer la suite et l'ordre ne va pas sans quelque fiction. Souvent même, ce n'est plus du tout un portrait, j'en conviens; c'est un effort pour se faire, avec le peu que l'on connaît, une image de ce que l'on ne connaît pas. Mais mieux vaut encore se représenter imparfaitement certaines choses que de n'y point penser du tout. Pourvu que l'on ait le sentiment de ce qu'il y a d'incomplet dans cette image, l'insuffisance sentie deviendra le remède de l'insuffisance même. On tâchera de marquer où cesse le raisonnement, où commence la fiction. On se gardera de l'illusion qui consisterait à croire que les choses sont complètement, absolument comme on se les représente. On ne renoncera pourtant pas à se les représenter. On aura la confiance que ces imparfaites images ne sont pas dépourvues de toute vérité, et l'on aura raison. Les conjectures et les anticipations de l'imagination rationnelle ne déforment pas plus les choses que ne les déforment les abstractions. Les unes et les autres introduisent au sein de la réalité une modification que la nature de notre intelligence rend nécessaire; nous ne pouvons la concevoir sans lui faire subir notre action; mais si nous opérons comme il faut et avec le sentiment juste du caractère propre de notre opération, ce mode humain de concevoir ne fait pas de tort aux objets.

« L'esprit, dit Leibniz, n'a pas seulement une perception des ouvrages de Dieu; mais il est même capable de produire quelque chose qui leur ressemble, quoique en petit. Car, pour ne rien dire des merveilles des songes, où nous inventons sans peine, et sans en avoir même la volonté, des choses auxquelles il faudrait penser longtemps pour les trouver quand on veille; notre âme est architectonique encore dans les actions volontaires, et, découvrant les sciences suivant lesquelles Dieu a réglé les choses (*pondere, mensura, numero*), elle imite, dans son département et dans son petit Monde où il lui est permis de s'exercer, ce que Dieu fait dans le grand[1]. »

Pourquoi ne dirions-nous pas que les systèmes eux-mêmes sont des « échantillons architectoniques[2] » ? Si nous sommes capables de connaître quelque chose du *système* de l'univers, ne pou-

---

1. *Principes de la Nature et de la Grâce*, § 14.
2. *Monadologie*, § 83. « Les âmes en général sont des miroirs vivants ou images de l'univers des créatures, mais les esprits sont encore images de la divinité même, ou de l'Auteur même de la nature : capables de connaître le système de l'univers et d'en imiter quelque chose par des échantillons architectoniques; chaque esprit étant comme une divinité dans son département. »

vons-nous pas aussi en produire dans nos esprits
quelque imitation, quelque ébauche, et cet art,
car c'est bien un art, n'est-il pas aussi indispensable que la science même à qui veut avoir une
idée de l'ensemble des choses? L'art consiste
avant tout dans la pensée qui conçoit : s'il mérite
d'être appelé créateur, ce n'est pas seulement
parce qu'il imprime dans une matière donnée
l'idée conçue, c'est d'abord et surtout parce qu'il
produit dans les régions de la pensée tout un
monde nouveau; il évoque des formes toutes remplies de vie et d'esprit, il les distingue les unes
des autres et les associe les unes aux autres, il les
meut, et chaque conception de l'art est un « système » qu'un nouvel effort va ensuite transporter
dans le monde déjà existant et y réaliser. Mais
chaque système philosophique n'est-il pas une
conception d'un art supérieur? Si, « pour orner et
embellir » la nature par nos inventions, il faut
qu'il y ait en nous-mêmes et dans quelque partie
de notre être « quelque art dérivé de ce premier
art » qui a tout créé, « quelques fécondes idées
tirées de ces idées originales[1] », ne faut-il pas

1. Bossuet, *Sermon sur la Mort*, 2º point.

aussi, pour comprendre le monde, « quelque ressemblance » avec « l'esprit ouvrier qui a fait le monde » même, et n'est-ce donc pas un art encore que la spéculation philosophique?

La voilà justifiée maintenant cette parenté de la philosophie et de l'art dont nos contemporains ont tant abusé. Nous voyons maintenant pourquoi Platon avait raison de placer ensemble dans le premier chœur des esprits les amants des Muses, les amants du beau, les amants de la sagesse, φιλομοῦσοι, φιλόκαλοι, φιλόσοφοι. La philosophie est science. C'est son premier caractère, et il demeure toujours. La philosophie est la poursuite du vrai. Jamais elle n'est dispensée du travail, de l'étude, de la méthode, du raisonnement. Jamais elle n'est une création toute *subjective* de l'esprit. Elle a un objet indépendant de nos conceptions, elle établit des propositions valables pour tous. Mais si elle est science, elle est art aussi. Elle vit sur les mêmes sommets que la grande poésie et le grand art. Elle a avec la raison les mêmes liens, elle puise aux mêmes sources, elle a la même puissance, cette puissance féconde, créatrice presque, divinatrice, qui va dans les êtres au point vital, qui cherche le fond même, le fond vivant, et qui le traduit dans le monde sensible sous des formes vivantes, plus suggestives que les formules de la science. Elle est art : art éminent, très voisin de la science, y confinant, la supposant, s'y ajoutant pour la compléter, s'y mêlant même pour la constituer, ne s'en passant jamais ; art, à cause des lacunes de la connaissance et des infirmités de la pensée, sans doute, mais à cause aussi de l'excellence et de la sublimité de l'objet, et à cause de cette part d'activité faite à l'esprit jusque dans la perception du vrai et d'autant plus grande que l'objet à connaître est lui-même plus élevé ; art enfin, non point parce que tout y est arbitraire et chimérique, loin de là, mais parce que l'objet est réel, vivant ; que, dès lors, la notion abstraite ne saurait suffire, que la science du réel doit être réelle, et que, ne pouvant l'être sans le concours de l'imagination, elle s'aide naturellement et nécessairement de l'art. Oubliez que la philosophie est science, vous la défigurez ; oubliez qu'elle est art, vous la défigurez encore : être à la fois l'un et l'autre, c'est un des traits les plus saillants de sa physionomie.

CHAPITRE XII

DES CONDITIONS MORALES DU SAVOIR EN PHILOSOPHIE

Un autre trait, c'est que la philosophie est chose morale et affaire d'âme.

Dans le pur *savoir*, le *vouloir* n'intervient que pour diriger et maintenir l'attention, pour faire prendre les moyens d'arriver au but, pour soutenir le courage de la recherche devant les obstacles à surmonter. Ici, le *vouloir* se mêle au *savoir* même.

Si l'on a ici comme ailleurs des faits pour points de départ et des principes rationnels pour points d'appui, ni ces faits ni ces principes ne sont saisis dans leur intégrité et n'ont toute leur signification si l'on n'entre point dans l'ordre moral. Tout concept de ce que j'ai nommé l'intérieur et le spirituel est incomplet sans la considération de l'acte moral. Tout concept de ce que j'ai nommé le supérieur, le transcendant et le divin, est de même incomplet sans cette même considération.

Or l'acte moral n'est vraiment connu comme tel que s'il est pour qui l'étudie autre chose qu'un objet d'étude : il faut, pour en avoir une idée juste et vive, en posséder en soi par une expérience intime la réalité même; il faut avoir en soi un *vouloir* véritable, un vouloir ayant caractère moral.

Il y a entre penser et vouloir cette différence profonde que la pensée n'est qu'assentiment au vrai, tandis que la volonté est consentement au bien. Je vois ce qui est, et je déclare que ce que je vois est : je n'y suis pour rien. J'ai pu vouloir connaître, et la connaissance est peut-être le résultat d'un effort énergique, le prix d'une laborieuse et méritoire conquête; mais le *savoir* comme tel est une sorte de vision où le *vouloir* n'a point de part. Ce que je juge un *bien*, je ne le puis voir sans vouloir qu'il soit mien, et plus profondément sans vouloir qu'il soit. C'est l'essence même de l'amour d'aller à l'être, et de vouloir que l'être soit. Dire qu'une chose est aimable, c'est dire cela ou c'est ne rien dire du tout. Ce qui est aimable, c'est ce dont l'être m'agrée, en sorte que, s'il dépendait de moi qu'il continuât d'être, je le maintiendrais dans l'être, et que, s'il n'était pas et que par moi il pût être, je le ferais être en effet. Aimer, c'est vouloir du bien à ce qu'on aime : poussons jusqu'au bout, c'est vouloir que ce qu'on aime soit, et soit tel qu'il est, avec ses qualités, ses perfections, son excellence, et que cela persiste et, s'il se peut, croisse. Et aimer comme il faut ou vouloir d'un vouloir ayant caractère moral, c'est aimer ce qui le mérite, ou vouloir que ce qui a des titres à être soit, chaque chose en son rang, à sa place, et que ce qui a un droit souverain à être soit souverainement.

Sans ce vouloir conforme à la dignité et à l'excellence des choses, on demeure dans l'ordre intellectuel, on n'entre pas dans l'ordre moral. Comment essayer une explication universelle et fondamentale des choses, si toute cette région demeure fermée au philosophe? Le savant, en tant que savant, y peut rester étranger; le philosophe doit y pénétrer, y habiter, y vivre. S'il y demeure étranger, ce n'est pas seulement de connaissances importantes qu'il se prive, c'est, en un sens très vrai, la clef même ou la source de toute connaissance qui lui échappe. Il ne faut pas dire de lui qu'il ignore une partie des choses, très considérable, la plus considérable, ce n'est pas dire assez ; il ignore ce sans quoi le fond de tout demeure ignoré : car à qui ne sait pas ce qu'est l'être rien n'est bien connu sans doute, et qui donc saura ce qu'est l'être, si, traitant du spirituel et du divin, où l'être est le plus et le mieux, il en traite sans y saisir le *vouloir* et ce qui est d'ordre moral ?

De là le caractère particulier du savoir philosophique, qui, étant déjà un art, nous avons vu comment, est aussi et en même temps une *pratique*.

J'entends par là, d'abord, que quiconque se mêle de philosopher doit avoir dès le début la bonne volonté que je vais dire : vouloir que ce qui absolument est bon soit ; vouloir que ce qui a droit au respect, à l'estime, à l'amour, obtienne en effet le respect, l'estime, l'amour : vouloir cela, en soi-même comme partout, et le vouloir pratiquement ; être donc résolu à préférer d'une manière effective ce qui vaut mieux à ce qui vaut moins, donc encore mettre au-dessus de tout la vérité, la justice, le devoir, tout ce que la saine et droite raison prescrit ou approuve, tout ce que la conscience commande ou recommande.

En aucune science, une telle résolution pratique n'a besoin d'être explicitement et expressément posée. Sans doute le savant a le respect et l'amour de la vérité, et, si en un sens il ne la préférait pas à lui-même, il ne serait qu'un charlatan : ni ses recherches ne seraient poussées avec énergie, ni ses méthodes ne seraient appliquées avec scrupule, ni ses assertions ne mériteraient la confiance. Mais ici, c'est d'une manière bien autrement intime que la *pratique* est liée à la *spéculation*. A la pratique il appartient de mettre au cœur même de la place, si je puis dire, l'objet vivant qu'il s'agit de considérer, le fait vivant qu'il faudra expérimenter et interpréter, la vérité vivante dont la lumière devra éclairer et guider les démarches du philosophe. Voilà en quel sens profond un vouloir vraiment moral est indispensable ici.

Insistons encore. Il y a des cas où l'on ne verra ce qui est que si l'on est disposé à vouloir que ce qui est soit. Il y a certains assentiments que l'on ne donnera que si l'on a la résolution sincère de donner aussi son consentement. L'évidence morale ne subjugue pas de vive force. Elle laisse quelque place à une résistance possible, tant que la volonté n'est pas consentante. Comment admettre une chose *morale* comme *telle*, si l'on s'obstine à la considérer d'une façon tout intellectuelle, et comment l'esprit la reconnaîtra-t-il en sa forme propre, qui est précisément la forme morale, si la bonne volonté manque? Les raisons les plus fortes, les plus convaincantes, les plus éclairantes ne peuvent produire tout leur effet en matière d'ordre moral, si ce qui en nous-mêmes est moral, à savoir la volonté, ne fait pas son office. Ici on ne peut *voir* assez, on ne peut *savoir* vraiment sans *vouloir*. Il s'agit d'une chose qui réclame notre adhésion cordiale, d'une chose qui s'adresse à nous et nous demande de lui répondre que nous voulons bien d'elle, que nous voulons qu'elle soit : tant que nous ne serons pas disposés à vouloir qu'elle soit, nous ne verrons pas, comme il faut, qu'elle est; tant que nous ne suivrons pas généreusement la lueur qui nous est donnée jusqu'à consentir à tout, je veux dire à ce qui paraît déjà, y acquiesçant de tout cœur, et à ce qui paraîtra plus tard, l'acceptant par avance avec toutes les suites et conséquences possibles, ce manque de bonne volonté empêchera le complet assentiment. Nous sommes chiches dans notre vouloir, chiche aussi sera notre savoir ; et parce que notre chétive et chancelante pratique n'a pas la puissance de nous mettre dans la vie morale pratique, nous en restons à de chétives et vacillantes lueurs : la spéculation manque d'un terrain solide, d'un ferme appui, d'une lumière réelle. Ce qui est *moral* demeurant ainsi méconnu, peu connu, la connaissance vraie du *métaphysique* est impossible. On ne peut en avoir que des notions tout abstraites, le plus souvent très vagues dans leur apparente précision, très vides, sans consistance, ou même tout à fait erronées et fausses.

Plus je médite et plus je me persuade que nous touchons ici à un des points les plus essentiels de la méthode philosophique. Que ceci soit mal compris, voilà que tout en philosophie est remis au sentiment ou à un certain parti pris moral. Souhaiter que les choses soient, parce qu'elles agréent, ou plutôt affirmer qu'elles sont, parce qu'on veut qu'elles soient, n'est-ce pas le renversement de toute raison? Aussi bien n'est-ce pas ce que nous conseillons. Nous ne disons pas que

pour philosopher il faut s'enchanter soi-même de
certaines idées, et puis arranger le monde de
façon à les y retrouver partout rayonnantes.
Nous ne disons pas non plus qu'il faut commencer par vouloir que ceci ou cela soit, au nom
de la morale, et en décréter l'existence, puis construire l'univers d'après ce décret. Nous disons :
pour philosopher il faut n'être pas un être incomplet, mutilé, atrophié, ni non plus un être
inerte et comme mort. Il faut vivre, et de la vie
totale. Il faut être capable de penser avec toute
l'âme, avec tout soi-même. Et puisque l'on n'est
pas homme sans vivre de la vie morale, comme
d'ailleurs le monde n'est plus le monde si l'ordre
moral y est supprimé, et comme ni les faits premiers ni les principes premiers ne sont complètement et vraiment eux-mêmes sans la considération de l'ordre moral, c'est en philosophie
une condition du savoir, que le vouloir et le
bon vouloir : condition naturelle, indispensable,
légitime, rationnellement requise. La volonté ne
fait pas l'objet à voir, elle le fait voir, ce qui
est fort différent; et elle ne fait pas voir parce
qu'elle commanderait de voir, elle fait voir
parce que, grâce à ses bonnes dispositions,

l'objet à voir est sous les yeux, et les yeux sont sains et ouverts.

C'est donc avec raison que toute grande métaphysique a eu un caractère moral. La science des mœurs est une science à part, une science spéciale, qui peut préparer la morale, mais qui ne l'ébauche même pas. La morale, c'est-à-dire la connaissance de cela qui est d'ordre moral proprement, ce n'est pas une partie de la philosophie, se juxtaposant au reste ou s'y superposant; c'est la métaphysique même, ou c'en est comme l'âme. En un sens, c'est ce qui l'achève, ce qui la domine et la couronne, les plus hautes théories sur le monde et sur Dieu ayant quelque chose de moral; en un autre sens, c'est ce qui l'inspire, ce qui l'anime intérieurement, c'est ce sans quoi son objet même ne serait point saisi tel qu'il est, en la réalité profonde et vivante qui lui appartient, ni le spirituel ni le divin n'étant saisis, redisons-le encore, si la notion de ce qui est proprement moral manque. Il n'y a point de compétence dans les hautes régions de la pensée sans vie morale au moins commençante, sans aspiration morale non contrariée, sans *bonne volonté*. Aux règles pour la direction de l'esprit le métaphysicien doit joindre les règles pour la direction de la volonté, et la ferme résolution de vouloir et de *faire* toute la vérité connue doit être le premier article de sa méthode.

CHAPITRE XIII

DU RÔLE DE LA FOI MORALE EN PHILOSOPHIE

Ainsi peu à peu se forme à nos yeux l'image complète d'une philosophie vraiment universelle et vraiment humaine. A cette philosophie rien d'humain n'est étranger. Elle emploie toute l'âme, toutes les ressources intellectuelles et morales. L'imagination y concourt, et aussi le sentiment et la volonté. L'erreur n'est pas de voir dans la métaphysique un art, une œuvre morale : c'est de n'y voir que cela, et de prétendre que cela en exclut le savoir. Nous venons de montrer comment l'imagination, le sentiment, la volonté, la bonne volonté rendent d'une certaine manière le savoir lui-même possible. Et il faut dire aussi qu'ils y ajoutent. Pour l'imagination, nous avons vu comment elle permet de dépasser les limites de la science. Voyons comment la volonté fait de même d'une autre manière.

Croire est un acte à la fois intellectuel et moral très naturel, très nécessaire, très légitime, qui a sa place en philosophie. Il y a une façon d'entendre cet acte qui est tout à fait dangereuse et fausse. Il semble que pour croire il faille renoncer à la raison. La foi est conçue comme entièrement indépendante de la raison, sinon comme en opposition et en contradiction avec elle. On en parle comme si dans ce nouveau domaine les lois de la pensée n'avaient plus cours. On dit que tout fondement rationnel est inutile, et impossible. On se réjouit de ne pouvoir plus prouver, de n'avoir plus, pense-t-on, besoin de prouver. Il suffit de vouloir que l'ordre moral soit, que Dieu soit, que l'être soit, et ce vouloir communique aux objets de la pensée, comment dirai-je? une vitalité inattendue. Il a une vertu magique. En vain la pensée, appliquant à ses objets une analyse à outrance, les dissout et y découvre une impossibilité d'exister, une inaptitude radicale à l'existence. Parmi ces contradictions la *foi* triomphe. Tant mieux pour elle si sans elle rien ne subsiste. Ainsi l'on se fait de la foi une idée chimérique, et l'on va se persuadant qu'elle se passe de tout fondement rationnel, et persuadant aux esprits moins prévenus en sa faveur qu'en effet tout fondement rationnel lui manquant, rien n'est plus ruineux que la croyance. Quelques-uns rejettent même ce mot comme impliquant encore quelque reste ou quelque germe de connaissance. Croire, c'est encore en quelque manière penser. On ne veut plus conserver qu'une espérance. Et la métaphysique, sans savoir, sans croyance, n'est plus qu'un espoir, mais quel espoir que celui que nulle raison proprement dite ne justifie! C'est un enchantement, rien de plus, et pour nommer enfin cela de son nom véritable, c'est une illusion.

Je voudrais montrer que la notion juste de la foi est tout autre.

On *sait* proprement quand la raison d'affirmer est dans la chose même. On *croit*, quand on affirme, non pas sans raison, mais pour des raisons plus ou moins étrangères à la chose même.

Voilà une notion élémentaire qu'il importe de se remettre sous les yeux. C'est une essentielle règle de méthode qu'il faut d'abord prendre les mots dans leur sens exact et précis. Rien de plus périlleux que de les amplifier et de leur donner des proportions démesurées. C'est, en parlant, ne plus savoir ce que l'on dit. On retrouvera d'autant mieux l'ampleur, celle qui est naturelle et légitime, qu'on aura commencé par une notion juste. L'agrandissement du sens sera développement, non déviation.

Quand « la vérité est prouvée par des raisons tirées de l'intérieur de la chose », il y a *savoir* proprement dit. « La science se tire de l'objet même... La raison qui détermine l'assentiment est dans l'objet même. » Quand au contraire la raison d'adhérer à une proposition « se tire de celui qui propose », il y a *croyance* ou *foi*. « La raison qui détermine est dans l'autorité de la personne qui parle. » La chose, en elle-même, demeure, en partie du moins, cachée à nos regards. « La foi suppose toujours quelque obscurité dans la chose [1]. »

Le type de toute croyance ou de toute foi, c'est donc l'affirmation d'une chose sur le témoi-

---

[1]. Bossuet, *Logique*, III, xviii et xxiii.

gnage d'autrui. Que ce soit un fait, ou que ce soit une idée ou un ensemble d'idées, on affirme, non parce que l'on voit ou parce que l'on comprend, mais parce que l'on a confiance en la compétence d'autrui et en la véracité d'autrui. Ce que l'on ne voit pas est vu par autrui, ce que l'on ne comprend pas est compris par autrui. On croit parce qu'il y a quelqu'un qui sait. Et comme on a des raisons valables de juger que ce quelqu'un qui sait dit en effet ce qu'il sait, sa véracité jointe à sa compétence donne à sa parole une autorité qui rend parfaitement raisonnable l'adhésion, bien que l'objet lui-même nous échappe. Pour nous qui affirmons il y a disproportion entre la chose affirmée et notre esprit : car cette chose est par rapport à notre esprit à une distance telle que nous ne pouvons l'atteindre, distance dans l'espace ou dans le temps, ou encore distance tout intellectuelle, notre état d'esprit la mettant hors de notre portée, hors de notre compréhension. De plus il est clair que le témoignage, grâce auquel nous affirmons ce sur quoi nous n'avons pas de prise directe, n'est pas de même nature que l'objet affirmé. Or, pour combler cette lacune ou distance créée par la disproportion entre l'objet et nous, puis pour remédier à la différence de nature entre le témoignage et l'objet, qu'avons-nous à notre disposition? la confiance, confiance qui n'est pas déraisonnable, tout au contraire, confiance fondée en raison, confiance dont nous pouvons développer, déduire les raisons. Mais qui dit confiance dit quelque chose qui est *sui generis :* ce n'est pas la simple somme des raisons, ce n'est même pas le simple résultat de la combinaison des raisons : s'il est vrai que, sans les raisons d'avoir confiance, la confiance n'aurait aucune valeur, il est vrai aussi que, toutes les raisons étalées, la confiance peut tarder à venir; la preuve qu'il est légitime d'avoir confiance étant faite, tout n'est pas fait : le propre de la confiance, c'est précisément de ne pouvoir se commander, de ne pas sortir à point nommé d'une suite d'arguments comme une conclusion logique, mais de naître du fond de l'âme, d'être acte d'âme, et c'est cela qui lui donne un caractère moral.

De ce que nous venons de dire il suit que toute connaissance imparfaite, indirecte n'est point pour cela croyance, mais que là où la connaissance est imparfaite, indirecte, la croyance peut s'y mêler. C'est là seulement que c'est possible, et il y a des cas où cela est effectivement. Quand l'existence est connue par une action sentie et par des effets vus sans que la chose en elle-même cesse de demeurer obscure, ce sentiment sans intuition et ce raisonnement qui va des effets à la cause laissent quelque place à la croyance. Ce que je *sens* n'a que de l'analogie avec ce qui agit sur moi : le fait proprement connu ne me renseigne qu'indirectement sur la cause agissante. Il l'*exprime :* n'est-ce pas dire que d'une certaine manière il *atteste* ce qu'elle est et lui rend *témoignage ?* Il y a disproportion entre l'objet en soi et nous, il y a une certaine hétérogénéité entre le témoignage et l'objet, puisque ce que je *sens* n'est point précisément ce qu'il *est*, ou plutôt est différent de ce qu'il est, n'ayant que de l'analogie avec ce qu'il est. La caractéristique de la croyance ou de la foi se retrouve donc ici, et quand j'affirme l'objet caché, obscur, c'est que je me fie au témoignage qui l'exprime et en parle. Cette confiance qui me fait entrer sous le voile est raisonnable, sans doute, et tellement naturelle, qu'elle semble n'avoir rien de moral ; et pourtant ne suppose-t-elle pas quelque chose de plus que les raisons par lesquelles elle se justifie, un acte d'âme acceptant la véracité, de qui? de l'auteur même de la nature et de mon esprit, apparemment. Le jour où cette confiance est ébranlée par l'excès de l'analyse, n'est-il pas vrai que les raisons de l'avoir semblent privées de leur efficace?

Ainsi il y a une certaine foi mêlée à la perception même, quand cette perception est ce que je nommais tout à l'heure sentiment sans intuition. J'ajoute que le raisonnement qui va des effets à la cause admet aussi, pour le parachever, la croyance et la foi.

La conclusion d'un raisonnement est connaissance, car c'est bien de l'intérieur de la chose même que la raison d'affirmer est tirée. Mais si les effets sont tellement distants de la cause qu'ils n'ont plus avec elle qu'une lointaine analogie, quelle idée défectueuse n'en donneront-ils pas! Ils feront connaître *qu'*elle est, ils feront connaître *ce qu'*elle est, mais tout juste autant qu'il faut pour qu'elle soit dite cause de ceci ou de cela. Et pourtant on dit avec raison qu'ils sont *expressifs, significatifs, suggestifs* aussi. Oui, mais pour qui a la force de les dépasser en suivant la voie qu'ils indiquent. Il faut aller dans la direction tracée, aller plus avant, aller hardiment, aller jusque sous le voile, comme je disais tout à l'heure. On se sert de ce qui est expressif, significatif, suggestif pour découvrir ce qui est caché. Donc on ne s'en tient pas à l'extérieur, au signe, à l'indice. Va-t-on plus loin par la seule vertu d'un argument? Non pas. On va plus loin comme, à la vue d'un homme qui paraît sincère, vrai, sûr, et bon, profond, généreux, on affirme ces qualités morales qu'on ne voit pas. Les signes expressifs révèlent ce que d'une certaine manière ils recouvrent. On a bien raison d'aller avec leur aide sous le voile ; et que cette révélation nous réserve de joies vivifiantes et de splendeurs inouïes! Mais qui oserait dire que cette foi en la vertu d'un homme n'est que le pur et simple équivalent des raisons de se fier? Il y a bien plus et bien mieux dans le fond qui ne paraît pas que dans les signes qui engagent à y pénétrer, et la confiance qui y fait pénétrer est elle-même comme inspirée par un souffle secret venant de ce fond. Tels sont les mystères de l'âme humaine ; et voilà comment et pourquoi il est vrai de dire que même là où un raisonnement fait connaître une cause par ses effets, la croyance et la foi peuvent se mêler à cette connaissance et y ajouter un surplus, un surcroît que la raison approuve sans en être l'origine.

Il y a donc croyance, non seulement quand il y a affirmation d'un fait ou d'une idée d'après un témoignage proprement dit, mais encore lorsqu'il y a affirmation d'un être d'après une action sentie et d'une cause d'après des effets vus, si l'objet est de telle nature qu'il demeure en partie caché et obscur, et que ce que l'on en voit étant insuffisant à le faire connaître en lui-même, on affirme de lui plus que l'on n'en sait proprement, on affirme comme sur un témoignage, et avec une confiance qui, même quand elle est naturelle, est implicitement morale.

Je dirais volontiers que ce qui paraît de l'objet, ce sont des rayons mêlés d'ombre, venant d'une région supérieure où l'on ne peut entrer sans un certain courage et où une fois entré on aura une certitude sans vue claire. Je dirais aussi, reprenant une métaphore qui s'est déjà présentée d'elle-même plusieurs fois, que l'objet est derrière un voile. Il se fait assez sentir pour qu'on puisse, pour qu'on doive affirmer qu'il est là : c'est donc faire une chose raisonnable que d'affirmer sa présence ; mais comme cette présence est invisible, il faut, pour l'affirmer, vaincre une certaine résistance qui vient des sens et de la raison moyenne accoutumée à de faciles clartés ; puis cette confiance, qui affirme l'objet invisiblement présent sous le voile, permet de soulever quelque peu le voile même et d'entrer dans la région secrète qu'il recouvre : réussit-on alors à voir en plein ? Non, on entrevoit, on touche plutôt qu'on ne voit, et l'on a une assurance complète sans claire ni parfaite vision.

Les deux sortes de croyances dont nous venons d'étudier les caractères se retrouvent en métaphysique.

D'abord, il y a des idées morales et religieuses qui précèdent toute philosophie ; il y a des solutions primitives de ce qui sera plus tard questions morales et religieuses : solutions antérieures à toute recherche, à toute réflexion. Nul philosophe n'invente de vérité morale et religieuse ; je dirai même que nul philosophe n'en découvre, comme le savant découvre les vérités mathématiques ou physiques. Ce que les philosophes découvrent dans l'ordre des vérités morales et religieuses, ce sont les raisons de les admettre et leur conformité avec la raison ; c'est une façon plus nette de les exprimer ou plus profonde et plus pure de les concevoir ; ce sont des suites inaperçues qui en découlent ; enfin ce sont entre elles des liens, des rapports encore inconnus, et un certain enchaînement qui les réduit en système. Il faut dire aussi que dans l'ordre moral et religieux il y a des crises et des révolutions, dont la philosophie d'ailleurs est fort loin d'être l'unique ni même la principale cause. Mais, s'il est vrai que ces révolutions peuvent amener d'importantes nouveautés, si l'une d'entre elles, le christianisme, a créé dans le monde un ordre sans précédent, néanmoins il est vrai aussi que les vérités primordiales sans lesquelles l'homme ne saurait vivre ne manquent jamais complètement. Ni les secousses brusques ne les rendent à l'humanité, ni le progrès de la philosophie ne les produit. Tout homme les respire dans l'air ambiant et en vit ; tout homme qui pense les trouve autour de soi. La science peut en être tardive, mais la présence et l'influence en est incessante, vieille comme le monde, destinée à durer autant que le monde. C'est un des éléments de la société humaine, et l'un des plus nécessaires ; disons même, c'est un des principes vitaux qui l'animent et la maintiennent. Qu'on appelle cela, si l'on veut, la tradition. Sans cette tradition, il n'y aurait plus d'humanité. Une collection d'êtres semblables, rapprochés par des besoins communs, une troupe, une agglomération, ce n'est pas l'humanité.

Le philosophe est un homme. Le rappeler n'est pas chose aussi vaine qu'il le semble. Si le philosophe est un homme, il ne doit pas, pour philosopher, se mettre en dehors de l'humanité. C'est dire qu'il ne doit point faire fi de la tradition, ni regarder comme non avenu ce que le témoignage des autres hommes apporte jusqu'à lui d'idées morales et religieuses. Ne suffit-il pas d'envisager les mots dont se compose le langage humain pour reconnaître qu'il y a tout un trésor d'idées transmises à l'enfant avec la parole, par la parole ; en sorte que l'enfant, homme imparfait et commencé, reçoit sans cesse de l'homme fait la raison enfermée dans les mots [1] ?

Que le philosophe ne fasse donc pas tout commencer à sa propre réflexion, qu'il ne soit point un *solipse*, selon le mot de Leibniz. Je ne conseille ici ni ce qu'on a appelé le traditionalisme ni

1. Gratry, *Connaissance de l'âme*, livre II, et *Méditations inédites*, VI, la Parole.

aucune sorte de fidéisme. Je dis avec Bossuet que « croire une doctrine plutôt qu'une autre, par la seule autorité des hommes, c'est s'exposer à l'erreur. L'autorité humaine peut donc induire à une doctrine, mais non pas convaincre l'esprit[1]. » Ce que je rappelle, c'est que le mépris de toute tradition philosophique n'est pas moins dangereux que l'attachement aveugle à des doctrines philosophiques reçues. Surtout le mépris de la tradition humaine est périlleux. Se souvenir, quand on se met à penser, qu'on n'est pas le premier qui pense, se souvenir surtout qu'avant les philosophes et d'une certaine manière au-dessus d'eux il y a l'humanité, c'est tout simplement un devoir. Or, dans ce respect de la tradition (même en dehors de toute religion positive), il y a un élément de foi. Si je considérais la tradition religieuse comme telle, singulièrement le christianisme, je trouverais une autre sorte de foi : ce n'est plus une autorité humaine, c'est une autorité divine que le *fidèle* reconnaît; ce qu'il met au-dessus des philosophes, ce n'est plus seulement l'humanité, c'est la parole même de Dieu. Com-

---

1. Bossuet, *Logique*, III, xxii.

ment cette foi dite *foi divine* le soutient et le guide sans le gêner, comment elle ajoute à la raison sans y ôter, c'est ce que je me plairais à montrer. Mais en ce moment tout mon dessein est de faire voir que le philosophe, même abstraction faite de la religion, rencontre une certaine foi par cela seul qu'il est homme et que comme tel il ne peut se séparer de toute tradition. De ce point de vue d'ailleurs, la religion s'impose à son attention au moins comme fait, je l'ai dit dans un précédent chapitre, et le christianisme étant un fait grand entre tous, il ne serait pas d'un philosophe de n'y pas prendre garde, ou, le regardant, de n'en tenir que peu de compte ; et voilà dans ce respect nécessaire et salutaire de la tradition religieuse, l'origine divine n'en fût-elle pas reconnue, un élément de foi, puisque c'est recevoir quelque chose qui est transmis par le témoignage.

Mais la croyance a encore en métaphysique un rôle bien plus intime. Pour le faire entendre, je rappellerai un fait trop peu remarqué : la connaissance que l'homme a de l'homme.

Je vous connais par une foule de signes qui me traduisent votre pensée, vos sentiments, vos volontés. Tout votre corps est expressif et significatif. En même temps vous agissez sur moi de diverses manières, et je sens votre action. Les effets que je sens ou ceux que je vois me donnent une très réelle perception de votre action, un vif sentiment de votre présence, et sont pour ma raison un moyen sûr de reconnaître et d'affirmer par un raisonnement naturel et facile une cause agissante. Mais est-ce tout ? Non : quoique vous demeuriez pour moi caché dans une inaccessible retraite, j'affirme avec confiance, sur le témoignage de ce qui *paraît* de vous, votre *être* même. Je ne le vois pas, je le sens, et j'en connais quelque chose indirectement par les effets sentis ou vus ; mais je vais plus loin : j'affirme la réalité, encore qu'inaperçue en elle-même. Je crois qu'il y a là autre chose qu'un fantôme, autre chose qu'un phénomène, autre chose qu'une idée : il y a un homme, celui-ci, vous, réellement présent.

Et si j'affirme que vous êtes honnête homme, homme de cœur, où est-ce que je prends cette ferme assurance ? Dans ce que je sais de vous, sans doute ; je connais votre passé, vos façons ordinaires de parler et d'agir ; je vous ai vu à l'œuvre ; je puis dire que je connais votre caractère. C'est bien. Mais si je n'avais pour fonder mon assurance que des raisonnements, un doute ne demeurerait-il pas possible ? Ne pourrais-je point à des arguments opposer des arguments, à ce que je sais opposer ce que j'ignore, tout au moins un que sais-je ? un peut-être, suffisant pour m'ébranler ? N'y a-t-il point dans votre vie certaines apparences contraires à la bonne opinion que j'ai de vous, des circonstances propres à inspirer quelque soupçon, léger, je le veux bien, téméraire, c'est possible, mais enfin un soupçon défavorable? quelque chose qui dément ou semble démentir votre caractère connu? un rien qui donnerait à penser autre chose de vous? ou du moins, dans ces profondeurs de votre âme impénétrables pour moi, un repli, un recoin où se cache peut-être le principe d'une autre façon de sentir, de juger et d'agir que celle que votre ordinaire train de vie m'autorise à vous attribuer comme étant bien vôtre ? Tout cela est possible aux yeux de la raison raisonnante. Et tout cela est impossible parfois aux yeux du cœur. Je puis être tellement sûr de vous que, sauf l'infirmité humaine commune et inévitable, je ne vois point par où je pourrais me défier de vous, et à cette infirmité commune elle-même je fais presque une exception en votre faveur. D'une telle assurance, je ne saurais prouver en forme le bien-fondé : je la sais raisonnable sans être à même d'en produire toutes les raisons. Je ne vois pas à découvert. Je ne vois pas tout. Mais j'ai confiance. C'est le mot, j'ai confiance en vous.

Nous avons déjà plus haut étudié cette confiance : il y faut revenir encore, et en marquer avec une force nouvelle les caractères propres. Je vais au delà de ce qui paraît, et j'affirme ce qui est. J'affirme la qualité morale, bonne, excellente de votre âme, que je ne vois pas. C'est bien plus et bien mieux que la conclusion certaine d'un raisonnement légitime, c'est un contact : je touche votre être et la bonté de votre être, ceci soit dit sans aucun mysticisme ; et malgré l'imperfection de la connaissance proprement dite, malgré l'obscurité nécessairement mêlée à la clarté, j'ai une raisonnable et légitime certitude, à la fois intellectuelle et cordiale, certitude vivante et morale, certitude d'âme, faite de sentiment, de perception, de raison, et enfin de confiance, de foi. Quand un *homme* serre la main d'un autre *homme* de cette manière ineffable qui résume dans un merveilleux raccourci l'estime radicale, l'affection profonde, la confiance, et cela complet et réciproque, c'est toute l'âme, tout l'être, reconnaissant toute l'âme, tout l'être, et y adhérant par un acte total où toutes les ressources intellectuelles et morales sont engagées, où toutes les forces de la nature humaine se rencontrent avec un caractère moral achevé. Je ne connais rien qui puisse donner une meilleure idée du rôle de la croyance dans la philosophie première.

C'est l'être qu'il s'agit d'affirmer, l'être que les phénomènes expriment, attestent, révèlent, si l'on veut, sans le dévoiler pourtant. Surtout c'est l'Être pleinement être qu'il faut reconnaître, Celui qui est par soi, qui a assez de soi pour être, et qui, étant l'Être souverainement être, est aussi le Bien souverainement bien. Il est connu : par quoi? par tout ce qui est, car tout ce qui est, est par lui. Son action sentie fait connaître sa présence, son existence, son excellence; et tout étant effet par rapport à lui, tout ramène à lui parce que tout vient de lui. Très sûr, très légitime, très conforme à la nature et à la raison est l'argument simple, facile, qui des effets vus conclut à la cause inaperçue et ainsi la fait connaître indirectement. Voilà donc une connaissance, imparfaite, indirecte, mais une connaissance. Il ne faut point perdre cela de vue. Mais il ne faut pas non plus oublier qu'entre ces effets et cette cause la disproportion est extrême, extrême la distance, en un sens, bien que la dépendance de ces effets à l'égard de cette cause soit la plus intime qui puisse être ; il ne faut pas oublier que le propre caractère de cet Être par soi, c'est d'être *transcendant*. Il passe tout. Il passe nos pensées. Il échappe à nos prises. En soi, il est insaisissable, impénétrable, insondable, inscrutable, incompréhensible. Si nous savions tout ce qu'il est, il ne serait plus l'Être vraiment hors de pair, singulier, original, incomparable, unique. Il faut que, tout en le connaissant par tout le reste, nous puissions dire en toute vérité que rien ne réussit à le faire connaître, parce que rien ne l'égale, rien ne le vaut. Tout parle de lui, mais tout est impuissant à dire comme il faut ce qu'il est. Tout lui rend témoignage, mais rien ne l'exprime suffisamment. Ni son essence ni son excellence ne sont connues comme il convient. Nous savons qu'il est, un peu ce qu'il est, et nous ne savons rien si nous comparons ce savoir à la richesse, à la plénitude absolument inénarrable de cette essence et excellence absolue. Nous avons la certitude qu'aucune de nos idées ne l'embrasse ; nous sommes convaincus que tout ce que nous disons de mieux de lui est infiniment au-dessous de la réalité. Ainsi nous démentons toutes nos pensées ; à tout ce que nous concevons de lui nous disons : Non, ce n'est pas cela. Nous savons que nous ne savons rien de complet, de suffisant. Cet objet transcendant a des profondeurs inaccessibles d'où il sort de mystérieuses clartés, et jamais nous ne réussissons à percer la vénérable obscurité qui l'enveloppe. Vraiment il nous faut, pour entrer dans le nuage qui le recouvre, avoir confiance, et confiance en qui ? en lui. Il nous faut, sur les témoignages qui attestent sa présence et son excellence, affirmer plus que nous ne voyons. En vain, les sens laissés à eux-mêmes sont-ils muets sur lui ; en vain la raison vulgaire et moyenne est-elle étonnée, en vain suscite-t-elle des apparences qui lui semblent contraires. Il faut oser mépriser tout cela. Ce n'est point se passer de la raison, entendons-le bien, c'est la délivrer des entraves qui la retiennent, c'est la laisser aller, la faire aller jusqu'au bout, et enfin c'est la dépasser elle-même, mais suivant ses indices encore. La confiance est raisonnable, rien de plus déraisonnable ici que le manque de confiance, mais la confiance est acte d'âme. L'être reconnaît l'Être, adhère à l'Être. C'est plus que savoir, c'est contact, sans claire vue, sans doute, mais avec une assurance que l'obscurité persistante rend plus méritoire sans la rendre moins ferme.

Ainsi la haute philosophie ne peut se passer de la croyance parce que la croyance est nécessaire à la pensée, s'y mêlant nous avons vu comment et ajoutant à la connaissance proprement dite un indispensable surplus. Mais ce surplus n'est pas une arbitraire production de l'esprit, un rêve, un caprice. L'objet de la foi, ce n'est pas ce qu'aucun savoir n'atteint, c'est ce qui passe notre savoir. Ce n'est pas ce qui serait irrémédiablement obscur, c'est ce qui, étant parfaitement clair en soi, est voilé à nos yeux. C'est l'Être qui ne peut être connu tel qu'il est que de lui-même. Il en sort des éclairs et d'obscures clartés. C'est assez pour justifier notre confiance. Refuser son assentiment sous prétexte que l'on ne voit pas assez, c'est se condamner à ne plus rien voir du tout. La lumière suffisante se retire, les signes expressifs se brouillent, le témoignage se tait. Avec le peu que l'on voit affirmer au moins qu'il y a plus, qu'il y a mieux, y adhérer par avance, c'est mériter de voir un peu plus. La confiance augmente le savoir et elle permet de le dépasser, nous avons vu comment. Rien de tout cela n'est caprice, rien de tout cela n'est le produit d'un vouloir arbitraire.

Donc, déclarer que dans la philosophie la foi a un rôle intime, ce n'est pas livrer la philosophie aux inspirations, aux impressions de chacun; car ni la foi n'est sans raison ni elle n'est sans objet. La philosophie ne devient pas un pur état d'esprit, un état d'âme tout *subjectif*. Croire est bien un acte personnel; mais de même que tout acte moral étant personnel consiste à accepter une loi qui est indépendante de la personne et supérieure à la personne, de même l'acte de foi s'adresse à un objet que la foi ne crée point. Pourquoi l'essence de la confiance serait-elle de ne répondre à rien? L'idée vraie, complète de la confiance n'est-elle pas plutôt celle d'un mouvement partant d'une âme généreuse pour aller à un objet digne de cette confiance même, à un objet qui inspire, qui motive, qui justifie, qui soutient le mouvement par lequel on va à lui? La philosophie demeure donc capable, comme toute science, d'énoncer des propositions valables pour tous les esprits. Seulement, à la différence des autres sciences qui ne sont que sciences, elle prétend énoncer des propositions propres à rallier toutes les âmes; et c'est par où elle prend une fois de plus un caractère singulier et éminent : distincte de l'art, nous avons vu qu'elle est pourtant un art; distincte de la pratique morale, nous avons vu qu'elle est néanmoins œuvre morale ; distincte de la religion, nous lui reconnaissons une certaine ressemblance avec la religion même, puisqu'elle est à certains égards œuvre de foi. Ce n'est point de la foi à la parole de Dieu que nous parlons ici, de la foi surnaturelle ; c'est de la foi dite morale : cette foi entre, peut-on dire, dans l'essence même de la philosophie.

CHAPITRE XIV

LES ÉCOLES ET LES DOCTRINES

Énoncer des propositions qui rallient tous les esprits et toutes les âmes : c'est là un noble but ; mais n'est-ce pas une chimère? Une grande philosophie, dans sa tentative d'explication universelle et suprême, sera trop hardie, trop originale pour conquérir et pacifier ainsi les intelligences et les cœurs. Le système proprement dit y aura trop de part, et, dès lors, malgré l'universalité de ses visées, elle sera trop particulière en sa forme. Son ambition s'étendra à tout; sa façon d'être la réduira à n'être comprise que du petit nombre. Volontiers elle en prendra son parti; volontiers elle fera sa devise du mot du poète :

Odi profanum vulgus, et arceo.

Elle dédaignera la faveur populaire, elle se fera

un titre de gloire d'être l'heureux partage des initiés. Pourtant elle prétendra sur ceux-ci au moins établir son empire et par eux répandre ailleurs son influence. Tout grand philosophe a voulu faire école. Une école, c'est une assemblée d'esprits vivant de la pensée du maître et en recevant leur forme. Et toute école essaie de conformer en quelque chose à cette pensée le monde qui lui est étranger. En toute école, on est porté à considérer comme ne pensant pas ce qui pense autrement, et l'on songe à introduire ses idées dans ce qui ne pense pas. Toute école veut exercer au dehors une influence par la diffusion de la lumière qui vient de la pensée du maître.

Mais quel est le grand philosophe qui a vraiment fait école? Aucun, pas même Platon, pas même Aristote. Ces grands hommes ont créé ou personnifié des tendances ; ils ont été chefs de file ou chefs de chœur ; ils ont été comme les pères de certaines familles d'esprits ; mais aucun n'a eu de véritable successeur, de véritable héritier, de véritable continuateur. Leur influence a été profonde. Elle dure encore. On parle encore leur langage. On vit encore intellectuellement de leur pensée. On n'est point de leur école. Celui qui a le premier parlé après eux dans les jardins d'Académus ou au Lycée ne reproduisait déjà plus toute la pensée du maître. Un philosophe original exerce une influence, imprime une direction, modifie l'atmosphère intellectuelle : il ne peut créer une école au sens propre du mot. Ou ses disciples ne sont capables que d'une sorte de psittacisme, ou, s'ils pensent, ils commencent à penser autrement que lui. Réussira-t-il au moins à créer une doctrine qui réunisse d'une manière durable les esprits et les âmes ? Ç'a été l'ambition de Descartes, celle de Leibniz. Ils se sont dit qu'après eux les hommes qui pensent, sans avoir besoin de s'assembler pour entendre des leçons imprégnées de leur esprit, puiseraient cet esprit dans leurs livres, et, au lieu de recommencer ce qu'eux avaient fait, s'en serviraient pour aller plus loin. Ils se sont trompés. Cette doctrine où ils rêvaient de réunir les esprits et les âmes, c'était encore une école, et nul philosophe ne réussit à faire école.

Mais si le système s'efface, le succès deviendra possible. On a vu des philosophies retenir des spéculations hardies où elles avaient pris naissance juste ce qu'il en fallait pour établir une règle, créer une discipline, façonner la vie. Ainsi l'épicurisme et le stoïcisme dans l'antiquité. Très précises en un sens, très systématiques, ces philosophies ont été des constitutions morales, religieuses presque, quoiqu'il y ait bien du paradoxe à dire cela de l'épicurisme. Elles ont régné sur les âmes. Chacune d'elles a été une forme de vie, une *ratio vitæ*. A-t-elle été vraiment une *ratio mentis*, une forme de penser, faisant l'unité dans les esprits, une unité vraiment intellectuelle? Elles ont eu des définitions, des dogmes, l'épicurisme surtout, où les κύριαι δόξαι fixaient les points importants de la doctrine. Mais c'étaient alors les conséquences pratiques qui intéressaient, qui occupaient les esprits. Chacune de ces deux philosophies, en vieillissant, a de plus en plus abandonné ses origines spéculatives. Elles ont régné, et longtemps, mais en régnant elles se sont usées. A la fin ce n'étaient presque plus des philosophies.

Après les temps antiques ce genre d'ascendant ne s'est plus retrouvé. Le christianisme a pris la place. Aucune philosophie n'a réussi à devenir la maîtresse de la vie. Aucune même, jusqu'à nos jours, n'y a songé expressément. Je dis jusqu'à nos jours, on verra tout à l'heure pourquoi.

Est-il possible que, sous l'influence d'un grand philosophe, tout le système proprement dit étant ôté, l'idée vraie et féconde étant gardée, une philosophie se forme qui se proportionne à tous les esprits et devienne une doctrine dominante? Pourquoi pas? Alors on aura un ensemble régulier de spéculations sages, qui seront communément acceptées. Tantôt on en pourra faire une philosophie technique, didactique, mais élémentaire, s'en tenant au plus solide, au plus assuré, écartant les questions trop ardues; tantôt on en fera une philosophie populaire qui aura des sortes de dogmes.

Je ne fais pas ici une histoire, j'emprunte à l'histoire des exemples.

La philosophie scolastique a été une philosophie enseignée qui a tenu unis pendant des siècles les esprits les plus divers, et elle a vraiment régné. On la nomme la philosophie de l'École. C'est bien dit. Voilà l'école par excellence. Quiconque philosophait allait à cette école, et toute la société a fini par y aller. Des théories communes, des formules communes, une manière commune de poser les questions, de procéder à la solution, et dans tout ce qui est fondamental, des solutions communes, quelle unanimité ! Et cela néanmoins laissait bien de la liberté aux esprits. Il y avait, malgré cet accord, ou plutôt grâce à cet accord, bien du mouvement, bien de l'agitation même : que de controverses, que de disputes, et au sein de la même doctrine, quelle variété, quelle diversité ! Que de vues hardies, quelle curiosité ardente ! Cet exemple semble fait pour prouver que la philosophie même savante peut, au moins quant à l'essentiel, s'unifier et se fixer. Elle peut avoir une langue technique que tous parlent, certains principes que tous reconnaissent, certaines conclusions que tous admettent. Mais prenons garde. L'École étant liée à l'Église, l'unité que nous y voyons n'a pas dans la philosophie seule son principe. C'est surtout parce que la même doctrine religieuse positive régnait dans les esprits et dans les âmes, que la spéculation philosophique a pu établir une si frappante unité. Unis dans l'Église, les hommes trouvaient naturel de s'unir en philosophie. L'Église fournissait le principe, le modèle, le moyen. Lorsque saint Thomas d'Aquin, avec son génie, et à l'aide d'Aristote, vint ramasser, ranger, discipliner dans sa double *Somme*, bien supérieure à tous les essais de même sorte, la philosophie de l'antiquité, celle des Pères, toute la connaissance humaine d'alors et tout le christianisme, cette unité superbe et paisible qui fait encore notre admiration, ne tenait-elle pas aux circonstances plus qu'à la philosophie même? Quant à la fixité, ce serait un rêve, et dangereux. Vouloir que l'École eût à jamais fixé toute la philosophie, ce serait vouloir que l'esprit humain eût trouvé son point d'arrêt en sa jeunesse ardente, énergique, encore inexpérimentée et sur tant de points ignorante. L'École a vécu. Grand exemple de ce qui est à tenter de nouveau en des conditions nouvelles, avec de nouveaux horizons, avec de nouvelles ressources. Merveilleux trésor aussi de fortes et fécondes idées où il faut savoir puiser. Elle a vécu. On ne refait pas ce qui a été. Mais dans le passé il y a des germes de vie, des semences qu'il faut recueillir et cultiver. De l'École il faut apprendre et reprendre beaucoup. L'École corrigera bien des oublis, bien des négligences, bien des abus. L'École, considérée en ce qu'elle a de vivant, est une des sources de rajeunissement ouvertes à l'esprit. Pourquoi l'École du moyen âge, qui ne suffit plus à tout et qui a fait son temps, ne servirait-elle pas à préparer, à constituer un jour une nouvelle École où s'abriterait, pendant des siècles peut-être, la pensée humaine?

C'est une chimère de rêver pour l'esprit une demeure définitive en ce monde, mais il lui faut des abris où il puisse faire halte. C'a été l'honneur de la philosophie scolastique de construire avec l'aristotélisme une de ces haltes, et de la faire de telle sorte que quelque chose de l'universel et idéal édifice s'y trouve réalisé.

La fin des temps antiques avait vu quelque chose d'analogue, et c'était Platon qui alors avait rapproché les esprits. Lui qui n'avait pas réussi vraiment à faire école, il semblait régner dans le monde depuis que le système platonicien en sa rigueur était abandonné. Cette noble philosophie, un peu vague, où se recueillait tout ce que les penseurs antiques avaient conçu de meilleur, ne formait point un ensemble didactique : elle n'avait pas la cohésion que la scolastique devait avoir un jour, grâce à Aristote et à la théologie catholique de plus en plus définie ; mais elle avait des principes que tous les bons esprits semblaient accepter. Les Pères de l'Église la trouvèrent autour d'eux, l'adoptèrent et à leur tour lui donnèrent plus de fermeté, de justesse et d'élan. C'est là un fait bien remarquable. Non moins remarquables sont les circonstances qui l'ont produit. Ici encore, comme tout à l'heure pour l'École, si nous y regardons de près, nous jugerons que cette unité, très imparfaite d'ailleurs, n'a point dans la philosophie seule sa raison et sa source. Elle ne prouve donc point péremptoirement dans la philosophie une vertu unifiante, une aptitude à rallier tous les esprits et toutes les âmes dans une même doctrine. Cette philosophie vulgarisée, populaire, qui est avant tout une philosophie morale et religieuse, est en partie faite avec la pensée de Platon, mais parce que Platon allait mieux que tout le reste à des esprits et à des âmes qu'un souffle moral et religieux agitait. On était las des systèmes. On avait des aspirations qui venaient d'ailleurs et qui allaient ailleurs. Mille traditions religieuses sorties de l'Orient mêlaient, entre-croisaient leurs influences vagues, mais puissantes, et le christianisme était dans le monde.

Je veux citer dans les temps modernes un essai

d'unité intellectuelle d'une tout autre sorte. Ce n'est pas une école ni une doctrine, c'est un petit livre, un livre élémentaire, fait pour un unique élève par un maître qui ne songea pas à le publier ensuite, mais ce maître était un homme de génie. Ce livre si simple, que je ne crains pas de déclarer merveilleux, est né d'une rare et heureuse rencontre de plusieurs influences fécondes dans une intelligence assez clairvoyante et assez ferme pour ne rien perdre d'aucune et les concilier toutes. La théologie chrétienne, la scolastique, les Pères, saint Augustin surtout, l'antiquité par saint Augustin et aussi dans l'original sur certains points, et avec tout cela Descartes, ces influences diverses harmonieusement combinées dans cet esprit puissant, net, sobre, sûr, ayant du bon sens jusqu'au génie, de la mesure sans rien d'étroit, esprit substantiel, profond, haut, jamais subtil, voilà ce qui a donné naissance au traité élémentaire de philosophie, au manuel (ἐγχειρίδιον, comme eussent dit les anciens), au « précis » qui se nomme *la Connaissance de Dieu et de soi-même*, de Bossuet. Excellent exemple, modèle à méditer sans cesse, monument en partie debout, et néanmoins de ce livre il faut dire ce que nous avons dit de l'École : en un sens il a fait son temps, il a vécu ; l'esprit humain ne s'arrête pas là, ni la philosophie. « Marche, marche. » Tel est le cri qui sans cesse recommence. Nous ne réussissons pas à trouver une philosophie définitive.

Dans notre siècle, une tentative a été faite qui mérite une particulière attention. Elle a paru séduisante, dangereuse, puis vaine et sans portée. Elle a excité d'immenses espérances, de vives colères, puis le dédain, la risée presque, et aussi quelques regrets. Partir de faits bien constatés, de principes habilement mis en relief, sans trop d'appareil didactique, mais avec une certaine précision ; ensuite établir des théories modestes ; se défier des systèmes, étudier ceux du passé pour y recueillir ce qu'ils recèlent de vérité et s'instruire par leurs excès mêmes ou leurs défaillances ; se garder soi-même de toute grande construction systématique ; revenir sur ses propres essais pour les corriger et les amender, sur ses premières pensées pour les tempérer et les assagir ; présenter ainsi aux esprits et aux âmes un ensemble doctrinal bien lié ; sans hardiesse, sans saillies, mais régulier, correct, noble, satisfaisant, animé d'ailleurs d'un souffle moral pur, d'un souffle religieux sans chaleur, sans vivacité, sagement salutaire ; et alors estimer que c'est là le dernier mot de la philosophie, qu'après cela il peut y avoir des détails à scruter, des questions de pure curiosité à examiner, des recoins à explorer, mais qu'on n'a plus à recommencer l'œuvre principale, car on tient tout l'essentiel : telle a été la prétention de Victor Cousin dans sa dernière manière. Il a créé une sorte d'orthodoxie philosophique. Il a donné à la philosophie une organisation palpable, si je puis dire, une constitution civile, officielle. Il a régné.

On était lassé en ce temps des destructions accomplies au nom des idées. Une restauration était dans tous les vœux. Cousin, qui avait commencé par avoir ses audaces, à l'instigation et à la suite des penseurs allemands, renonça peu à peu aux nouveautés. Prenant à l'antiquité d'une part et à Kant de l'autre de nobles inspirations et quelques idées, il chercha surtout dans le cartésianisme et dans la philosophie écossaise de quoi former la doctrine qu'il rêvait. Il crut concilier l'esprit d'autrefois et celui du temps présent, et fixer la *Charte* de la pensée. Il parut réussir. Cette philosophie empruntait au christianisme ce qu'elle avait d'arrêté et de positif. Elle entendait bien gouverner les esprits à sa place, régenter les intelligences par elle seule; mais c'est du christianisme qu'elle tenait ce qu'elle avait de puissance unifiante. N'étant pas une religion, elle avait un air de religion. Elle plut par là aux esprits que l'anarchie philosophique avait effrayés ou fatigués, et qui espéraient trouver en elle de quoi se passer de religion puisqu'ils croyaient en tenir l'équivalent dans cette doctrine toute rationnelle. Elle plut aussi à certains esprits religieux qui y voyaient avec joie un certain accord entre les dogmes religieux et les dogmes philosophiques après l'éclatante rupture de l'époque précédente. Elle a donc servi d'abri, pendant une partie de notre siècle, à beaucoup d'esprits, à beaucoup d'âmes. C'est assez dire qu'elle n'était pas un essai médiocre.

Mais bientôt son insuffisance éclata de toutes parts. On vit qu'elle ne répondait pas aux exigences des esprits vraiment religieux, ni à celles des esprits scientifiques, ni à celles des esprits spéculatifs. Elle avait une manière de traiter de mystique tout ce qui était chaud, vif, haut, qui donnait à penser que des choses religieuses elle ne connaissait que la superficie; et d'ailleurs sur bien des points elle alarmait les chrétiens. Elle parlait des sciences d'une façon qui montrait peu de compétence en ces matières, peu de goût pour s'en instruire, peu d'entente de ce qui y est l'essentiel, de ce qui en est l'âme. Quant aux spéculations, elle en avait une horreur trop sage, et sa timide circonspection était irritante. Enfin elle semblait méconnaître la vraie nature de la religion, la vraie nature de la science, la vraie nature de la philosophie, en voulant établir une sorte de *credo* philosophique. Elle a donc succombé. On a ri alors de ses prétentions. On s'est pris parfois aussi à regretter l'ordre qu'elle mettait dans la pensée, ou du moins dans l'enseignement. Elle avait paru gênante. Elle tombée, on jugea en certaines rencontres que ce qui restait de bienséance et de retenue dans le domaine philosophique venait d'elle peut-être, que par là du moins elle avait pu être bonne à quelque chose. De libres esprits regrettèrent que la licence de la pensée n'eût plus de frein, et soit que ces excès leur causassent réellement de l'effroi, soit qu'ils craignissent les réactions que ces excès préparent, ils s'en émurent. C'est une bien grave question que celle de l'enseignement philosophique. Je n'y entre pas, ce serait la matière d'une autre étude. Mais ce que je constate ici, et c'est le seul point dont j'aie à m'occuper présentement, c'est que la philosophie de Victor Cousin a vécu : sa fin a montré une fois de plus l'inanité de ce rêve de fonder une philosophie définitive.

Notre siècle, sur son déclin, semble bien y avoir renoncé. Sans doute le positivisme prétend régner sur les esprits, et c'est là un fait considérable ; mais c'est en supprimant les hautes spéculations, en s'abstenant je ne dis pas de répondre aux questions métaphysiques, mais d'y songer. Il rêve une philosophie toute scientifique, qui s'imposerait d'elle-même à tous. Il rétablirait donc la concorde entre les esprits, par la science. Cette prétendue philosophie, si on la réduisait en effet à sa partie solide et par conséquent susceptible d'être acceptée de tous, ce serait la science même. Ôtez les conclusions tirées des faits et des lois tout empiriques, ôtez les hypothèses, ôtez le système, car là aussi le système se glisse ; tenez-vous, si vous le pouvez, dans la parfaite neutralité positiviste : il n'y a plus là de philosophie, ce n'est que de la science, et si c'est au nom de la science que le positivisme ambitionne de refaire l'unité intellectuelle, il est bien vrai que ce n'est aussi que dans sa partie purement scientifique qu'il y peut réussir. Philosophiquement, c'est une abstinence, un jeûne, comme disait spirituellement Bersot. Ce n'est pas philosopher, c'est renoncer à philosopher. Je sais bien qu'on ne peut demeurer longtemps dans cette réserve. Alors les généralités proposées au nom de la science sont une métaphysique à rebours; mais elles sont encore données comme les conclusions de la science même. C'est à tort; ce n'en est pas moins la prétention déclarée, et c'est encore d'une philosophie scientifique, pseudo-scientifique dans le fait, scientifique dans le dessein, qu'il s'agit ici. L'autre philosophie, celle qui est philosophie proprement, est devenue modeste, très modeste, beaucoup trop. Elle n'aspire plus à la domination universelle. Elle se défend de viser à faire école. Elle craint d'avoir une doctrine. Elle semble livrée tout entière à la fantaisie de chacun. Tant d'échecs l'ont découragée. Chacun se fait une tente; on n'a plus l'ambition de construire pour autrui ni pour les siècles à venir.

Ainsi point d'école qui tienne. Point de doctrine qui subsiste. Les exemples que nous avons étudiés, les empruntant aux époques les plus diverses, nous doivent laisser, ce semble, une impression désolante. Ne nous hâtons pas de conclure, mais ramassant les faits que cette expérience des siècles nous apporte, sachons voir d'une vue ferme ce qui est, et appeler les choses par leur nom. L'unité en philosophie n'existe guère. Quand elle se fait, elle a son principe ailleurs. Elle tient surtout à la religion. Elle a des causes particulières dans des rencontres particulières. D'unité vraiment intellectuelle faite par la philosophie toute seule, il n'y en a pas. La fixité est impossible. Elle semble contraire à l'essence même de la philosophie. Une doctrine close, achevée, définitive, c'est une chimère ; et ce n'est pas souhaitable. Une orthodoxie philosophique, c'est mesquin et dangereux. Quelle présomption de supposer qu'un autre esprit prenant les mêmes objets d'un autre biais ne dira pas des choses très intéressantes, très justes, très vraies! Toute tentative de faire l'unité et l'unité fixe a succombé, et, ce semble, doit succomber. Ceux qui comme saint Thomas d'Aquin, dans sa *Somme*, ou comme Bossuet, dans son *Traité de la connaissance de Dieu et de soi-même*, ont tendu à l'infaillibilité en philosophie sans y prétendre[1], ceux-là ont fait des œuvres puissantes, solides, mais que le temps néanmoins a entamées. Aujourd'hui enfin la division des esprits est extrême. C'est un fait. Il semble que ce soit aussi une nécessité.

Il y a une division des esprits qui a de fâcheuses raisons : la faiblesse intellectuelle, ou la passion, par exemple. N'y en a-t-il pas une qui est salutaire, tenant à de bonnes, à d'excellentes raisons? Un même texte sera interprété différemment par plusieurs esprits : le même sens général trouvé par tous les bons esprits laissera place dans le détail à des divergences importantes. Et il le faut. Sans liberté, tout est morne, figé, stagnant, mort. Si l'objet est immense, inépuisable, alors surtout comment tous y verraient-ils uniformément une seule et même chose? Et s'il faut se l'approprier par un effort personnel où toute l'âme est engagée, comment des divergences ne se produiraient-

---

[1]. C'est un beau mot de Malebranche. « On doit tendre avec effort à l'infaillibilité sans y prétendre. » *Recherche de la vérité*, I, 1.

elles pas? Comment un perpétuel renouvellement de la pensée ne serait-il pas nécessaire?

En religion il peut, il doit y avoir une orthodoxie parce que là il y a une autorité divine. Une religion où cela n'est pas attesté par cela même qu'elle est fausse, qu'elle n'est pas *la* religion. Or c'est la merveille de l'orthodoxie religieuse par excellence, du catholicisme, que l'unité la plus rigoureuse et la plus rigoureuse fixité qui puissent être n'y empêchent ni la variété ni le mouvement. Les formules précises des définitions y ont excellemment le rôle dont nous avons parlé dans notre étude sur la précision : elles marquent les frontières de l'erreur et tracent la voie droite ; mais l'objet garde son infinité et l'esprit sa féconde vigueur : entre ces limites qui corrigent ou préviennent toute déviation, l'esprit va, s'appliquant à l'inépuisable objet dont il ne saurait atteindre le fond. En philosophie, une orthodoxie *comme* en religion, et cela sans ce qui est constitutif de la religion, à savoir sans autorité divine, sans définitions infaillibles, que serait-ce, sinon une orthodoxie menteuse et dangereuse? La tyrannie serait d'autant plus étroite que moindre serait la sûreté. L'esprit étoufferait, pris dans un formulaire comme dans un étau. Et ce serait la domination de l'homme sur l'homme.

Aucune philosophie ne peut décidément fonder rien de pareil. Aucune philosophie ne doit l'essayer. Faut-il donc prendre notre parti de cette division des esprits qui va sans cesse croissant? Aujourd'hui c'est l'anarchie même. Trouvons-nous bonne cette anarchie? Estimons-nous toutes les doctrines égales? Sommes-nous indifférents aux doctrines ? Approchant du terme de cette étude, reviendrions-nous par un détour à ces manières de voir que nous avons si sévèrement condamnées? Notre longue et laborieuse analyse nous a mène-t-elle à n'y rien voir qui vaille enfin, sinon le talent? Ce détachement de toute doctrine qui nous a paru si contraire au sérieux de la philosophie, n'y aboutissons-nous pas à notre tour, si tout essai de philosophie une et fixe est impossible? Que nous sert d'avoir fait tant d'efforts pour montrer qu'elle est science? Sans doute parce qu'elle est art aussi, et œuvre morale, et œuvre de foi, elle recèle en elle des germes de division. Ne pouvant être une religion, il semble qu'elle ne soit enfin qu'une pure production *subjective* de l'esprit et de l'âme. Ce que sans cesse nous combattons dans la présente étude, revient, s'impose à nous, triomphe de nous, à ce qu'il semble.

A ce qu'il semble : on peut le croire un instant en effet, mais ce n'est qu'une apparence. Si troublante qu'elle puisse être, elle ne saurait prévaloir contre ce que nous avons le droit de juger solidement établi. A vrai dire, ces considérations sur l'absence d'unité et de fixité doctrinale n'ont servi qu'à nous faire mieux entendre la nature, l'essence de la philosophie. Nous ne prenons pas du tout notre parti de la division des esprits, de l'anarchie intellectuelle ; nous ne jugeons pas le moins du monde que toutes les assertions se vaillent et nous ne sommes nullement indifférents aux doctrines. Nous maintenons que la philosophie est à même d'établir des proportions valables pour tous les esprits et capables de rallier toutes les âmes. C'est une fausse et dangereuse orthodoxie que nous avons écartée ; mais il y a en philosophie des points fixes, et c'est ce qu'il nous reste à montrer.

CHAPITRE XV

LA DISCUSSION PHILOSOPHIQUE

La discussion est essentielle à la philosophie. Philosopher, c'est chercher à se rendre raison des choses, à les expliquer, à n'affirmer qu'à bon escient, avec réflexion, après examen, sur preuves. Toute investigation philosophique est une sorte de discussion intérieure. Discuter avec autrui, instituer ce que l'on nomme proprement une discussion, c'est opérer à plusieurs ce contrôle, ce discernement, cette critique que toute philosophie suppose. Mais tâchons de nous faire une idée très nette et très exacte de la nature de la discussion.

Discuter, selon l'étymologie du mot, c'est remuer en tous sens, agiter, secouer. Qu'une idée soit l'objet d'une discussion entre deux hommes, elle sera comme tirée en deux sens contraires. Si ces deux hommes étaient du même avis, ils ne discuteraient pas, c'est clair. Qui dit discussion dit séparation, division, mouvement. Mais il faut ajouter que, si l'on discute, c'est pour arriver à être du même avis. La discussion suppose une séparation, mais a pour but un rapprochement. Elle est division, mais a en vue l'union. Elle est mouvement, mais c'est la fixité qui en est la raison et le terme. Il y a plus. Si dès le début il n'y avait rien sur quoi l'on fût du même avis, la discussion ne serait pas possible. Non seulement donc c'est pour s'accorder à la fin que l'on discute, mais pour discuter on a un point au moins sur lequel il y a accord préalable. En toute dispute on cherche un terrain commun où finalement on se repose, mais déjà pour se combattre l'on a un terrain commun, et, si on ne l'a pas, on le cherche.

Ainsi la discussion suppose : 1° quelque chose qui étant vrai indépendamment des vues de chacune des deux parties, puisse les dominer et par cela même les accorder ; 2° quelque chose qui dès le début soit en dehors de la discussion et par cela même la rende possible.

Considérons ce qui dans une controverse ou

dispute philosophique est, d'un commun accord, tacite ou explicite, placé en dehors de la discussion, et qui partant fournit un terrain commun où l'on se rencontre d'abord et sur lequel on prend pied pour discuter. Nous trouverons que cela varie selon les cas. Il est clair que le terrain commun n'est pas le même avec tous les esprits. Il est clair aussi qu'à certaines époques il y a un plus grand nombre de points communs préalablement reconnus comme tels, à d'autres il y en a moins. Ou ce sont certaines vérités morales et religieuses auxquelles on adhère en commun, quelle que soit l'ardeur des controverses sur les idées adjacentes. Ou ce sont certains principes spéculatifs et comme une technique philosophique que l'on ne songe pas à contester. Supposez le nombre des points communs aussi réduit que possible, et c'est le cas à l'heure présente : il faudra bien, si une discussion a lieu, que l'on s'entende sur quelque chose avant de discuter. Cette remarque, qui semble élémentaire, a une grande importance. Nous le verrons plus loin.

L'art de discuter est difficile et rare. Presque toutes les discussions sont sans intérêt et sans utilité. C'est que l'on y manque d'attention, de sincérité et de sérieux.

L'inattention est prodigieuse. On est inattentif aux paroles et aux idées d'autrui, on l'est aux siennes propres : on n'en détermine pas le sens, on n'en mesure pas la portée. Tout demeure vague : on ne sait ni ce que l'on demande ni ce que l'on a. Ne sachant pas non plus ce que veut autrui, ce qu'il accorde, ce qu'il réclame, on n'ajuste point la réponse à la question, et les thèses se juxtaposent sans s'opposer. Comment espérer que les idées se rapprochent? On ne voit point par où elles se repoussent. Il n'y a en tout cela que des heurts confus et une mêlée dont la signification est nulle. Nul aussi sera le résultat.

La sincérité ne manque pas moins que l'attention : j'entends la parfaite sincérité. Je ne dis pas que l'on n'ait point de loyauté, je ne dis pas que l'on soit de mauvaise foi; mais est-on pleinement sincère avec soi-même et avec autrui, quand on se dissimule à soi et à autrui les côtés défectueux de ses propres idées et qu'en celles d'autrui on a comme un parti pris de chercher avant tout le point faible? Est-on sincère, au sens rigoureux du mot, quand on est moins préoccupé de la vérité des choses et de la valeur des raisons que du succès de la lutte? On songe surtout à voir et à faire voir que l'autre a tort, et que soi-même on a raison. La discussion tourne au plaidoyer. On est un avocat.

Enfin le sérieux fait défaut trop souvent. J'appellerais vraiment sérieuse une recherche en commun de ce qu'il faut admettre sur le point en question, un examen consciencieux des raisons de dire oui et de dire non, un combat où l'on aurait en vue la victoire de la raison, la conquête de la vérité; mais si nous n'avons qu'une joute ou un tournoi, s'il s'agit non de savoir où est le vrai, mais qui des disputeurs est le plus habile, où est ici le sérieux?

En notre temps surtout il importe de discuter comme il faut, car la discussion est devenue une nécessité de premier ordre. On peut regretter que l'état des esprits soit tel que les choses incontestées jusqu'à l'heure présente soient maintenant mises en question. On peut redouter le danger, la tentation pour les esprits faibles ou mal préparés. Mais les gémissements et les lamentations n'y feront rien. A quoi bon se plaindre de cette universelle passion de discuter? Mieux vaut apprendre l'art de la discussion. Si vous êtes un penseur, laquelle de vos pensées pourrez-vous conserver dans une calme région où jamais elle ne reçoive de secousse? Quand jamais un doute réel n'ébranlerait vos convictions, convictions d'homme et de chrétien (chose rare, mais qui existe), empêcherez-vous le vent qui souffle de toutes parts d'agiter votre esprit, de l'effleurer au moins? Et dès que vous entrerez en relation avec les autres esprits, laquelle de ces convictions ne verrez-vous pas remuée par l'objection? La discussion sera inévitable. Ne reculez pas. Sérieuse, sincère, la discussion est, croyons-le, un remède à l'instabilité même et à la division dont nous souffrons aujourd'hui. On touche à tout avec une incroyable légèreté, avec une audace effroyable, et en même temps on a peur de la discussion. On a peur de l'examen attentif et diligent, de l'enquête méthodique et laborieuse; on a peur du salutaire mouvement de la discussion. On a peur pour sa tranquillité, on a peur pour les idées auxquelles on est attaché. On a peur de ceci, peur de cela, et cette peur jointe à cette audace entretient une anarchie sans nom. Les paradoxes s'étalent, les vérités sont tapies dans l'ombre.

Discutez donc et les paradoxes et les vérités, on verra ce que celles-ci et ceux-là valent. Instituez un débat sérieux selon les règles de l'art de conférer, sans autre peur que de manquer à la vérité et de manquer la vérité. Puisque c'est une nécessité aujourd'hui de toucher à tout, touchez à tout, mais avec des mains respectueuses, délicates, savantes. Produisez au grand jour vos raisons, maniez-les, faites-les manier par autrui. La discussion, bien conduite, préparera le rapprochement des esprits si étrangement divisés.

Il y a des règles inviolables à observer en toute exposition et discussion, écrite ou parlée.

D'abord il faut réduire à leur expression la plus nette et *les* principes et *ses* principes. Je veux dire qu'il faut marquer avec une rigoureuse précision ce qui est exigé par la droite raison, ce que l'on se trouve en droit d'*imposer* au nom de la raison; puis il faut marquer avec non moins de précision ce que l'on admet soi-même comme bien établi, comme postulat, sans le donner comme vérité universelle et primitive, ce que l'on se borne à *proposer* avec une assurance très ferme mais modeste.

Il faut ensuite s'appliquer à bien *comprendre* et à bien *interpréter* la pensée d'autrui.

De cette manière on saura de quelle sorte est la discussion qui commence, de quel point de vue l'on prétend discuter ; si le débat porte sur la valeur de l'explication et de la preuve ou sur le fond des choses ; sur la vérité spéculative ou sur la vérité morale ; sur la raison du fait ou sur le fait même ; sur la certitude philosophique ou sur la certitude humaine. Quelle imprudence de s'engager dans une dispute sans avoir déterminé tout cela ! On ne tarde pas à s'échauffer, on en vient vite à se faire violence, intellectuellement, et l'on ne sait pas au juste ce qui est en cause !

Grâce aux règles que je viens de rappeler, sagement observées, on aura encore l'avantage de savoir ce qui de part et d'autre est mis hors de question et tenu au-dessus du débat, ce que chacun, en commençant, prend pour accordé. Tout cela est élémentaire : ne sont-ce pas au fond de simples précautions de bon sens ? mais que tout cela est facilement oublié, négligé, méconnu ! Ce travail préparatoire restreint et précise le débat, ce qui est indispensable ; c'est une recherche du terrain commun, des points communs, entre gens qui d'ailleurs ont des vues opposées ; c'est une entente préalable nécessaire pour prévenir les malentendus, diminuer les occasions de querelles, assurer la marche.

Maintenant considérons le cas où la discussion porte sur ce qui est fondamental. Allons à l'extrême : vous avez affaire à un hardi négateur ou à un hardi sceptique, rien ne tient sous sa critique, tout est ruiné, ou ébranlé ; le sol même se dérobe sous les pas. Qu'y aura-t-il entre vous et lui de commun ? Sur quoi serez-vous d'accord en commençant ?

Je dis qu'ici même il y a des points sur lesquels tout le monde s'accorde ou *doit* s'accorder.

Il est manifeste que ce ne sera pas un système, ni une théorie, ni une définition dogmatique quelconque. Que sera-ce donc ?

Il y a aujourd'hui une mollesse d'esprit qui fait craindre de dire à un penseur : Vous avez tort ; vous n'accordez pas cela, vous *devez* l'accorder.

On traite les pensées des autres comme si elles se valaient toutes, les jugements des autres comme s'il n'y avait pas jugement et jugement. Il y a pourtant des jugements qui comptent et des jugements qui ne comptent pas. Ce que pensent les fous est non avenu. Ce que disent les esprits faibles, les esprits faux, les esprits légers, n'a pas de valeur. Les éloges d'un sot font-ils plaisir aux gens sensés, et s'en tiennent-ils honorés? Comme les yeux malades ou faibles sont mauvais juges en fait de couleurs, de même en fait d'idées les cerveaux malades ou débiles. Et de même que les gens les mieux portants peuvent faire et font de faux pas que les autres voient et constatent sans leur faire injure, de même de vigoureux esprits peuvent broncher, et dévier, et errer : pourquoi craindre de le voir et, le voyant, de le dire ? Les gens qui ont bonne vue peuvent mal voir ici ou là : de même les esprits pénétrants : pourquoi craindre de voir et de dire qu'alors ils ne voient pas ?

Dans une discussion, c'est le droit de chacun de dire à l'autre s'il y a lieu, poliment, mais nettement : Voilà un point sur lequel votre négation ne compte pas ; votre jugement ici n'est pas sain ; vous ne voyez pas : eh bien ! vous avez tort de ne pas voir.

Or ceci n'est pas laissé à la fantaisie de chacun. Il y a une règle, un *canon*. Dans la mêlée des idées, on peut ne pas bien discerner ces points fixes sur lesquels il *doit* y avoir accord puisque le désaccord serait défaut d'intelligence ou défaut de bonne volonté. Le moyen de les reconnaître, c'est d'examiner avec calme et fermeté si ce que vous dites à votre interlocuteur ou ce qu'il vous dit que c'est un tort de ne pas voir, rentre, oui ou non, dans l'une des catégories que voici :

1° Respect des faits.

2° Respect des principes évidents de soi.

3° Amour de la vérité.

4° Reconnaissance de l'excellence de la moralité, de l'honnêteté morale.

Ce sont ces quatre points sur lesquels il *doit* y avoir accord, toujours, partout, la discussion eût-elle pour objet ce qu'il y a de plus fondamental et la critique négative ou sceptique s'étendît-elle à tout. Ce cas extrême ne fait pas exception, et, s'il faisait exception, la discussion précisément y serait impossible.

Reprenons et précisons.

1° En toute discussion, on a le droit de dire à son interlocuteur : Vous arrêtez-vous devant un fait certain? Vous engagez-vous à vous arrêter toujours devant un fait certain?

Vous me dites : Le fait n'est pas certain. Soit.

Je recommencerai l'exposition. Je procéderai de nouveau à la constatation du fait. Nous allons tout refaire, et avec une attention plus vigilante, plus minutieuse. Mais enfin le voici, ce fait. Le reconnaissez-vous?

Non, dites-vous encore, bien qu'il soit clairement exposé, parfaitement constaté, positivement établi. Ou vous ne le voyez pas, ou vous ne voulez pas le voir. Si vous ne voulez pas le voir, vos négations ne comptent pas. Vous ne comptez pas vous-même. Vous méprisez de propos délibéré les faits, parce que vous leur préférez vos rêves : ce n'est pas admissible, ce n'est pas tolérable. Si vous ne voyez pas, que dirai-je? Tant pis pour vous, non point tant pis pour le fait. Vous avez les yeux malades, mauvais. Je vous plains. Je puis vous excuser, car c'est peut-être la suite d'une mauvaise éducation, d'influences que vous avez subies, que sais-je? Je vous souhaite, je tâcherai de vous procurer, si cela est en moi, un traitement qui vous guérisse, mais en ce moment nous discutons, et ici votre jugement ne compte pas. Il n'y a qu'à passer outre. Ainsi fait-on dans les sciences.

Voilà certes un premier point sur lequel l'accord

préalable existe, doit exister toujours, dans ce que nous avons appelé le cas extrême aussi bien qu'ailleurs. Un homme qui ne sait ni voir les faits ni les respecter, c'est un *discoureur*, doublé d'un *sophiste*, alors que ce n'est pas impuissance seulement, mais manque d'honnêteté intellectuelle. Il ne fait pas œuvre de penseur, œuvre de philosophe.

2° Vous arrêtez-vous au moins devant la contradiction évidente?

Vous ne voyez pas. Je recommencerai l'exposition. Maintenant c'est manifeste : ceci est avec cela en contradiction frappante. Vous persistez à ne pas voir, vous allez, vous allez comme si vous ne voyiez pas. Que vous dirai-je ? Je vous dirai que vous avez tort d'aller, que vous avez tort de ne pas voir. Je le puis évidemment, évidemment j'en ai le droit, j'en ai le devoir. Autrement ne parlons plus de discussion, ni de philosophie, ni de pensée.

Que vous vous obstiniez, et que ce soit impuissance ou mauvaise volonté ; et surtout que ce ne soit plus une fois, et comme en passant, mais que ce soit chez vous une habitude intellectuelle, un parti pris, et que vous fassiez enfin profession de ne point vous arrêter devant la contradiction évidente : quelle dénomination vous conviendra, et comment mériterez-vous que je vous qualifie, vous et votre conduite ? C'est une conduite extravagante, absurde. Vous êtes véritablement, littéralement *insensé*. Comme tout à l'heure, je vous plains et puis vous excuser. Mais enfin je condamne les assertions d'un homme condamné à l'absurde. C'est donc fini. Il n'y a pas de discussion possible avec vous. Vous vous moquez de la raison : je me moque de vos raisons.

3° Cherchez-vous le vrai ? Admettez-vous, par conséquent, que toutes les assertions ne sont pas égales ? que tel usage de l'esprit vaut mieux que tel autre ? que savoir, je dis savoir, je ne dis pas rêver, jouer avec les idées et les mots, que savoir est beau, noble, bon, précieux en soi et par soi, sans regarder aux suites, aux avantages possibles, mais en ne considérant que l'acte même et la pure jouissance qui y est attachée ?

Si manifestement vous agissez comme si vous ne cherchiez pas le vrai, si vos démarches intellectuelles trahissent visiblement ce mépris du vrai, je dois vous mépriser, vous et vos discours. Averti que vous allez contre le vrai, vous allez quand même, vous persistez. Ce que vous dites ne compte plus. Et si c'est chez vous une habitude et un système, et que vous le déclariez et en fassiez gloire, que dire de vous, et comment vous qualifier?

Tout vous est égal, dites-vous. Entre cette pensée et cette pensée vous ne faites, du point de vue du vrai, aucune différence. Ce point de vue n'existe pas pour vous. Donc, philosophiquement, vous n'existez pas pour moi. Vous ne comptez pas. Ce que vous dites est non avenu. Soyez ce que vous voudrez : soyez maçon, comme dit le poète, soyez comédien, soyez joueur de flûte, mais ne vous mêlez pas de philosophie. Vous êtes un *sophiste*. C'est le nom propre qui vous convient. Au moment où vous parlez en sophiste, je signale la chose, et je passe.

4° Enfin, admettez-vous qu'un certain usage de la vie vaut mieux qu'un autre? Reconnaissez-vous, oui ou non, l'excellence de la moralité, de l'honnêteté morale?

La question si nette vous embarrasse. Vous dites que vous ne trouvez pas cela si ferme, si solide. Sans me répondre non, vous me faites des analyses du bien et du mal moral qui suppriment entre ces deux termes toute différence foncière ; donc il n'y a point de différence radicale pour vous entre être bon et être mauvais moralement parlant; donc, si vous êtes logique, vous n'êtes pas sincèrement décidé à vous arrêter devant la loi morale; je dis sincèrement, je ne dis point par timidité, par politique, par routine; vous n'êtes pas résolu en votre âme et conscience à dire : Mes explications me séduisent, mais si je vois clairement qu'elles détruisent la moralité, j'y renonce. Vous ne voulez pas, vous ne pouvez pas dire cela : eh bien, je vous plains, je puis trouver à votre erreur, à votre faute des circonstances atténuantes, mais je condamne votre assertion. Je n'ai pas ici à juger la personne; je juge le philosophe, et je le condamne. Si vos démarches intellectuelles trahissent cette atrophie de la conscience, si elles font deviner que vous n'êtes pas résolu à mettre l'honnêteté morale au-dessus de tout, je m'inquiète; mais je sais tout ce que les entraînements de la dialectique ont de puissant et de subtil tout à la fois, et sans cesser de dire que vos assertions sont fausses, je m'abstiens de les qualifier du point de vue moral. Si vous les érigez en principes, si, dans cette discussion fondamentale que nous avons en vue, vous déclarez que pour vous l'honnêteté morale ne compte pas : que vous dirai-je, enfin, sinon que c'est vous qui ne comptez pas? Ne jugez-vous donc point, vous qui vous dites philosophe, qu'au moins la sincérité vaut mieux que son contraire? Si vous osez dire que non, vous êtes *sans conscience*. Toute discussion, dès lors, serait inutile, et impossible.

J'ai poussé les choses à l'extrême. La négation ou le doute allant jusqu'à un cynisme brutal, la franchise de la réponse a aussi sa brutalité. Ces suppositions extrêmes montrent avec une violente clarté ce qui est le droit et le devoir du *penseur*. Il a le droit, il a le devoir d'écarter comme ne comptant pas, les phraseurs, les extravagants, les sophistes, les gens sans conscience.

Il a le droit, il a le devoir, d'écarter dans le cours de la discussion comme non avenu ce qui n'est que phrase, ou absurdité, ou sophisme, ou mépris de l'honnêteté.

Il a le droit de réclamer d'autrui, parce qu'il a le devoir d'observer lui-même ces quatre choses : le respect des faits, le respect de la raison, l'amour de la vérité, l'estime de l'honnêteté.

Il y a donc quatre points au moins qui sont en

dehors et au-dessus de tout débat; quatre points sur lesquels tout le monde doit s'entendre; quatre points communs et fixes : vérités simples qu'au plus obstiné négateur, au plus audacieux sceptique j'ai le droit d'opposer; car ce n'est pas un système, ce n'est pas une théorie, ce n'est pas une définition dogmatique ; c'est ce que tous les hommes peuvent et doivent accorder, tant c'est inhérent à la raison et à la conscience humaine.

Voilà ce qui est préétabli, ce qui est avant toute discussion; et en approfondissant la nature même de la discussion, en concevant la discussion poussée jusqu'à ces limites extrêmes, nous avons fait apparaître dans une plus vive lumière ces vérités communes sans lesquelles toute discussion est impossible. Très divisés sont les esprits, mais on n'en est pas réduit à dire partout et toujours : C'est mon opinion; voilà le point de vue sous lequel je considère les choses; je ne crois pas d'ailleurs que cette opinion soit meilleure qu'une autre. On est en état de dire : Ceci est vrai, et : Cela est faux. Il y a quatre points au moins sur lesquels affirmer avec assurance est possible, et ce n'est point arrogante confiance en soi; quatre points au moins sur lesquels condamner les assertions contraires est possible, et ce n'est point insolent mépris d'autrui. Otez cela, et c'est toute vérité qui est l'objet du plus profond mépris. Ce n'est point mépriser les hommes que de voir et de dire que le mépris de la vérité les rend méprisables. Si toute pensée vaut toute pensée, si rien n'est vrai ni faux, qu'est-ce donc que la pensée? C'en est fait d'elle, et de la dignité humaine. Tenons de toutes nos forces à ces quatre points qu'aucun esprit bien né, sérieux, droit et honnête, qu'aucun esprit digne d'être nommé esprit ne peut contester. Quand tout serait livré aux disputes des hommes, quand tout serait mouvant, cela du moins serait fixe, et autour de ces points fixes la certitude se raffermirait, la philosophie se reformerait.

CHAPITRE XVI

LES POINTS FIXES EN PHILOSOPHIE

La discussion ne nous apparaît plus comme un universel dissolvant. Du moment que, tout fût-il mis en doute, quatre propositions demeurent qui ne peuvent être renversées ou seulement ébranlées sans folie et sans faute, la discussion, bien conduite, avec méthode, et aussi avec une franche allure et une honnête liberté, devient un moyen d'établir d'autres propositions dont il y aura lieu de dire comme des premières qu'elles sont valables pour tous les esprits.

D'abord il convient de rappeler que la diversité des jugements sur une même chose ne vient pas toujours de ce qu'il est impossible de voir cette chose ou de ce qu'elle serait une chimère. Un objet réel, vivant, proposé à un contemplateur vivant, ne sera jamais saisi tout entier, et à deux moments différents il apparaîtra sous des aspects différents aussi. Plusieurs contemplateurs en auront à leur tour des vues différentes les unes des autres. Cette diversité n'est pas nécessairement erreur. La face d'un être vivant, assez nettement, assez exactement connue pour être partout et toujours reconnue, offre néanmoins au regard une incessante variété, et plus les traits d'une personne aimée, par exemple, nous sont familiers, plus l'idée que nous en avons est une idée riche, complexe, souple et mobile. Semblablement un texte de quelque grand écrivain, latin ou grec, par exemple : si nous le comprenons bien, nous avons de ce qu'il signifie une idée qui ne varie pas; mais chaque fois que nous le relisons, nous trouvons au sein de cette unité fixe une sorte d'infinité mobile qui nous enchante; nous n'épuiserons jamais ce texte, nous ne découvrirons jamais tout ce qu'il recèle, nous aurons toujours quelque chose à voir que nous n'avions pas vu encore, et ainsi cette page si précise et en même temps si riche, c'est pour nous une chose toujours ancienne et toujours nouvelle. Montrons-la à plusieurs personnes : la signification précise, certaine, sera la même pour tous, j'entends pour tous ceux qui ont la compétence requise; tous s'entendront ou devront s'entendre sur ce sens, et de ce qui s'en écarte on aura le droit de dire que c'est contre-sens ou faux sens. Mais tous rendront-ils de même cette même page, et n'y aura-t-il qu'une seule manière acceptable, valable de la rendre? Non assurément. Dans l'ordre abstrait il peut y avoir uniformité de vue et immobilité. D'une vérité scientifique, d'un principe juridique il n'y a qu'une seule formule qui soit la bonne, car il n'y a qu'une manière de voir et de dire exacte; mais quand on considère ce qui est vivant, la complexité et la richesse de l'objet demandent une vue souple en quelque sorte, et pour être exact il faut rendre fidèlement : or cette fidélité n'a pas l'uniforme rigueur d'un calque, elle est interprétation vivante d'un objet vivant, donc souple elle-même et heureusement mobile.

Cette remarque faite, il faut noter de plus qu'en philosophie la diversité des jugements sur une même chose n'a pas toujours le caractère grave ni la grande portée que l'on serait tenté de supposer.

La philosophie est avant tout recherche de la raison des choses, essai d'explication raisonnée des faits, aspiration à la lumière intellectuelle réfléchie. Aristote distinguait ce qu'il nommait avec une expressive concision τὸ ὅτι et τὸ διότι, le *que* et le *pourquoi*, le fait ou l'existence, et la raison, la cause, par où l'existence s'explique. C'est l'office propre de la philosophie de chercher, par l'étude, par l'examen, par la discussion, par la spéculation, cette lumière qui satisfasse l'esprit. Or, l'essai d'explication peut échouer, et les choses à expliquer subsistent néanmoins. Les raisons des faits peuvent se dérober au regard malgré les plus obstinés efforts, et les faits demeurent. Les causes peuvent n'être pas aperçues, et l'existence reste certaine. En dépit de l'insuffisance de toutes les théories philosophiques, il peut y avoir et il y a des certitudes raisonnables, quoique non raisonnées philosophiquement. Avant le philosophe il y a l'homme. Il n'y a point de science sans certitude, mais il y a certitude sans science, et si cela n'était pas, nulle science ne se ferait. Des assertions très solides peuvent n'être pas lumineuses, surtout de cette lumière réfléchie qui est celle de la science et de la philosophie. Il y a des certitudes humaines qui précèdent tout usage philosophique de la raison. Ces certitudes, la philosophie en cherche les caractères, les conditions, les lois, les fondements, la formation et, si l'on veut, la *genèse;* mais si elle travaille à les expliquer, à en rendre raison, elle ne les crée pas.

Voilà donc quelque chose de préexistant à la diversité des opinions philosophiques, et voilà quelque chose de fixe.

Ajoutons que la recherche de la lumière philosophique peut avoir lieu de deux façons. Ou l'on considère les choses d'une manière toute spéculative, ou on les envisage d'un point de vue moral et religieux.

Dans le premier cas, les divergences même les plus importantes sur les vérités spéculativement prises laissent subsister l'accord sur les vérités morales et religieuses en tant que telles. Je suis bien loin de dire que ces divergences soient indifférentes et qu'en cet ordre il n'y ait rien de vrai, rien de faux, rien d'établi, rien de décidément ruiné. Je dis que plusieurs esprits entendant de façons différentes la recherche savante, l'explication, la manière de développer les raisons des choses, ces esprits donc se combattant dans cet ordre tout intellectuel, et la diversité des opinions étant extrême, ces mêmes esprits ne laissent pas que de se réunir dans l'affirmation des mêmes vérités morales et religieuses : ils acceptent certaines solutions communes des questions morales et religieuses indépendamment des questions d'ordre tout spéculatif auxquelles ces objets peuvent donner lieu. Ainsi la théorie de la *matière* et de la *forme*, ou celle des *idées innées*, ou celle des *monades* peuvent avoir des partisans et des adversaires également convaincus de la spiritualité de l'âme, de l'obligation morale et de l'existence de Dieu, également décidés à maintenir dans leur philosophie ces fondamentales affirmations. On a même vu des esprits qui n'étaient pourtant point vulgaires admettre des théories qui logiquement eussent eu des conséquences contraires à ces convictions, ne point voir ces conséquences, et continuer d'avoir ces convictions, non point seulement comme hommes, mais comme philosophes, donnant place dans leur philosophie aux objets qu'elles affirment. Ainsi les théories dont on dispute planent au-dessus des solutions humaines, même des solutions philosophiques de certaines questions morales et religieuses. Peut-être serait-il plus juste de dire que ce sont ces solutions qui planent au-dessus de la région tumultueuse des discussions d'ordre spéculatif. Quoi qu'il en soit, la diversité des opinions n'atteint pas ici les parties vitales, et tant qu'elle les épargne, on ne peut accuser la philosophie de n'avoir de puissance que pour diviser les esprits : par ce qui importe le plus elle les rapproche ou tout au moins leur permet de se rapprocher.

Mais, si la philosophie porte son examen sur les certitudes humaines elles-mêmes en tant que telles, et elle le fait; si elle devient ainsi recherche non plus de la lumière réfléchie seule, mais de la certitude, que trouve-t-elle alors de préexistant, de préalablement certain, de fixe par conséquent? Rien, ce semble. C'est la certitude même qui est mise en question.

Il y a ici un malentendu. L'examen porte sur la certitude même, c'est vrai; mais tout examen est un travail de réflexion : si ce travail ne présuppose pas ici une certitude précise reconnue telle, il présuppose du moins l'esprit, l'âme, avec telles ou telles dispositions et ressources, et c'est l'*avoir* naturel de l'âme et de l'esprit que cette certitude humaine dont nous parlions tout à l'heure; tout esprit qui s'entend lui-même, toute âme qui sait se scruter, se pénétrer et se reconnaître, découvre en ses replis intimes cette possession naturelle, la reconnaît, ou trouve des indications qui la lui font bientôt reconnaître.

La philosophie nous apparaît maintenant comme le fruit et l'expression, dans l'ordre de la pensée, dans l'ordre rationnel, de tout un état intellectuel et moral, soit de la société, soit de l'individu. Mais n'est-ce pas précisément ce qui la condamne à une irrémédiable diversité et instabilité? Je voudrais montrer que c'est tout le contraire qui a lieu : nous tenons ce qui explique comment il y a chez elle un principe de stabilité et d'unité.

Le *caractère* d'un homme, d'une époque, d'une race, d'une nation, se reflète dans la philosophie de cette nation, de cette race, de cette époque, de cet homme. Je nomme caractère ce qui dans la langue grecque était l'ἕξις, en latin *habitus*, la manière d'être habituelle, constante, profonde, fondamentale, mieux que cela, l'*avoir*, ai-je dit plus haut, ce que l'on recèle en soi implicitement, en puissance, virtuellement avec une incessante tendance à le produire au dehors : une sorte de source intime, de ressource ou de fonds, ce que l'on *est*, par acquisition et par nature. Les sciences proprement dites n'ont point avec le *caractère* du savant ou de ses contemporains de nécessaire relation. Il n'en est pas de même de la philosophie, nous avons déjà eu occasion de l'indiquer. C'est que pour édifier une théorie philosophique il ne suffit pas de faits constatés, d'axiomes incontestés, d'arguments correctement disposés. C'est chose beaucoup plus complexe. Qu'est-ce qui a suggéré à Aristote son *acte*, à Leibniz ses *monades ?* Où est le *primum movens ?* Le philosophe, cherchant après coup la donnée initiale, le principe de ses propres idées, peut se tromper : ce qu'il signale n'est pas toujours ce qui lui a donné le branle, ce qui l'a décidé. Le principe vraiment vivant, vraiment fécond, gît au fond de son être, dans ses entrailles mêmes. Et si cela est vrai des théories proprement dites, des systèmes, que penser des vérités morales et religieuses ? Quelle ne sera pas la complexité des liens qui y attachent l'esprit et l'âme, et comment faire dépendre le sort de ces vérités d'un argument ou d'une série d'arguments ?

Encore une fois ces remarques semblent constater le triomphe de ce qui se nomme *subjectivisme* en philosophie. Je prétends qu'il n'en est rien.

Si la philosophie est le fruit et l'expression de l'état intellectuel et moral d'un homme, à un moment donné, comme il faut dire d'abord que dans tout homme il y a l'homme, c'est-à-dire la nature humaine, la raison, la conscience, il faut dire dès lors qu'en toute philosophie il y aura quelque chose qui sera le fruit et l'expression de cela même ; et il faut ajouter immédiatement que c'est ce qui sera conforme à cela en chaque philosophie, qui aura de la valeur. C'est manifeste. Voilà un principe de stabilité et d'unité, voilà un point fixe. Autour de ce noyau se formeront des hypothèses plus ou moins probables selon qu'elles y auront un plus ou moins étroit rapport. Un moyen de mesurer le degré de probabilité existe. Tout n'est pas mouvant.

Mais où est la nature humaine dégagée de tout ce qui l'embarrasse ou la corrompt? Où est la raison saine, droite? la conscience morale sûre? Nulle part, sans doute. La difficulté recommence donc? Nous n'avons rien gagné? Il n'y a pas à chercher de code, de tribunal, de formulaire, d'oracle. Cela n'existe pas. Faut-il donc désespérer de la raison et de la conscience, et renoncer à distinguer la vraie nature humaine de la nature humaine mutilée, ou dégradée, ou corrompue?

N'allons pas si vite. Interrogeons les faits.

Il y a des sociétés ou des individus, des époques dans la vie des sociétés ou des moments dans la vie des individus, où cela qui est la raison et la conscience est plus nettement, plus purement, plus complètement, plus fortement exprimé. C'est incontestable, c'est manifeste.

Or, à quoi tient ce fait sinon à certaines conditions soit intellectuelles, soit morales, ou mieux les deux à la fois, bien remplies ici, à peine remplies là?

Mais qu'est-ce à dire sinon qu'il y a un certain usage des ressources naturelles qui dépend de la volonté humaine; que dans une certaine mesure c'est notre affaire de remplir les conditions soit intellectuelles soit morales de l'exercice naturel, normal de la pensée; que par conséquent notre façon de penser nous est imputable; qu'il y a des devoirs dans l'ordre de la pensée; qu'il y a proprement une responsabilité dans l'ordre intellectuel comme dans l'ordre pratique, une culpabilité possible de l'erreur, une possibilité de faire volon-

tairement, au moins par négligence ou lâcheté
volontaire, obstacle à la certitude et à la lumière ;
donc qu'il y a, dans l'exercice de la pensée, une
bonne volonté à avoir, à garder, à protéger, à
accroître, un effort volontaire à faire pour voir,
pour avoir une vue nette et ferme, pour croire
aussi où il faut et comme il faut, enfin pour aller
à la vérité avec l'âme tout entière et saisir ce qui
est, autant que cela est possible, en étant soi-
même tout ce que la nature vraie et la droite raison exigent que l'on soit? Dès lors il est clair
comme le jour que toutes les assertions ne se
valent pas, que toutes les doctrines ne sont pas
admissibles. Il est clair aussi que nous n'ignorons
pas tant ce que c'est que la raison, la conscience,
la vraie nature humaine : sans quoi nous serions
parfaitement incapables de discerner précisément
entre tel état et tel état, et de juger que l'homme
est ici plus et mieux que là, ou le contraire. Tout
cela se tient, et tout cela prouve que nous ne
sommes pas condamnés au *subjectivisme* en philosophie.

Disons-le donc et redisons-le, il y a usage et
usage de la raison, en vertu d'une règle indépendante de nos caprices, de nos humeurs, de nos

passions, de nos grossièretés ou de nos raffinements, de nos faiblesses ou de nos témérités. Il y a usage et usage de la raison, et pourquoi? parce qu'il y a quelque chose à affirmer : quelque chose que nos négations ne détruisent pas, que nos doutes n'ébranlent pas, que nos erreurs n'altèrent pas, non plus que notre adhésion et notre clairvoyance n'en produisent l'existence ; et si nous affirmons ou nions ce qui est, cela n'y ajoute rien, n'y ôte rien, mais notre pensée gagne ou perd en valeur : affirmant ce qui est, elle est vraie; le niant, elle est fausse ; et ce qui fait son prix, c'est justement cette relation exacte avec ce qui est, cette convenance avec ce qui est, disons cette conformité à ce qui est. Ainsi c'est une vérité élémentaire et primordiale que toutes les assertions ne se valent pas et ne sont pas indifférentes, ou, ce qui revient au même, que précisément il y a du vrai et du faux, et qu'il y a à se préoccuper moralement de ce qu'on fait de sa pensée et de la situation où l'on est à l'égard de certains objets de la pensée.

Lors donc que je dis que la philosophie est le fruit et l'expression de l'état intellectuel et moral de l'homme, je ne livre point la philosophie à tous les hasards, car l'état intellectuel et moral de l'homme n'est pas chose indifférente. Il peut arriver que l'homme soit plus vraiment, plus complètement homme ici que là, et il importe que ce soit l'état normal et excellent qui soit prévalent. La philosophie vaudra ce que vaudra l'homme, ou encore elle vaudra ce que vaudra la *vie*. Je prends ce mot en sa signification la plus complexe et la plus profonde, embrassant tout, l'ordre intellectuel, l'ordre moral et religieux, la spéculation et la pratique.

S'il se trouvait un homme vivant d'une vie pleine, à la fois complète et régulière, abondante et mesurée, sans défaut et sans excès, n'est-ce pas cet homme qui, pensant avec toutes les ressources intellectuelles et morales de son être sain, droit, vigoureux, ardent, saisirait le plus et le mieux ce qui est, et aurait l'idée la plus juste, la plus complète, la plus vive de l'homme même, de l'univers et de Dieu? S'il philosophait, sa philosophie, fruit et expression de cette *vie*, serait aussi la plus complète et la plus fidèle intellection et appréhension des choses que l'on pût trouver; elle recueillerait d'une façon précise et ferme les naturelles certitudes; elle disposerait en degrés successifs autour de ces points fixes les probabilités nettement déterminées, savamment groupées; elle formerait de tout cela des théories satisfaisantes, lumineuses, solides; les hypothèses mêmes, les conjectures, et jusqu'aux inventions et aux rêves auraient avec la réalité vivante quelque rapport, quelque ressemblance, et le système où tout cela viendrait s'arranger, aurait jusque dans ses parties les moins assurées un air de vérité, une âme de vérité, parce que ce penseur aurait sans cesse avec ce qui est un intime commerce. La vérité philosophique n'est pas un pur abstrait, un simulacre ou fantôme intellectuel. Elle est complexe comme la *vie* à laquelle elle tient par toutes sortes de racines. C'est de la vie qu'elle est le fruit et l'expression : elle est assujettie aux règles qui soutiennent et dominent la vie, elle tire sa vertu et sa valeur de ce qui fait le prix de la vie, à savoir de l'objet vivant et vivifiant que c'est la destination et l'honneur de la vie d'estimer comme il faut, d'aimer comme il faut, de réaliser, autant que faire se peut, comme il faut.

Ainsi la philosophie, même fondamentale, même étendant l'examen jusqu'aux certitudes humaines vraiment primordiales, suppose quelque chose de préexistant, et c'est ce que maintenant j'appelle la *vie*.

Il suit de là qu'en philosophie c'est mauvais signe pour une proposition, pour une théorie, pour un système de trop s'éloigner du sentiment commun et que cependant toutes les vues les plus fécondes des penseurs sont des vues en un sens singulières. C'est après tout comme pour la vertu. Celui qui choque ses semblables par une conduite bizarre n'est point vertueux; et celui qui ne sait pas les choquer par une conduite noblement singulière n'est pas vertueux non plus. Il faut être comme les autres, et n'être pas comme les autres; ne point se singulariser, et se singulariser; ne point se mettre à part, et être à part. C'est qu'il y a deux natures : la vraie, qui est aussi l'idéale, mais dont tous portent en eux les traces, et la fausse, trop réelle, avec ses corruptions, ses imperfections, ses misères de toutes sortes. Il faut s'écarter de celle-ci pour suivre la raison et la conscience; en s'attachant à celle-là on trouve la conscience et la raison. Dans certaines questions, quand les choses sont prises en grand et en gros, c'est le sentiment vulgaire qui est la plus sûre expression peut-être du vrai, et il y a avantage à y chercher une sorte de contrôle. Là où il faut une compétence plus spéciale, plus de délicatesse, plus de finesse, un seul, s'il est pénétrant, et s'il use avec méthode de son esprit, a plus de chances de voir juste, de voir loin et haut. Et ainsi la philosophie est tout à la fois l'œuvre de tous les esprits et l'œuvre du génie particulier, parce qu'elle est l'expression de la *vie*, et que la vie suppose la nature humaine commune à tous et une façon d'agir propre à chacun. *Proprie communia dicere.*

Il suit de là encore une autre conséquence : c'est qu'en philosophie c'est une nécessité de renouveler sans cesse l'exposition et la discussion, et que pourtant il y a des points fixes qu'il importe de discerner et de multiplier. Tâchons de bien comprendre cela. Nous touchons au but que nous poursuivons : établir enfin qu'en philosophie avec une incessante variété et un mouvement incessant il y a unité et fixité.

La philosophie est mouvante comme mouvante est la vie. Nous l'avons vu, une philosophie définitive est une chimère. Comment trouver des formules assez puissantes, assez amples, assez sûres pour oser dire qu'il n'y aura jamais rien à y changer? Savez-vous s'il n'y aura pas quelque chose à voir que vous n'avez pas vu? quelque chose à dire que vous n'avez pas dit? Ou plutôt vous savez que cela est possible, et probable, et même certain, car vous savez que vous ne savez pas tout. N'avez-vous pas remarqué aussi comment les plus heureuses pensées nous lassent après quelque temps, ou nous semblent dépourvues de la puissance, de la vigueur, de la beauté qui nous avaient ravis? Glorieuse infirmité que celle-là. Ce que nous avons de plus plein se vide bientôt. Tant mieux. Il nous faut recommencer à travailler, à prendre de la peine. C'est notre condition en ce monde qu'aucune formule, à moins d'être l'expression sèche du pur abstrait, ne puisse tenir bon dans notre esprit, ni retenir notre esprit. Nos pensées les meilleures s'usent ou s'évanouissent. En vain essaierions-nous de fixer certains états que nous jugeons excellents; en vain voudrions-nous contempler à jamais certains spectacles intérieurs merveilleusement beaux; en vain souhaiterions-nous et tâcherions-nous de ne jamais oublier certaines choses que nous avons entendues ou que nous avons trouvées nous-mêmes. Telles paroles étaient si claires, si vives que c'était, croyionsnous, le dernier mot de tout. La sagesse ne consisterait-elle pas à se les remémorer toujours pour s'en nourrir? Illusion et erreur. L'excellent, en nos pauvres esprits, en nos pauvres idées, en nos pauvres paroles, est toujours si peu de chose qu'il faut qu'il passe. La formule où nous nous complairions trop arrêterait notre élan. L'idée devenue stagnante, la parole figée et bientôt croupissante, empêcheraient la pensée d'aller, et il faut aller toujours. Il faut un perpétuel renouvellement, un rajeunissement perpétuel. Les meilleures choses, il faut comme les perdre, et puis les retrouver. Que d'idées on a eues, qu'on eût frappées de stérilité et de mort si l'on se fût obstiné à les garder comme l'avare garde son trésor! Il faut les avoir perdues, et dans l'occasion, par un effort vivant, on les ressuscite; elles reprennent leur vigueur, leur éclat, leur fécondité, leur charme. Ainsi en philosophie. Les formules n'y étant pas des propositions purement abstraites, mais exprimant la vie, le dessein d'y en établir qui fussent à jamais définitives, serait une complète méconnaissance de l'esprit et du but de la philosophie même. Les plus fidèles gagneront à être retouchées; aux plus complètes il y aura à ajouter; aux plus parfaites il y aura à changer; les plus claires recevront des éclaircissements. Il sera bon d'oublier par instant les meilleures, de peur qu'en s'y reposant trop on n'en laissât échapper la signification vivante et que croyant toucher le terme de la pensée on ne cessât de penser.

Pourtant, avons-nous dit, il y a en philosophie des points fixes. Il y a ces élémentaires et primordiales vérités que nous avons tant rappelées. Il y a des faits positifs, quelques axiomes, des conséquences évidentes de principes évidents, des interprétations sûres de faits certains. De tout cela il faut trouver des formules qui soient définitives en un sens. Je ne me contredis pas. J'ai assez montré que, si dans l'ordre de la réalité nous n'avons pas une parole adéquate à nos idées ni une idée adéquate aux choses, il y a néanmoins des formules précises possibles pour écarter certaines manières de juger reconnues fausses. Les définitions préventives sont possibles et désirables. Elles circonscrivent, non pas l'objet, mais le mouvement de l'esprit, et ce mouvement, elles ne l'arrêtent pas, elles le règlent; elles tracent les limites où il se faut mouvoir : il y aura toujours à avancer, jamais le bout, jamais le fond, jamais le faîte ne sera atteint, mais des lignes seront marquées entre lesquelles il faudra marcher ; une voie certaine qu'il conviendra de suivre sera délimitée d'une main sûre ; les déviations connues et celles que l'on peut prévoir seront dénoncées, et condamnées. Voilà ce que la philosophie comporte d'unité et de stabilité. Voilà les points fixes qu'il importe de discerner de mieux en mieux et de multiplier.

Je dis multiplier, non pour diminuer l'élan de l'esprit, mais pour assurer sa marche. Ces points fixes ne seront jamais d'ailleurs bien nombreux ; mais c'est certainement une des raisons de philosopher que de tâcher de les poser nettement et fermement, avec le caractère qui leur est propre. Dans les sciences il y a des arrêts qui tranchent tout débat : la démonstration ou la vérification suppriment toute résistance, en condamnent toute velléité. Dans l'Église catholique la décision doctrinale, la définition dogmatique coupent court à toute contestation : là aussi toute résistance est supprimée, toute velléité de résistance condamnée. Ainsi l'évidence rationnelle ou l'autorité ont la force de terminer toute controverse, de fixer l'esprit en fixant l'objet de l'esprit, et de réunir les intelligences diverses dans une même affirmation, dans une adhésion commune et stable à une même proposition. La philosophie semble n'avoir pas l'évidence rationnelle des sciences proprement dites, et elle n'a point l'autorité doctrinale de l'Église. Elle paraît donc désarmée, impuissante à rien déterminer, incapable de réunir et de fixer jamais les esprits. Mais elle a ses évidences et elle a ses décisions. Seulement ses évidences, il faut qu'elle les ravive sans cesse par un vivant labeur qui emploie toutes les forces de l'être pensant : elle ne peut les déposer dans des formules cataloguées et enregistrées une fois pour toutes. Et ses décisions, elle n'en peut faire des articles de foi : ni elle ne serait assurée d'y avoir mis tout l'essentiel, ni elle n'aurait la vertu de les préserver de la stagnation. Nous l'avons vu, une orthodoxie philosophique est une chimère, et serait-elle possible, elle ne serait pas souhaitable. *Quid leges sine moribus?* A quoi servirait ce code intellectuel, si les vérités qui y auraient leur formule ne vivaient plus dans les esprits et dans les âmes? Parlera-t-on de l'Église et de ses dogmes fixes? Je répéterai que c'est la merveille de l'Église, que, malgré la plus rigoureuse orthodoxie, un souffle incessant y anime tout : grâce à cette orthodoxie, tout se renouvelle sans que rien change, et la lettre sert à l'esprit au lieu de lui nuire parce que l'esprit la vivifie. Dans la philosophie, la lettre tuerait : immobile et inerte, elle empêcherait l'intelligence de se renouveler par l'effort, par le labeur. Dans l'ordre humain, domaine de la pensée de « l'homme purement homme », l'unité et la fixité littérales ne vaudraient rien.

Si vous trouvez une philosophie mesquine, étroite, pauvre, dites-vous que les esprits et les âmes dont elle sort sont sans grandeur, sans largeur, sans sève. Si vous ne trouvez plus dans une philosophie que l'ombre pâle et décolorée des vérités essentielles, dites-vous que dans la société où cette philosophie est née, dans l'homme qui est l'auteur de ce système, les vérités essentielles ne vivent plus et cette société n'en vit plus, cet homme n'en vit plus. Vous voulez refaire une philosophie grande, noble, complète autant que possible, profonde et haute : refaites les esprits et les âmes. Les lois sans les mœurs ne sont rien ; les mœurs refaites, les lois suivront.

Ce n'est pas qu'il ne soit bon de maintenir au milieu du trouble général des esprits et des âmes certaines formules précises comme autant de digues ou de phares. Mais ces formules, il ne suffit pas de les poser, il faut par un travail énergique les défendre contre les envahissements des flots contraires. Et comment les défendre sans les reconstruire sans cesse ? Je veux dire qu'il faut recommencer l'étude des faits, des idées, des raisonnements qui les ont suggérées et qui les justifient. Aucune d'elles n'est donc tellement définitive qu'il n'y ait qu'à la placer devant les esprits pour que tout soit fini. Il n'y a point en philosophie d'argument opérant d'emblée la conviction, comme de vive force, point de théorie achevée. On peut, on doit toujours chercher des preuves plus parfaites, toujours regarder les faits, toujours approfondir les idées, toujours pousser plus loin dans tous les sens les investigations. Et il y a une fixité néanmoins, fixité qui vient de ce que dans la vie même il y a de la fixité. La nature humaine considérée en son essence et dans ses caractères principaux, la raison avec ses principes fondamentaux, la conscience avec ses lois primordiales, tout cela est fixe et principe de fixité. Puis, un certain état social, un état de civilisation, un état intellectuel et moral donné, considéré dans un peuple ou dans un individu, aura plus de fixité qu'un autre, parce que précisément ce qu'il y a de fixe dans la nature humaine y a plus de vitalité, plus d'efficace, une action plus profonde et plus décisive. La philosophie a par là une fixité qui lui vient d'ailleurs. Là aussi où la religion avec ses dogmes précis a plus d'empire, plus aisément la philosophie s'affermit elle-même. Ainsi les points de départ et les points d'appui de la recherche philosophique, les certitudes humaines qui sont les données initiales et les bases de toute philosophie, tout cela peut avoir, doit avoir et a en effet une fixité propre. La philosophie trouve et suppose ces points fermes, elle ne les fait pas. Trop souvent elle semble travailler à les ruiner. Mieux inspirée, elle travaille à les constater, ce qui est une manière de les raffermir ou plutôt de raffermir les esprits.

Une autre fixité possible et souhaitable en philosophie, c'est celle des points d'arrivée. Dans la haute métaphysique, dans l'ordre moral et religieux, il peut y avoir, il doit y avoir, il y a des points fermes, des idées solides, des affirmations certaines de ces grands objets, la loi morale, l'âme, Dieu. La fixité ici encore vient moins du travail philosophique que de la *vie*. Mais le travail philosophique est cependant parvenu à des résultats solides. Les vues proprement systématiques ôtées, il reste un ensemble régulier d'idées formant ce que l'on a appelé avec Leibniz *perennem quamdam philosophiam*.

Je voudrais que de temps en temps la revue de ces points fixes, ceux du commencement et ceux du terme, fût soigneusement faite. Ce serait très utile, souverainement utile. On ne sait pas assez ce que l'on possède. Entre ces points extrêmes, le mouvement incessant de la philosophie n'a rien de troublant. Tout au contraire. On sait que cet entre-deux ne sera jamais connu tout entier. On sait qu'on ne saura jamais le tout de rien. On sait que l'on mêlera toujours à la vue des choses quelques produits factices de l'esprit et que les *idoles* s'insinueront toujours parmi les *idées*. Mais savoir cela n'est pas décourageant. Du moment qu'il y a quelque chose de fixe au point de départ et à l'arrivée, le mouvement n'est pas vain. On travaille donc, avec le sentiment de sa faiblesse, avec la conviction de ne réussir jamais à tout savoir, mais avec l'assurance aussi de diminuer les ignorances, de dissiper les malentendus, d'exclure quelques erreurs, d'augmenter les probabilités. On ne possédera jamais d'une vue claire tout l'entre-deux, on en connaîtra du moins un peu mieux quelque chose. Et ces conquêtes progressives, je voudrais aussi que de temps à autre on en fît le compte. Certains faits mieux décrits, mieux analysés, certaines idées éclaircies, certains arguments heureusement modifiés, certaines théories modestes peut-être, qu'importe? toute lumière et toute assurance sont d'un grand prix, — certaines théories, dis-je, mieux dégagées de ce qui les embarrassait, plus nettement exposées, plus solidement appuyées, rendues plus satisfaisantes de tout point : n'est-ce donc rien que tout cela, et est-ce sagesse de n'y pas prendre garde? Il y a là autant de points devenus plus fermes, et quelques-uns sont presque ou sont en effet stables et fixes. Qu'on les signale donc, qu'on les constate, et que la philosophie ne méconnaisse pas ses propres acquisitions.

Il y a donc deux sortes de fixité en philosophie : celle qui lui préexiste et celle qu'elle contribue à produire. Cette double fixité se concilie avec le mouvement. L'une rend le mouvement possible, l'autre, qui naît du mouvement, en est la justification.

CHAPITRE XVII

RÉSUMÉ ET CONCLUSION. L'IDÉE DE LA PHILOSOPHIE, LA RAISON DE PHILOSOPHER, LE PRIX DE LA PHILOSOPHIE

Qu'est-ce que philosopher et pourquoi philosopher ?

A cette double question nous avons, au cours de cette étude, cherché la réponse. Tâchons, au terme, de recueillir en quelques propositions précises les résultats obtenus.

La philosophie est science, non comme les autres sciences, mais autant qu'elles et d'une façon éminente. Science, elle est art à sa manière, et œuvre morale, et œuvre de foi : tout cela non pas joint seulement ni même seulement combiné, mais intimement uni, ces éléments divers se pénétrant, se compénétrant, et un principe unique animant le tout, lequel est chose qui ne ressemble à aucune autre.

Ce principe, qui est l'esprit et l'âme de la philosophie, c'est le besoin naturel, devenu chez le penseur volonté réfléchie, de rendre raison des choses par les plus profondes et les plus hautes raisons, de comprendre, s'il se peut, et d'expliquer l'univers, de comprendre et d'expliquer la *vie*.

La philosophie est donc essentiellement spéculation métaphysique, car c'est par delà les choses qui sont objets de nos sens et de la raison moyenne et vulgaire que se trouvent les fondamentales et suprêmes raisons de tout; et en même temps la philosophie est essentiellement Morale, je ne dis pas science des mœurs, c'est un détail, et un commencement ou une conséquence, mais Morale proprement, car ce n'est que dans l'ordre moral que se montrent en leur plénitude et en tout leur éclat les vraiment premières et dernières raisons de tout.

La philosophie n'est pas tout; mais elle s'étend à tout, et, à sa manière, elle domine tout.

Etant la réflexion appliquée à l'ensemble des choses, à l'univers et à la vie, étant en tout et partout la recherche de la lumière intellectuelle,

elle a pour dimension et pour mesure la raison humaine : elle est cette raison même, prenant conscience et possession de soi et travaillant à se rendre raison de tout par ce que je viens d'appeler les fondamentales et suprêmes raisons.

Étant critique, et critique fondamentale et universelle, essai d'explication, et d'explication fondamentale et universelle, la philosophie a pour objet et pour domaine tout ce qu'atteint la pensée, et rien de ce qui est ne lui est étranger.

Dès là, elle se fait par tout l'esprit, par toute l'âme, par tout l'être humain. Elle aspire à être à sa façon un *microcosme :* comment ne faudrait-il pas que tout ce qui est dans l'homme y contribuât, y prît part? Elle s'étend à tout et en tout veut aller au fond : comment n'emploierait-elle pas toutes les ressources intellectuelles et morales de l'homme? En négliger une, c'est s'exposer à quelque méprise, à quelque erreur; et de fait, là où elle pèche, c'est surtout par omission : elle a été un effort incomplet, et la pensée mutilée, tronquée, arrêtée, n'allant au bout de rien, n'a pas trouvé ce qui est.

Qui ne vit pas d'une vie totale et normale ne peut philosopher comme il faut. La vie totale et normale s'exprime rationnellement dans une philosophie à sa manière complète et exacte, autant que cela est possible à l'homme. La philosophie naît de la vie et en est l'image réfléchie.

On philosophe donc pour se rendre raison de ce qui est, pour se procurer de ce qui est une idée nette, autant que possible, juste, profonde, complète, vive. Et l'on poursuit ce but par un laborieux et multiple effort de toutes les puissances humaines réunies, gardant toute leur sève vivante et assujetties à une austère discipline.

La philosophie, cherchant la raison de ce qui est, suppose comme préalablement existante une appréhension certaine de ce qui est. La certitude humaine préexiste à la certitude philosophique. La vie préexiste aux spéculations entreprises dans le dessein d'expliquer la vie. On a devant soi ou en soi ce que l'on veut comprendre. On l'a appris ou pris de la nature même : sans quoi il n'y aurait pas moyen de chercher à comprendre, ou plutôt il n'y aurait rien à comprendre.

Il suit de là encore que la philosophie est un fruit tardif. Elle vient après beaucoup d'autres choses. Elle demande des loisirs qui demandent eux-mêmes un haut degré de culture et de civilisation. Si elle précède certaines sciences, elle est postérieure à beaucoup d'autres. Nous l'avons dit, c'est la raison humaine prenant conscience et possession de soi.

Le genre humain peut exister sans elle, mais elle est nécessaire à l'humanité : car, si la lumière intellectuelle réfléchie manque, si la raison s'ignore, l'humanité est-elle bien elle-même?

On ne philosophe point pour vivre, mais sans philosophie la vie est incomplète, la raison n'accomplissant point ses démarches propres.

On ne philosophe point pour donner satisfaction à un besoin vulgaire, mais pour être plus et mieux homme, et parce que déjà on est homme à un degré assez haut.

En un sens très vrai donc, la philosophie est affaire de luxe, mais à la façon de toutes les nobles choses. On serait sans elles, mais pour être bien, pour être excellemment, il faut les avoir.

On peut se passer de voir clair, de comprendre; mais voir clair et comprendre, c'est le vœu de la pensée humaine, et pour quiconque en a la force et le loisir, y tendre avec effort sans y prétendre, c'est un devoir. Y parvenir est un honneur et une joie.

La philosophie est à la fois ambitieuse et modeste.

Ambitieuse, c'est mal dit : il faudrait dire généreuse, hardie, noblement entreprenante. Elle entreprend la critique universelle et fondamentale, la fondamentale et universelle explication. Voudrait-on qu'elle eût une visée moindre? C'est impossible, car précisément elle est cela, je veux dire universelle et fondamentale, critique et explication, essai du moins de cela et sérieuse tentative, ou elle n'est rien. Voudrait-on qu'elle n'eût jamais l'audace de dire : Ceci est vrai, cela est faux? Mais, sous prétexte de la rendre humble, on lui conseillerait la pusillanimité, et on lui ôterait sa raison d'être. Si elle doit se garder comme d'un orgueil insolent de la confiance de saisir jamais le vrai, que sont ses spéculations? Des élucubrations vaines dont il est bien vain d'entretenir le monde. Il y a beaucoup d'impudence et d'arrogance dans cette prétendue humilité, car enfin l'on parle, malgré cette conviction qu'il n'y a rien à dire : on se raconte soi-même ; or, si c'est la peine d'ouvrir la bouche pour enseigner ce qu'il faut penser, quelle misère, en philosophie, de discourir pour faire part à autrui de ce que personnellement on pense de ceci ou de cela!

Laissons donc à la philosophie ses hautes aspirations. Laissons-la tendre à la vérité et espérer en elle. Si elle sait distinguer ce qui lui est donné et ce qu'elle essaie de trouver, elle ne s'évanouira pas dans le vide et ne sera point présomptueuse. Elle aura des points fixes d'où elle partira. Elle les reconnaîtra, elle les acceptera : première sorte d'humilité. Elle s'astreindra fidèlement à des règles intellectuelles et morales et cherchera dans cette discipline exacte un secours contre la faiblesse humaine : seconde sorte d'humilité. Elle aura le sentiment que ses plus persévérants efforts n'aboutiront souvent qu'à des hypothèses et que ses plus sages précautions ne la défendront pas toujours de l'erreur; elle tendra donc à l'infaillibilité sans y prétendre : troisième sorte d'humilité. Voilà la modestie vraie, l'humilité vraie. L'humilité intellectuelle, non plus que toute autre, ne consiste point à méconnaître ses forces et ses ressources, à demeurer au-dessous de ce qu'on peut faire, à reculer devant les grandes choses, à s'abstenir de courageux efforts, à craindre de faire grand. Elle consiste à ne point présumer de soi, à sentir qu'on est faible ici, là, et à ne point se considérer follement comme ayant de soi et en soi l'unique source, le principe premier de ce que l'on a de force. Être superbe, c'est se faire dieu. Être humble, c'est se mettre à sa place. Être magnanime, c'est aspirer à faire grand là où on le peut, là où on le doit. La philosophie modeste se défiera donc d'elle-même, mais sans se défier de la vérité. Par son humble et magnanime labeur, après avoir reconnu et accepté les points fixes donnés, elle tâchera d'en établir elle-même quelques autres, elle y réussira parfois, et le mouvement qu'elle opérera entre des termes fixes sera fécond.

Des propositions valables pour tous les esprits, c'est ce que tout savoir produit. La philosophie, qui est un savoir éminent, a de ces propositions, et, parce qu'en même temps elle est affaire d'âme, elle a des propositions propres à rallier non seulement tous les esprits, mais toutes les âmes. Multiplier ces propositions, c'est sa tâche.

Je pourrais résumer ainsi l'œuvre du philosophe : ayant pour objet la vérité totale, il s'efforce d'y adapter, d'y ajuster, d'y égaler sa pensée ; et quand il a réussi en quelque chose, ou que du moins il l'espère avec raison, il se propose de communiquer à autrui cette idée : il travaille à établir des propositions qui, étant le plus et le mieux possible l'expression de ce qui est, soient acceptables et acceptées par tous les esprits et par toutes les âmes.

Pour cela il diversifie ses efforts. Tantôt il raffermit ou approfondit, tantôt il éclaire, tantôt il simplifie.

Ce qui est donnée initiale, ou ce qui est vérité morale et religieuse, le travail intellectuel bien conduit le raffermit en montrant que cela est indépendant de la philosophie même. Un fait premier, un principe premier, et puis ce que nous avons appelé la vie, la vie même, tout cela qui existe avant la philosophie et sans elle, la philosophie le raffermit dans les esprits et dans les âmes en établissant qu'elle n'en est point l'origine ni le fondement, en reconnaissant et en faisant voir que ce sont choses données, choses reçues.

Mais ce qu'elle présuppose, ce qu'elle trouve préétabli, elle cherche à l'approfondir. A la connaissance commune ajouter une façon de pénétrer dans les choses, d'en explorer les replis, d'en fouiller les coins et les recoins, ce n'est pas se procurer une connaissance autre que la connaissance naïve, ni surtout une connaissance opposée à celle-là; c'est mieux posséder ce qu'on a. La connaissance est devenue plus profonde.

L'œuvre du philosophe, c'est aussi d'éclairer : il rend les notions communes plus claires par le travail même qui les approfondit; des profondeurs des choses sort une lumière nouvelle. On pourrait dire aussi qu'il rend les choses plus claires en cherchant au-dessus d'elles ce qui les explique. Il va aux causes, il va aux raisons : c'est aller à la lumière; et les notions ainsi éclaircies se rattachent les unes aux autres et forment une chaîne lumineuse.

Les idées alors sont des idées plus *simples*. Les détails ramenés à un principe qui les éclaire ne sont plus une multitude confuse. En toute chose, une idée maîtresse, une idée mère est une idée riche, féconde, qui simplifie tout parce qu'elle est elle-même simple. Et la véritable idée simple a encore cet avantage d'être, malgré sa profondeur et sa hauteur, une idée accessible à tout esprit bien fait, je dirai même une idée populaire, parce que c'est vraiment une idée humaine. Ce qu'il y a de plus durable dans toutes les philosophies, ce sont les vraies idées simples. Les subtiles complications, où l'auteur du système a vu sans doute une merveilleuse preuve de sa force, ne sont bientôt plus qu'un objet de patiente curiosité. Elles n'intéressent que des sortes d'érudits, et comme il faut pour les saisir une étude pénible, il faut aussi pour entreprendre cette étude des dispositions particulières. Seules les idées simples subsistent. De Kant, si compliqué, que reste-t-il pour le grand public? Deux idées : l'idée que la connaissance humaine est mêlée d'une invincible ignorance et que le fond des choses est insondable ; l'idée que l'ordre moral est souverainement vénérable et prime tout. Dégagées de tout système, ces idées sont des idées communes, accessibles à tous, et en leur fond ou en leur germe, comme on voudra, ce sont les idées de tous : tout le monde les a. En cette puissante simplicité elles sont justes aussi. Le travail philosophique les a embrouillées, il les a resserrées et rétrécies, il les a faussées. A-t-il donc été funeste? En cela oui, sans doute, mais là où il n'est pas demeuré incomplet, il a retrouvé la simplicité, et cette simplicité retrouvée a sur la simplicité naïve un avantage, c'est d'avoir cette lumière intellectuelle que donnent l'examen, la réflexion, le savoir. L'infirmité humaine fait que les plus vigoureux esprits se perdent parfois dans les détours des abstractions sans lesquelles on en demeurerait toujours aux premières données imparfaitement saisies. Chez les plus forts même, quand les idées semblent se retirer, que la vue nette des choses manque, il y a, pour remplacer le vif, des mots, de la littérature, de la phraséologie. J'ai nommé cela du remplissage. Mais celui qui pour se préserver de ces maux voudrait ne pas tenter le travail, celui-là, en possession des plus fécondes vérités, les laisserait inertes et inutiles, et les meilleures choses dépériraient dans ses assertions d'une désespérante banalité.

Quand on a procédé par principes et avec méthode, quand on a approfondi savamment ce que l'on possédait par nature, alors rejoindre « le peuple » et retrouver les mêmes idées simples, c'est le plus bel ouvrage de la spéculation philosophique. Les « demi-habiles », comme disait si bien Pascal, s'attardent et s'embarrassent à jamais dans leurs pensées compliquées, raffinées et subtiles ; ils s'engagent en des voies particulières et détournées où il est difficile de les suivre. Les vrais « habiles », qui ont parcouru ces voies, savent revenir à ce que tout le monde pense et dit. Ils le pensent et le disent en y voyant plus que n'y voit le vulgaire. Ils le pensent et le disent avec profondeur, dans une autre lumière, mais leur suprême effort, leur triomphe, c'est de revenir enfin à cette simplicité et de s'accorder avec « le peuple ». Ainsi la philosophie est bien plus près de tous que les sciences proprement dites, et cela se conçoit : elle est plus près de l'homme, plus près de la vie, plus près des choses, plus près de l'être.

Je ne prétends point par là lui interdire les recherches difficiles et pénibles. Comment s'en pourrait-elle passer à moins de rester dans l'à peu près et de se condamner à l'insignifiance ? Toute l'étude que j'achève maintenant a montré assez que je ne songe pas à retenir la philosophie dans le convenu et que je n'entends nullement la borner à un facile et médiocre commentaire du sens commun. Je ne crois pas non plus qu'elle puisse se passer d'une certaine technique : science, elle a des procédés à elle, des formules à elle ; mais tout cela n'est pour elle que moyen, moyen indispensable, moyen seulement. Elle part de l'idée simple confuse, elle va à l'idée simple nette. Elle peine pour y arriver. Elle semble quelquefois tout brouiller, et il se peut que par suite de l'infirmité humaine elle brouille tout en effet. L'idée simple est son but. C'est dans l'idée simple qu'elle trouvera de la consistance. L'idée simple, non pas tout abstraite, mais réelle, vive, c'est l'idée ferme, et c'est l'idée féconde. La découvrir récompense des plus durs labeurs. Elle vaut la peine que pour l'atteindre on fasse ce grand effort que nous avons décrit.

Ainsi penser comme il faut, selon les règles éternelles de la pensée, penser ce qu'il faut, saisir, affirmer ce qui est, c'est à quoi tend la philosophie digne de ce nom, c'est à quoi elle réussit dans la mesure de l'humaine faiblesse ; c'est la raison de philosopher.

Platon avait bien vu le propre caractère de la philosophie, quand il avait dit que le philosophe s'attache à ce qui est, et le sophiste à ce qui n'est pas. Et Aristote avait bien parlé de la philosophie première en déclarant qu'elle est la science de l'être en tant qu'être. Et c'est parce que l'être est l'objet de la philosophie, que la philosophie est, dans l'ordre du vrai, et dans la sphère de « l'homme purement homme », le plus sérieux emploi et le plus noble produit de l'esprit.

« Se moquer de la philosophie, c'est vraiment

philosopher. » De la philosophie sans conviction ou sans consistance, jeu de dialectique ou rêve poétique, rêve d'âme même, il n'y a que cela à dire, et alors « nous n'estimons pas que toute la philosophie vaille une heure de peine ». De la philosophie sérieuse il faut dire qu'elle vaut la peine, toute la peine qu'elle donne, car elle est la poursuite, souvent même la conquête de la vérité : aux idoles que si facilement forge et adore l'esprit humain en quête de la profonde et totale explication des choses, elle essaie de substituer, et souvent elle substitue de pures idées, image affaiblie, mais non faussée des idées éternelles, et elle procure, à qui sait en soutenir les rudes labeurs, l'honneur insigne et l'insigne joie de connaître, par raison, d'une manière vraie, encore que très incomplète, ce qui est et Celui qui est.

RÉSUMÉ ANALYTIQUE

DESSEIN DE L'OUVRAGE

Ce livre a été écrit pour contribuer en quelque chose à la restauration de la raison, si l'on peut ainsi parler, en rendant à l'esprit confiance en la vérité, son objet, et dans ses ressources bien employées.

Il s'adresse premièrement aux philosophes et à ceux qui prennent aux spéculations philosophiques un intérêt particulier : il essaie de leur montrer ce que c'est que philosopher, pourquoi l'on philosophe, enfin, comment il convient et de se préparer à philosopher et de philosopher.

Il s'adresse aussi à tout ce qu'il y a de gens qui *pensent* : à tous, en effet, il propose des *règles de la direction de l'esprit*, à tous il indique quelques moyens de diriger l'effort intellectuel de manière à obtenir, de toutes choses, et surtout des choses essentielles, des idées nettes, simples, pleines.

ORDRE DES CHAPITRES

I.

C'est dans cette vue que l'auteur prend son point de départ dans une certaine conception nouvelle de la philosophie, qui la confond presque avec l'art. Il reconnaît qu'il y a des raisons de rapprocher la philosophie et l'art, et il les développe ; mais il fait pressentir d'abord les dangers de cette conception.

Tel est l'objet du chapitre Ier, intitulé :

D'une conception nouvelle de la philosophie, et des raisons de rapprocher la philosophie et l'art. 1-17.

Sommaire du chapitre Ier. — Que c'est une grande nouveauté de se demander, comme on le fait aujourd'hui, si le philosophe ne serait pas, à tout prendre, un artiste, 1-2. — Que, tout en reconnaissant aux grands penseurs une sorte de tempérament poétique, on redoutait plutôt pour eux et ils redoutaient eux-mêmes une puissante imagination, 2-4.

Comment, au dix-septième siècle, les philosophes de profession ne voyaient guère par où l'art pouvait intéresser la philosophie, et qu'ils ne songeaient pas à l'intérêt que pouvait prendre aux choses de la pensée un artiste, quoique le temps ne fût pas loin où les artistes n'étaient point étrangers à la philosophie et étaient eux-mêmes des penseurs, 4-7. — Ce qu'était l'art pour les grands artistes, notamment dans l'Italie du seizième siècle, 7-10. — Importance croissante donnée aujourd'hui en philosophie à la théorie de l'art, 10.

Comment les philosophes ont paru renoncer à l'ambition et à la prétention de *savoir*, 10-13.

L'origine de l'*art* cherchée dans le *jeu*, 13-17. — Comment le philosophe semble un *poète*, un artiste, qui joue et se joue dans ses conceptions, et que la remarque de Pascal sur Platon et Aristote se justifie, si l'on considère avec quelque attention d'abord Platon et Aristote, puis Descartes, puis Leibniz, même Malebranche et Spinoza, 18-31.

De l'illusion ou de la demi-illusion commune au philosophe et à l'artiste, et de la beauté morale commune à la haute philosophie et au grand art, 31-35.

Conclusion du chapitre, 35-37.

II

L'auteur insiste sur le danger de cette conception de la philosophie dans le chapitre II, intitulé :

De certaines façons frivoles de philosopher, qu'on croit justifier par le rapprochement entre la philosophie et l'art.

Ou, pour employer une formule brève.

Du dilettantisme en philosophie. . . . . . . 39-52.

Sommaire du chapitre II. — Comment la philosophie, considérée comme un art, va se rabaissant par degrés, 39-40.

Le philosophe amateur, 40-42.

Le philosophe n'ayant guère d'autre souci que de faire preuve de talent, d'habileté à *détruire* ou à *construire*, et dédaigneux de *prouver* ses assertions, 42-47.

Le philosophe égaré par le désir d'*étonner*, 47-51.

Charlatanisme, ou du moins dilettantisme. Conclusion du chapitre, 51-52.

III.

C'est le moment de montrer que la philosophie est chose sérieuse, et comment.

D'où le chapitre III, intitulé :

Du sérieux de la philosophie, et que c'est, à bien des égards, le sérieux de la science 53-63

Sommaire du chapitre III. — Que le philosophe veut *connaître* et, s'il se peut, *comprendre*, 53-57. — Que le philosophe procède avec *méthode* et est pourvu de *preuves*, 57-60. — Que le philosophe veut *savoir*, et que, de même que le *savant*, c'est au *vrai* qu'il vise dans ses démarches, 60-63.

IV

Suit-il de là que la philosophie soit une science ?

C'est la question traitée dans le chapitre IV, intitulé :

Des caractères de ce qui est science, et qu'entre science et philosophie il n'y a pas incompatibilité.

Ou, plus brièvement :

La science et la philosophie. . . . . 65-92.

Sommaire du chapitre IV. — Comment à ce grand mot « la Science », il faut d'abord substituer les sciences mathématiques et physiques, et quels sont les caractères de ce qui est, dans cet ordre de connaissances, scientifiquement établi, 66-68. — Comment la *démonstration* et la *vérification* étant des procédés d'un usage universel, elles ont leur place en philosophie, 68-75.

Comment, dans les sciences mathématiques et physiques, il y a des tâtonnements et des disputes, 75-77. — Qu'en philosophie il y a des points fixes, mais que les parties mouvantes y sont plus remarquées que les points fermes, et pourquoi; de ce qu'il faut entendre par affirmation *positive*, et qu'il y a de telles affirmations ailleurs que dans les sciences mathématiques et physiques, 77-80.

De l'équivalence prétendue entre *science* et *déterminisme scientifique*, et d'une philosophie dite scientifique, 80-83. — Qu'il n'est pas prouvé que *science* et *déterminisme scientifique* ne fassent qu'un, ou, en d'autres termes, que l'explication dite scientifique épuise et satisfasse toute la curiosité, 83-86. — Que, d'autre part, en fait, il y a des assertions liées les unes aux autres autrement qu'en vertu de la loi dite de *causalité scientifique*, 86-89. — Que, d'ailleurs, le déterminisme scientifique lui-même, dans ses limites propres, ne se suffit pas complètement à lui-même, 89-91.

Conclusion du chapitre : La conception de la science qui tend à prévaloir actuellement n'est point l'idée même de la science : cette conception, qui est trop étroite, est exclusive de la philosophie ; mais, entre la science sans restriction et la philosophie, il n'y a aucune incompatibilité, 91-92.

V

C'est le lieu d'examiner ce que c'est que *précision*.
Cette étude remplit le chapitre V, intitulé :

Diverses sortes de précision . . . . 93-119.

Sommaire du chapitre V. — Ce que c'est que précision du trait, du tir, etc., et ce que c'est que précision dans l'ordre intellectuel, 93-97.

Que la précision rigoureuse a lieu dans le domaine des abstractions pures, 97. — Des caractères des mots désignant des choses réelles, et comment ils sont pleins et riches, comment ils ont de la couleur et de l'élan, qu'on les peut dire vivants, et que, néanmoins, ils ne manquent pas de précision, 97-100. — De l'*à peu près*, et de ce qu'il y a lieu de faire pour l'éviter, 100-101. — De la précision qu'on peut nommer poétique, et d'un exemple de cette précision emprunté à Racine, 102. — D'une précision qui est scientifique, sans être mathématique, souple et vive, sans être poétique, et de l'exemple qu'en fournit la psychologie, 103-105. — Que la précision mathématique n'est que *restrictive*, et que l'autre est *expressive* et *suggestive*, 103-106.

Qu'il y a deux sortes d'*analyses :* celle qui décompose le *tout* donné en ses *éléments*, et celle qui, au sein du *tout* donné, découvre ce qui en est l'âme, un *principe*, 106-109.

Que les mots peuvent avoir de l'ombre et du mystère, et que la parole, quand elle enveloppe pour ainsi dire l'infini, a encore sa précision, 109-110. — Une fresque de Michel-Ange, quelques vers de Virgile, une *Pensée* de Pascal, une *Méditation* de Lamartine; Dante et Milton; le lyrisme, Pindare, les *Psaumes*, l'*Apocalypse*, et ce qu'en dit Bossuet, 110-113. — Différence entre le vague et l'obscurité, et la raison de ce que l'on peut nommer le mystère des mots, 113-115.

Remarques finales sur la précision littérale des formules et des définitions, et sur la liberté qu'elle laisse néanmoins de penser au delà de la formule même, liberté d'autant plus grande que l'objet du savoir est lui-même vivant d'une vie plus complexe, plus délicate et plus haute, 115-119.

VI

Eclairé sur la nature de la précision et sur les exigences de l'esprit scientifique en fait de précision, on est en mesure maintenant de reconnaître que la philosophie est science, mais on voit en même temps, de plus en plus, qu'elle n'est pas une science comme une autre.

C'est ce qu'il s'agit d'établir dans le chapitre VI, intitulé :

Que la philosophie n'est pas une science comme une autre, et pourquoi.

Ou, un peu plus brièvement :

De quelques traits distinctifs de l'œuvre philosophique......... 121-139.

Sommaire du chapitre VI. — Coup d'œil sur la diversité des manières de philosopher, 121-123.

De la marque personnelle de l'œuvre philosophique et du caractère *littéraire* et partant *humain* de la philosophie, 123-127.

Du caractère *doctrinal* de la philosophie, et en quel sens l'œuvre du philosophe est un *essai*, en quel sens elle a une autorité *magistrale*, 127-131. — Du rôle de la définition dans une doctrine, et comment il faut *penser* pour recevoir et pour conserver la doctrine, 131-134.

Comment l'œuvre du philosophe est *spéculation*, 134-139.

Conclusion : La philosophie est *science*, mais elle n'est pas une science *comme* les autres, 139.

VII

Pour mieux entendre ce qu'est l'œuvre du philosophe, il faut ne plus considérer la philosophie en gros et tout court, mais examiner les diverses parties ou les divers aspects qu'on y peut distinguer.

C'est l'objet du chapitre VII, intitulé :

Des divers aspects de la philosophie, et des raisons de distinguer plusieurs sortes de philosophie, 141-149.

Sommaire du chapitre VII. — Que le philosophe peut, dans ses recherches, avoir pour objet ou un point de départ, ou des conclusions finales, ou l'entre-deux, et qu'il peut y avoir deux manières d'être hardi ou prudent en philosophant, 141-144. — De la philosophie *transcendante*, et de la philosophie commencée ou commençante, 144-145. — De la philosophie dite élémentaire, 145-146. — De la philosophie populaire et de ses diverses formes, 146-147. — De la haute philosophie et de ses diverses formes, 147-148.

Pourquoi tout cela est-ce toujours philosopher ? 149.

VIII

Quels sont donc les caractères essentiels de ce qui est philosophique?

C'est à les exposer qu'est consacré le chapitre VIII, intitulé :

Des caractères essentiels de ce qui est philosophique.

Ou encore :

Des caractères essentiels de la pensée philosophique . . . . 151-163.

Sommaire du chapitre VIII. — Des sciences dites philosophiques, et de ce qui leur mérite cette appellation, 151-153. — Que la logique, par exemple, est une science philosophique, parce qu'elle a une portée *universelle*, étant, d'une part, *critique* fondamentale et partant universelle, et étant, d'autre part, spéculation *métaphysique*, c'est-à-dire telle que la question du principe et du sens de l'univers y est directement engagée, 153-155. — Que ce qui a un intérêt *universel* a, par cela même, un intérêt *humain*, 155-156. — Que toute science où cet intérêt universel et humain naît d'emblée du sein même des choses étudiées, et de telle manière que sans cela l'étude est incomplète et défectueuse, que toute science de cette sorte est philosophique, 156-157. — Comment et pourquoi la psychologie est une science philosophique, 157-161. — Que pour philosopher, il faut proprement *penser*, 161-163.

Conclusion du chapitre : Tout ce qui implique une critique à fond et un essai d'explication dernière est philosophique; et cela a lieu partout où, pour connaître, il faut proprement *penser*, car penser proprement, c'est précisément aller avec sa pensée au fond des choses et à ce qui est, 163.

IX

Ici commence ce qui constitue d'abord un apprentissage ou une *propédeutique* universelle, et ensuite les *prolégomènes* de la philosophie.

Cette étude remplit le chapitre IX, intitulé :

De ce qu'on peut appeler philosophie préparatoire ou préliminaire, et comment cette sorte de philosophie est science.

Ou, plus brièvement :

De la préparation à la philosophie . . . . 163-202.

Sommaire du chapitre IX. — Résumé de ce qui précède, 165-166.

Que se préparer à philosopher, c'est déjà philosopher, et comment cette préparation est l'examen de conscience intellectuel de l'homme qui se résout et se dispose à penser, et l'acte de virilité par lequel un esprit prend possession de lui-même ; comment c'est aussi, à partir de là, toute la série d'études préliminaires entreprises en vue d'expliquer les choses par leurs fondamentales et dernières raisons ; or, une telle préparation est-elle science? 166-167.

I. Qu'il faut procéder d'abord à une revue des idées qu'on a dans l'esprit, à une enquête destinée à en apprécier la valeur, 167-168.

1. Que, dès lors, il faut commencer par étudier ce qui est une condition fondamentale de la pensée, et que la *logique* est très véritablement une *propédeutique* universelle, 168-170.

2. Qu'il faut ensuite étudier les sciences proprement dites, et dans quel esprit : soit les sciences mathématiques et les sciences physiques, chimiques, biologiques, soit les sciences historiques et, plus généralement, les sciences morales ; et qu'il faut constituer une *philosophie des sciences*, d'abord des sciences de la nature, puis des sciences de l'homme, 170-174. — Cette philosophie des sciences est une *critique*, 174-176. — Elle est une *synthèse*, ou science des sciences, 176-177.

3. Qu'il faut faire aussi la *critique* des idées dominantes et dirigeantes, 177.

A. Qu'il y a d'abord les *maximes régnantes;* de ce qu'il faut entendre par *être de son temps;* de deux ou trois idées maîtresses dans le temps présent : des idées d'*évolution* et de *devenir;* de l'*objectif* et du *subjectif;* de l'*inconnaissable;* du *naturalisme* contemporain, 177-187.

B. Qu'il y a des *notions communes*, qui sont, ou les premières idées que l'on se fait des choses, simplement, naïvement, ou des règles d'un usage général, 187-188.

α. Qu'il faut faire la critique de ces premières idées, et qu'il y a lieu de distinguer plusieurs sortes et plusieurs degrés de *sens commun*, 188-191. — Des idées vraiment *fondamentales*, 191-193.

β. Qu'il faut faire la critique des règles d'un usage général, ou *principes*, et comment on peut mettre en relief ce qui est constitutif de la pensée humaine, puis ce qui est règle primordiale de toute pensée, 193-197.

II. Qu'il faut recueillir les leçons que nous donnent les *faits* et les *choses*, et qu'il faut aller à l'école de la *vie*, 197-198. — De l'utilité des voyages; de l'avantage inappréciable d'une culture générale par la littérature et les arts; de la nécessité de vivre de la vie morale et religieuse. De la nécessité de considérer, non pas toujours en savant, mais en homme, les grands faits naturels, les faits sociaux, les faits moraux et religieux. De la *philosophie des choses* ou *philosophie de la vie*, qui doit s'ajouter à la *philosophie des sciences*, 197-201.

Conclusion du chapitre : Cette philosophie qui se prépare, cette philosophie considérée en ses *prolégomènes* est science, 201-202.

X

Il est temps de considérer la philosophie proprement dite ou philosophie tout court.

L'auteur en décrit les procédés et en trace l'esquisse dans le chapitre X, intitulé :

De la philosophie première, ou métaphysique, et en quoi elle est science . . . . 203-230.

Sommaire du chapitre X. — Des caractères de ce qui est *métaphysique;* que la métaphysique va à ce qui *est*, à l'essence, à l'être; qu'elle est *science*, non *comme* le reste, mais *autant* et finalement *plus* et *mieux* que le reste, 203-205.

Que l'exploration métaphysique est double, ayant pour objet ou les *idées*, ou les *êtres*, 205.

I. De l'analyse des idées en vue d'en découvrir le fond,

205-206. — De la distinction entre les concepts abstraits et les idées qu'on peut déployer jusqu'au bout et porter au souverain degré, et comment le système de Spinoza, la théorie platonicienne des *Idées* et la critique qu'en a faite Aristote aident à entendre cette distinction entre les notions abstraites et les idées vraiment métaphysiques, 206-210. — Que l'idée précise, en métaphysique, est l'idée pure, réduite à soi, et non pas vide, mais pleine, et comment les idées simples sont fécondes, 210-212. — Qu'on finit par se trouver en présence des idées primordiales qui rendent raison des choses parce qu'elles sont supérieures aux choses, et que ces idées primordiales ont elles-mêmes, dans une première réalité, leur raison d'être et leur source, 212. — Comment ce travail d'exploration des idées se fait par une méthode précise et arrive à des résultats précis, et comment il y a deux degrés dans le métaphysique, l'interne ou l'intérieur et le supérieur, 212-214.

II. Que l'exploration métaphysique des *faits* n'est pas moins précise ni moins sûre que celle des *idées*, 214-215. — Du fait d'*agir* et du fait d'*être*, 215. — Que le propre de la métaphysique est de traiter de l'*être*, 215-216. — Que le fait d'*être* est une donnée initiale, 216-218. — Que le *phénomène* n'est pas tout le *fait*, qu'il n'en est que la surface et l'apparence, étant ce qui traduit et produit au dehors l'*acte;* et comment cet *acte*, et cet *agir*, et *mon être*, c'est tout un dans la profonde conscience de *moi*, 218-219. — De l'analyse de ce fait, et comment il y a ici lieu à l'*observation* et à la *constatation* d'abord, puis à une *interprétation*, 219-224. — Ce que c'est qu'*interpréter*, 224-225. — De la source interne, puis de la source supérieure de l'agir et de l'être, 225-226.

Comment la métaphysique a trois régions, et comment, dans chacune de ses trois régions, elle est science, 226-230.

XI

Il est visible maintenant que la philosophie est science, mais sans être une science comme une autre.

Il faut noter que l'imagination y a un rôle considérable, et c'est l'étude de ce rôle qui fait l'objet du chapitre XI, intitulé :

De l'usage de l'imagination en philosophie; des conceptions symboliques et des systèmes, et en quoi la philosophie est art . . . . 231-255.

Sommaire du chapitre XI. — Préambule, 231-232.

Que de tout ce qui est *phénomène*, de tout ce qui est *mouvement*, dans l'espace et dans le temps, ou dans le temps seulement, il peut y avoir *image*, 232-233. — De l'imagination que l'on peut appeler *rationnelle*, et que c'est d'abord celle qui accompagne les perceptions de la conscience, 233-235. — Comment le concept de tout ce qui est vraiment *intérieur* est *symbolique*, 235-236. — Que l'imagination n'est pas nécessairement une puissance trompeuse, 236-240. — De la *métaphore* ou de la *figure;* du sens *littéral* et du sens *figuré* des mots, et comment celui-ci est, en certains cas, le plus *vrai;* comment il est le sens *original*, 240-242. — Que le concept de ce qui est *transcendant* est *symbolique* et *analogique*, 242. — De la vraie nature et de la vraie portée du *symbole;* de la nature et de la portée de l'*analogie;* et comment, dès lors, la philosophie ne peut se passer de l'imagination, 242-245.

Comment l'imagination rationnelle est inventive, et comment, en aucun genre de connaissances, l'esprit ne renonce à combler les lacunes ni à sonder les abimes, 245-246. — Ce que c'est qu'un *système*, et des garanties de vérité que peuvent offrir les systèmes, 246-248. — Des deux manières dont les systèmes peuvent avoir de la valeur, et comment les conjectures et anticipations de l'imagination rationnelle peuvent ne pas déformer plus les choses que ne les déforment les abstractions, 248-252. — Une belle citation de Leibniz et quelques mots très remarquables de Bossuet, 252-254.

De la parenté de la philosophie et de l'art, et en quel sens elle est justifiée; que la philosophie est *art* en même temps que *science*, et que c'est un des traits saillants de sa physionomie, 254-255.

XII

Un autre trait, c'est que la philosophie est chose morale et affaire d'âme.

C'est ce qui est montré dans le chapitre XII, intitulé :

Des conditions morales du savoir en philosophie, 257-266.

Sommaire du chapitre XII. — De l'intervention du *vouloir* dans le *savoir*, 257-258. — De la différence entre *assentiment* et *consentement*, 258-259. — Que, sans un *vouloir* ayant un caractère *moral*, on n'entre pas dans l'*ordre moral*; et que, si l'on n'entre pas dans l'ordre moral, on ne peut essayer une exploration universelle et fondamentale des choses, 259-260. -- En quel sens et de quelle manière profonde la *pratique* est liée à la *spéculation* en philosophie, 260-263. — Que ce n'est nullement remettre tout en philosophie au sentiment ou à un certain parti pris moral; mais que, pour philosopher, il faut vivre, et de la vie totale, et que partant, c'est, en philosophie, une condition naturelle, légitime, rationnellement requise, du *savoir* que le *vouloir* et le *bon vouloir*, 263-266.

XIII

Il faut ajouter quelque chose de plus, et montrer comment la volonté permet de dépasser les limites du savoir.

C'est ce point très délicat qui est traité dans le chapitre XIII intitulé :

Du rôle de la foi en philosophie . . . . . 267-290.

Sommaire du chapitre XIII. — Préambule, 267.
Façon fausse d'entendre la croyance, 267-269.
Ce que c'est que *savir* et ce que c'est que *croire*, et que le type de toute croyance est l'affirmation d'une chose sur le témoignage d'autrui, 269-272. — Comment à la connaissance imparfaite et indirecte la croyance peut se mêler, et que cela se rencontre, soit dans une perception qui est un sentiment sans intuition, soit dans un raisonnement qui va des effets à la cause, 272-277.

Du rôle de la tradition en philosophie, 277-279. — Qu'il faut se garder du traditionalisme et du fidéisme, mais que, même en dehors de la foi *divine*, et des services que la religion positive rend à la pensée et à la philosophie, il y a dans le respect de la tradition un élément de foi ; et que la religion, et plus précisément le christianisme s'impose, au moins comme fait, à l'attention respectueuse du philosophe, 279-281.

Que la croyance a encore, en métaphysique, un rôle plus intime, et que, pour le bien entendre, il faut étudier la connaissance que l'homme a de l'homme, et la confiance de l'homme en l'homme, 281-285. — Qu'il y a un élément de foi dans l'affirmation de l'être que les phénomènes expriment et attestent sans le dévoiler pleinement, surtout dans l'affirmation de l'Être pleinement être, dont l'action sentie fait connaître la présence, l'existence, l'excellence, et que tout exprime et atteste, mais sans l'exprimer suffisamment, sans découvrir son essence et excellence transcendante; en sorte que l'affirmer, c'est plus que savoir, et que l'obscurité persistante rend l'assurance plus méritoire sans la rendre moins ferme, 286-288. — Que c'est une confiance raisonnable, 288-289. — Que ce rôle de la foi dans la philosophie, ne fait pas de la philosophie un état d'âme tout *subjectif* : la philosophie demeure capable, comme toute science, d'établir des propositions valables pour tous les esprits, mais, à la différence des autres sciences, elle prétend énoncer des propositions propres à rallier toutes les âmes, étant œuvre morale et, à certains égards, œuvre de foi (non pas surnaturelle, mais morale), 289-290.

XIV

Cette prétention n'est-elle pas une chimère ?
C'est ce qu'on examine dans le chapitre XIV, intitulé :

Les écoles et les doctrines . . . . 291-311.

Sommaire du chapitre XIV. — Ce que c'est qu'une *école*, 291-292. — En quel sens on peut dire qu'aucun philosophe n'a fait école, 292-293.

Des philosophies qui, étant des formes de vie, ont régné sur les âmes; mais qu'après les temps antiques, ce genre d'ascendant ne s'est plus retrouvé, 293-295.

Des philosophies qui, tout système proprement dit étant écarté, sont devenues des philosophies dominantes, 295. — De la philosophie dite de l'École ou philosophie scolastique,

295-298. — De la philosophie platonicienne dans les derniers temps de l'antiquité et dans les premiers siècles chrétiens, 298-299. — Le traité de *la Connaissance de Dieu et de soi-même*, de Bossuet, 300-301. — La tentative de Victor Cousin pour organiser la philosophie et établir une orthodoxie philosophique, 301-305. — Du rêve actuel d'une philosophie toute scientifique, 305-307.

De la chimère d'une orthodoxie philosophique, 307-308. — Que l'orthodoxie peut et doit exister en religion, mais qu'en philosophie, une orthodoxie *comme* en religion, serait une orthodoxie menteuse et dangereuse, 308-310.

Ce n'est pourtant pas qu'il faille prendre son parti de la division des esprits et de l'anarchie intellectuelle, 310-311.

XV

Un des remèdes à la division des esprits, c'est la discussion.

La nature et les règles de la discussion sont étudiées dans le chapitre XV, intitulé :

La discussion philosophique. . . . . 313-331.

Sommaire du chapitre XV. — Ce que c'est que discuter, et pourquoi l'on discute, 313-314. — Comment toute discussion suppose : 1° quelque chose qui, étant vrai indépendamment des vues de chacune des deux parties, puisse les dominer, et, par cela même, les accorder ; 2° quelque chose qui, dès le début, soit hors de la discussion et, par cela même, la rende possible, 314-315.

Du manque d'attention, de sincérité et de sérieux dans les discussions, 315-317.

De l'importance de la discussion, en notre temps surtout, 317-319.

Des règles inviolables à observer en toute exposition et discussion, écrite ou parlée, 319-321.

Du cas où la discussion porte sur ce qui est fondamental, et qu'alors même il y a des points sur lesquels tout le monde s'accorde ou *doit* s'accorder, 321. — Qu'il ne faut pas traiter les pensées des autres comme si elles se valaient toutes, et

RÉSUMÉ ANALYTIQUE. 391

qu'il faut savoir dire à un homme qu'il a *tort* de juger comme il fait, 321-323. — Des quatre points sur lesquels il doit y avoir accord toujours et partout : 1° respect des faits ; 2° respect des principes évidents de soi ; 3° amour de la vérité ; 4° reconnaissance de l'excellence de la moralité, de l'honnêteté morale. Se refuser à les admettre, ce serait être un *discoureur*, un *insensé*, un *sophiste*, un homme *sans conscience*. Il y a donc au moins quatre points communs et fixes, 323-331.

XVI

La discussion, qui suppose au moins quatre propositions qu'on ne peut renverser ou seulement ébranler sans folie et sans faute, peut donc, si elle est bien conduite, devenir un moyen d'établir d'autres propositions, dont il y aura lieu de dire, comme des premières, qu'elles sont valables pour tous les esprits.

C'est ce qu'on tâche de montrer dans le chapitre XVI, intitulé :

Les points fixes en philosophie. . . . . . 333-360.

Sommaire du chapitre XVI. — Que la diversité des jugements n'est pas forcément erreur, 333-335. — Qu'en philosophie, la diversité des jugements n'a pas toujours le caractère grave ni la grande portée qu'on serait tenté de supposer, 335-337. — Qu'il y a quelque chose de préexistant à la diversité des opinions philosophiques, et que cela est quelque chose de fixe, 337. — Que les divergences même les plus importantes sur les vérités spéculatives, peuvent laisser subsister l'accord sur les vérités morales et religieuses en tant que telles, 337-339. — Que, si la philosophie porte son examen sur les certitudes humaines elles-mêmes, ce travail de réflexion suppose encore ce que l'on peut appeler l'*avoir* naturel de l'âme, 339-340. — Comment la philosophie apparaît comme le fruit et l'expression dans l'ordre de la pensée, dans l'ordre rationnel, de tout un état intellectuel et moral, soit de la société, soit de l'individu, 340.

Remarques sur le *caractère* d'un homme, d'une époque, d'une race, d'une nation, 340-342. — Que l'on sait distinguer entre l'homme mutilé ou déformé et la *nature humaine* dégagée de tout ce qui la dégrade ou la corrompt, 342-343. — Que tous les usages de l'esprit ne se valent pas, 343-344. — Que, dès lors, dire que la philosophie est le fruit et l'expression de l'état intellectuel et moral de l'homme, ce n'est pas favoriser le *subjectivisme*, 344-346. — Que la philosophie vaut ce que vaut l'homme, ou encore ce que vaut la *vie;* signification complexe et profonde donnée ici au mot *vie*, et comment la philosophie suppose toujours quelque chose de préexistant que maintenant je nomme la *vie*, 346-348.

Du danger de la singularité en philosophie, et de la vraie et nécessaire originalité. *Proprie communia dicere*, 348-349. — Nécessité de renouveler sans cesse l'exposition et la discussion, 349-352. — Que pourtant il y a des points fixes qu'il importe de discerner et de multiplier; que, dans le domaine de l'homme *purement homme*, l'unité et la fixité littérales ne vaudraient rien, mais qu'il y a des points de départ, des points d'appui, des points d'arrivée fermes et stables, 352-358. — De l'utilité, dans le temps présent surtout, d'une revue de ces points fixes, 358-359.

Donc deux sortes de fixité : l'une qui rend le mouvement possible, l'autre qui naît du mouvement et en est la justification, 359-360.

XVII

On est en état maintenant de conclure toute cette étude, et c'est ce qu'on fait dans le chapitre XVII, intitulé :

Résumé et conclusion. L'idée de la philosophie, la raison de philosopher, le prix de la philosophie, 361-375.

Sommaire du chapitre XVII. — Réponse à cette question : Qu'est-ce que philosopher et pourquoi philosopher? La philosophie est science, non comme les autres sciences, mais autant qu'elles et même d'une façon éminente ; la philosophie est art, à sa manière, et affaire d'âme, et œuvre de foi : tout cela non pas seulement joint, ou combiné seulement, mais intimement uni, 361.

Que le principe qui est l'esprit et l'âme de la philosophie, c'est le besoin naturel devenu, chez le penseur, volonté réfléchie de rendre raison des choses par les plus hautes et les plus profondes raisons, de comprendre, s'il se peut, et d'expliquer l'univers, de comprendre et d'expliquer la vie; aussi la philosophie est-elle essentiellement Métaphysique et essentiellement Morale, 362.

Que la philosophie n'est pas tout, mais s'étend à tout, et, à sa manière, domine tout, 362-363.

D'où il suit que, qui ne veut pas vivre d'une vie totale et normale, ne peut philosopher comme il faut, 363-364.

Comment la philosophie suppose la certitude humaine préexistante, et comment elle est tardive, le genre humain pouvant exister sans elle, quoiqu'elle soit nécessaire à l'humanité, 364-365.

Comment la philosophie est à la fois ambitieuse et modeste, 366-368.

Que l'œuvre du philosophe est d'établir des propositions qui, étant le plus et le mieux possible l'expression de ce qui est, soient acceptables et acceptées par tous les esprits et par toutes les âmes; et que, pour cela, il diversifie ses efforts, tantôt raffermissant et approfondissant, tantôt éclairant, tantôt simplifiant, 368-370. — Remarque sur les idées *simples*, et sur ce que Pascal nomme le *peuple*, les *habiles*, les *demi-habiles*, 370-374.

Que l'*être* est l'objet de la philosophie, et que la philosophie est, dans l'ordre du vrai, dans la sphère de l'homme *purement homme*, le plus sérieux emploi et le plus noble produit de l'esprit, 374.

De la philosophie sans conviction et sans consistance, il faut dire « qu'elle ne vaut pas une heure de peine. » De la philosophie sérieuse il faut dire qu'elle vaut la peine, toute la peine qu'elle donne, puisqu'elle procure, à qui sait en soutenir les rudes labeurs, l'honneur insigne et l'insigne joie de connaître, par raison, d'une manière vraie encore que très incomplète, ce qui est et Celui qui est, 375.

TABLE DES MATIÈRES

Préface de la deuxième édition.................. V
Avant-propos de la première édition............. XXIII

CHAPITRE PREMIER

D'une conception nouvelle de la philosophie, et des raisons de rapprocher la philosophie et l'art....... 1

CHAPITRE II

De certaines façons frivoles de philosopher, qu'on croit justifier par le rapprochement entre la philosophie et l'art.. 39

CHAPITRE III

Du sérieux de la philosophie, et que c'est à bien des égards le sérieux de la science................ 53

CHAPITRE IV

Des caractères de ce qui est science, et qu'entre science et philosophie il n'y a pas incompatibilité.. 65

CHAPITRE V

Diverses sortes de précision.................... 93

CHAPITRE VI

Que la philosophie n'est pas une science comme une autre, et pourquoi.................................. 121

CHAPITRE VII

Des divers aspects de la philosophie, et des raisons de distinguer plusieurs sortes de philosophie...... 141

CHAPITRE VIII

Des caractères essentiels de ce qui est philosophique. 151

CHAPITRE IX

De ce qu'on peut appeler philosophie préparatoire ou préliminaire, et comment cette sorte de philosophie est science................................... 163

CHAPITRE X

De la philosophie première, ou métaphysique, et en quoi elle est science........................... 203

CHAPITRE XI

De l'usage de l'imagination en philosophie ; des conceptions symboliques et des systèmes ; et en quoi la philosophie est art................................ 231

CHAPITRE XII

Des conditions morales du savoir en philosophie..... 257

CHAPITRE XIII

Du rôle de la foi morale en philosophie............ 267

CHAPITRE XIV

Les écoles et les doctrines philosophiques......... 291

CHAPITRE XV

La discussion philosophique..................... 313

CHAPITRE XVI

Les points fixes en philosophie.................. 333

CHAPITRE XVII

Résumé et conclusion. L'idée de la philosophie, la raison de philosopher, le prix de la philosophie.... 361

Résumé analytique............................ 377

SAINT-CLOUD. — IMPRIMERIE BELIN FRÈRES

www.ingramcontent.com/pod-product-compliance
Lightning Source LLC
Chambersburg PA
CBHW070925230426
43666CB00011B/2310